Inhalt

China – eine fremde Welt für Europäer

Oh, Sie sprechen Chinesisch! Kann man das lernen? Respekt, meine Hochachtung, toll!

So oder ähnlich hört es (nicht ungern) der Sinologe (aber auch der China-*Expat*, der ausländische Mitarbeiter einer Firma in China[1]), wenn die Rede auf dieses Land, seine Sprache und Schrift kommt. Eine tolle Leistung? Wahrscheinlich.[2] Aber der sachlich-ruhige Hinweis an den Fragenden: *Das ist doch nichts Besonderes, die meisten Menschen der Welt sprechen schließlich Chinesisch, so schwer kann es dann wohl nicht sein*, löst in der Regel überraschtes, ungläubiges Staunen aus. Erst nach kurzem Zögern folgt die Einsicht: *Ja, natürlich, weil es so viele Chinesen gibt ...*

Eigentlich ein sehr einfacher und völlig logischer Zusammenhang von Ursache und Wirkung. Und doch kommen die meisten erst nach diesem Denkanstoß darauf. Warum? Weil China in der Vorstellung der meisten Europäer zwar eine sehr große Größe ist, mit der viele Kauf- und Geschäftsleute seit Beginn des 19. Jahrhunderts rechnen, aber eben auch eine ziemlich unbekannte Größe und in jedem Fall eine, die mit dem eigenen Leben in Europa oder Amerika nicht sehr viel zu tun hat. Seit Europa mit China in direkter Verbindung steht, also seit etwa 200 Jahren, stellten die Chinesen etwa ein Viertel der Menschheit – interessiert hat das aber bislang kaum jemanden. Es war eine praktisch belanglose Tatsache. 200 Jahre zwar als lockender Absatzmarkt bekannt, blieb China bis vor kurzem dennoch eine eigene, von der europäischen völlig verschiedene Welt, die sich nach Kräften abschloss und sich sogar heute noch jedem westlichen Zugang verweigert.

Auf den ersten Blick fällt das jedoch kaum jemandem auf. Sehen die Städte nicht westlich-moderner aus als manche in Europa? Mit ihren Hochhaus-Kulissen und modernen Kaufhäusern, die, wie man das von zu Hause kennt, mit der Kosmetik- und Parfüm-Abteilung am Eingang beginnen? Selbstverständlich finden sich dort die bekannten Marken, und auf den Werbephotos posieren die internationalen Models. Auf den Straßen in Peking, Shanghai oder Kanton[3] fahren (oder stehen) in dichten Kolonnen ebenfalls die bekannten Marken: Volkswagen, General Motors, Citroën, Honda, BMW ... und allenthalben findet sich eine McDonald's-, Kentucky-Fried-Chicken- oder Starbucks-Filiale – meist vollbesetzt mit Chinesen. Es sieht tatsächlich so aus, als sei China *verwestlicht* – oder wenigstens auf dem besten Wege dazu. Das äußere Bild der Menschen auf der Straße bestärkt diesen Eindruck. Sie kleiden sich westlich, nicht selten nach neuester Mode und am liebsten mit bekannten

Standardkulisse des heutigen China: Shanghai, 浦东新区 Pudong New Area (sprich: Pudung). Quelle: Picture Alliance

China – eine fremde Welt für Europäer

McDonald's in 南京 Nanking. Bis 2008 sollen statt jetzt 600 bereits 1000 Gaststätten in China eröffnet sein. Quelle: Picture Alliance

Designer-Marken (die sie und die ausländischen Besucher bzw. die *Expats* billig als Kopien kaufen), und beim Geschäfts-Dinner bestellt der chinesische Partner durchaus auch mal einen französischen Rotwein oder rundet den Abend mit einem Glas *XXO*-Cognac ab.

Auf der anderen Seite freilich steht die Furcht des besuchenden Ausländers, nicht alleine zurechtzukommen, schon auf dem Weg vom Pekinger Flughafen ins Hotel verlorenzugehen. Deshalb ist es nicht nur ein Gebot der Höflichkeit, Gäste am Flughafen abzuholen und sie während ihres Aufenthaltes zum Beispiel selbst in Peking oder Shanghai keine Minute allein zu lassen. Die China-Tage sind von morgens bis abends arrangiert und finden in Dolmetscher-Begleitung statt. Kein Ausländer ist bis heute in der Lage, selbstständig, ohne einheimische Hilfe, Geschäfte abzuschließen. Nicht einmal einen Termin im lokalen Amt für Industrie und Handel, das alle Geschäftstätigkeiten registriert, kann er telephonisch vereinbaren – jedenfalls nicht beim ersten Mal. Für all und jedes braucht man die Hilfe eines Einheimischen, sogar bei der Bestellung in einem normalen chinesischen Restaurant (Wer weiß, was sonst serviert wird!).

Trotz der mittlerweile zahlreichen westlichen Symbole steht zwischen jedem Ausländer und seiner chinesischen Umgebung eine unsichtbare, undurchdringliche Mauer. Selbst Expats, die seit Jahren in China leben und arbeiten – von den Touristen oder den auf ein paar Termine einfliegenden Unternehmensvorständen ganz zu schweigen –, wissen nichts von dem, was in der chinesischen Welt um sie herum vorgeht. Kaum einer von ihnen beherrscht die chinesische Sprache, die in Deutschland für das Unverständliche schlechthin steht: Partei plus Chinesisch = Parteichinesisch. Und noch weniger verstehen sie die Schriftzeichen, die sie im Lande überall umgeben. An den Kiosken liegen bunte Tageszeitungen

Zeitungskiosk in Peking 2005. Quelle: Picture Alliance

und noch buntere Magazine, die Vielfalt scheint riesig. Aber lesen kann es niemand. Keiner weiß, was die Schlagzeilen verkünden, selbst wenn es über die eigene Heimatstadt wäre, oder die bis zu hundert Seiten dicken Zeitungen sonst berichten. Straßen- und Städtenamen bleiben ein Rätsel selbst in der Buchstabenumschrift der Zeichen, dem *pin yin*[4], denn die Aussprache unterscheidet sich meist sehr von der Schreibweise. Das führt dann bisweilen zu dem Phänomen, dass lokale Ausländer – wie Mitarbeiter der deutschen Botschaft in Peking – chinesische Straßennamen für die Verständigung untereinander ändern. Die 新东路 Xin Dong- (sprich: Hsin-dung) Straße[5], die in Peking zur Botschaft führt, nannten sie zum Beispiel in Anlehnung an eine ähnliche Magistrale in Bonn: B 9. Das Fernsehprogramm ist genauso unverständlich wie das riesige Angebot in den Buchhandlungen. Längere Ausflüge sind nur organisiert und mit lokalem Führer machbar, weil man die Schriftzeichen der Wegweiser nicht lesen kann. Im übrigen hört die Westlichkeit der Städte bereits kurz nach dem Verlassen des kleinen Geschäftsbezirks auf, von den Provinzen jenseits des Pekinger oder Shanghaier Stadtrands ganz zu schweigen. Spätestens dort spricht auch keiner mehr Englisch, so dass ohne Dolmetscher nicht einmal die Chance auf ein Allerweltsgespräch mit Chinesen besteht.

Die Möglichkeit der westlichen Ausländer im Land, auf den Gang der Dinge Einfluss zu nehmen ist schon deshalb nur gering, weil sie so wenige sind. Die Zahl der Europäer und Amerikaner in China dürfte die 100.000er-Marke kaum übersteigen, womit sie einen Anteil von 0,0076 Prozent der Gesamtbevölkerung von 1,3 Milliarden Menschen stellen (in Deutschland beträgt der Anteil der Ausländer ca. 9 Prozent). Diese 100.000 Personen verteilen sich freilich nicht gleichmäßig über das Land. Weit über 90 Prozent von ihnen leben in Shanghai, Peking und – schon sehr viel weniger – in Kanton. Aber auch für den Gang der Dinge in diesen Metropolen spielen sie keine Rolle, da sie an derem gesellschaftlichen Leben gar nicht teilnehmen. Sie halten sich tagsüber in ihren Büros in den Standard-Geschäftsbezirken auf, wie zum Beispiel 朝阳 Chaoyang (sprich: Tschau-jang) in Peking, nachts sind sie zu Hause in den umzäunten Siedlungen, die alle *compounds* nennen, etwas außerhalb der Stadt, verräterischerweise meist an der Autobahn zum internationalen Flughafen gelegen.

Morgens bringt den *Expat* der chinesische Firmen-Fahrer ins Büro, tagsüber fährt er ihn zu den Terminen irgendwo in der Stadt oder außerhalb und abends wieder zurück in den *compound*. Der soziale Kontakt mit den Einheimischen beschränkt sich auf einige Mitarbeiter im Büro oder Werk sowie auf Geschäftspartner. Im letzteren Fall in der Regel über den Dolmetscher vermittelt und rein offiziell. Bei gesellschaftlichen Veranstaltungen, zum Beispiel der Deutschen Botschaft aus Anlass von größeren deutschen Messebeteiligungen oder zum Tag der Deutschen Einheit am 3. Oktober, wo immer auch Chinesen eingeladen sind, lässt sich gut beobachten, dass zumeist Deutsche mit Deutschen und Chinesen mit Chinesen zusammenstehen. Man bleibt unter sich, weil es für beide Gruppen kaum interessante gemeinsame Gesprächsthemen jenseits des Geschäftlichen gibt. Wenn das Buffet genossen ist, leert sich der Saal meist schnell – die stets pragmatischen Chinesen gehen zuerst. Warum sollten sie auch bleiben, wenn sie satt sind?

Diese scharfe Trennung zwischen Ausländern und Einheimischen ist dabei gar nicht vorgeschrieben oder ausdrücklich seitens der Chinesen gewollt. Sie ergibt sich vielmehr automatisch aus der Fremdheit der beiden Welten. Wer will, kann sie sehr wohl überwinden, was allerdings eine nicht geringe Anstrengung erfordert: Einarbeitung in die fremde chinesische Kultur. Ohne das geht nichts.

Sprache und Schrift der Chinesen

Intuitiv ahnt bis heute jeder europäische Besucher, dass er nicht bloß ein anderes Land, sondern gleich einen anderen Planeten betritt, wenn er nach China reist. Trotz mehrerer täglicher Flüge von Frankfurt oder München hat sich daran wenig geändert. Schuld sind Sprache und Schrift der Chinesen, die sich nicht bloß in der Wahrnehmung der Deutschen, sondern tatsächlich vollkommen von den anderen großen Kommunikationssystemen der Menschheit unterscheiden.

Das Chinesische ist die verbreitetste Sprache der Welt, alle Schätzungen besagen, dass etwa doppelt so viele Menschen Chinesisch sprechen als die zweitverbreitetste Sprache, das Englische. Aber außerhalb Chinas spricht es eben kaum jemand. Chinesisch gilt selbst dort als kaum erlernbar – ein eklatanter Widerspruch: Wie kann das, was am verbreitetsten ist, so schwierig sein?

Ursache für diesen Umstand ist zum einen die Sprache selbst, zum anderen aber auch das prinzipiell andere Schriftsystem, das nicht auf Laute wiedergebenden Buchstaben beruht, sondern auf den Wortsinn wieder gebenden Zeichen, die man unabhängig von der Aussprache versteht, genauso wie die Zahl *eins*, die jeder erkennt, der sie *sieht* aber nicht unbedingt, wer sie hört – *eins*, *one*, *un*, *odin* ... Letzteres führt dazu, dass Besucher aus Buchstaben-Ländern nicht einmal mehr ihren eigenen Namen auf der Visitenkarte lesen können oder den der Firma am Eingangstor oder den der Stadt, in der sie gerade angekommen sind.

Sprache

Das Chinesische ist eine sehr klangarme Sprache. Insgesamt verfügt sie über nur 415 (mehr oder weniger) deutlich verschieden ausgesprochene Laute.

汉语拼音音节索引

1. 每一音节后举一字做例，可按例字读音去查同音的字。
2. 数字指本字典正文页码。

A		
a	啊	1
ai	哀	2
an	安	4
ang	肮	6
ao	熬	6
B		
ba	八	7
bai	白	11
ban	班	12
bang	帮	14
bao	包	15
bei	杯	18
ben	奔	21
beng	崩	22
bi	逼	23
bian	边	27
biao	标	29
bie	别	31
bin	宾	32
bing	兵	33
bo	玻	34
bu	不	38
C		
ca	擦	40
cai	猜	40
can	餐	41
cang	仓	42
cao	操	43
ce	策	44
cen	岑	44
ceng	层	45
cha	插	45
chai	拆	47
chan	搀	48
chang	昌	50
chao	超	52
che	车	53
chen	尘	54
cheng	称	55
chi	吃	58
chong	充	61
chou	抽	62
chu	初	63
chua	欻	66
chuai	揣	66
chuan	川	66
chuang	窗	67
chui	吹	68
chun	春	69
chuo	戳	70
ci	词	70
cong	聪	72
cou	凑	73
cu	粗	74
cuan	撺	74
cui	崔	75
cun	村	76
cuo	搓	77
D		
da	搭	78
dai	呆	80
dan	丹	83
dang	当	85
dao	刀	87
de	德	89
dei	得	90
den	扽	90
deng	登	90
di	低	92
dia	嗲	95
dian	颠	95
diao	刁	98
die	爹	99
ding	丁	100
diu	丢	102

10 汉语拼音音节索引

dong	东	102
dou	兜	104
du	都	106
duan	端	108
dui	堆	109
dun	吨	110
duo	多	112
E		
e	鹅	114
ê	欸	116
ei	唳	117
en	恩	117
eng	鞥	117
er	儿	117
F		
fa	发	119
fan	帆	120
fang	方	123
fei	非	125
fen	分	128
feng	风	130
fo	佛	132
fou	否	132
fu	夫	133
G		
ga	嘎	140
gai	该	141
gan	干	142
gang	钢	145
gao	高	146
ge	哥	148
gei	给	151
gen	根	151
geng	耕	152
gong	工	153
gou	沟	156
gu	姑	158
gua	瓜	162
guai	乖	163
guan	关	164
guang	光	166
gui	归	167
gun	棍	170
guo	锅	170
H		
ha	哈	172
hai	孩	173
han	含	174
hang	杭	176
hao	蒿	177
he	喝	179
hei	黑	182
hen	痕	183
heng	恒	183
hm	噷	184
hng	哼	184
hong	烘	184
hou	喉	186
hu	呼	187
hua	花	191
huai	怀	193
huan	欢	194
huang	荒	196
hui	灰	198
hun	昏	201
huo	活	202
J		
ji	机	204
jia	加	214
jian	尖	218
jiang	江	223
jiao	交	226
jie	阶	230
jin	今	235
jing	京	238
jiong	迥	243
jiu	究	243
ju	居	245
juan	捐	249
jue	决	251
jun	军	253
K		
ka	咖	254
kai	开	255
kan	刊	256
kang	康	258
kao	考	259
ke	科	259
kei	剋	263
ken	肯	263

Chinesisch in Buchstaben: Tabelle der möglichen Aussprachen chinesischer Schriftzeichen. Quelle: Rudolph

Ihre Buchstabenversion findet sich als Tabelle in jedem chinesischen Wörterbuch. Der Unterschied zu unseren Silben: Jeder dieser Laute ist ein eigenes Wort. Da keine sinnvolle oder höher stehende Kommunikation mit nur 415 Begriffen möglich ist, müssen die Sprecher jedoch Wege finden, mehr klanglich unterscheidbare Wörter zu bilden. Den Chinesen gelingt dies, indem sie die meisten der 415 Silben in vier unterschiedlichen Betonungen oder Tonlagen aussprechen. Damit erhöht sich ihr Wortschatz auf etwa 1.500 klanglich voneinander unterscheidbare Wörter. So können sie zum Beispiel mit gleichbleibend hoher Stimmlage *dja*[6] sagen, und es bedeutet *Familie*. Die gleiche Silbe können sie aber auch mit ansteigender Stimme sprechen, dann ist es ein völlig anderes Wort: *Backe* oder *Wange*. Mit abfallender und wieder aufsteigender Betonung bedeutet es *falsch*, *künstlich* und mit abfallender Stimme *Preis*, *Wert*.

Auch im Deutschen spielt die Betonung von Wörtern eine gewisse Rolle. Viele kennen das Spiel, die Bedeutung eines falsch betonten Wortes zu erraten, wie zum Beispiel dem auf dem *e* der zweiten Silbe betonten *Blum**e**nto* und dem dann mit kurzer Pause angehängten *pferde*. Korrekt auf dem *u* der ersten Silbe betont und in einem Zug ausgesprochen, heißt es freilich Bl**u**mentopferde, was die falsche Betonung völlig unkenntlich macht. Allerdings haben die Betonungen im Deutschen nur sehr selten die überragende, den Sinn eines Wortes ändernde Bedeutung wie im Chinesischen.

Für eine erfolgreiche Kommunikation kommt es überdies nicht nur darauf an, die Betonung richtig zu setzen, sondern genauso, die Betonung auch richtig herauszuhören. Dies ist kein so großes Problem für jemanden, der in diesem Sprachumfeld aufwächst. Es als europäische Erwachsene zu lernen, deren Muttersprache nicht so großen Wert auf solche Melodien legt, ist hingegen eine enorme Schwierigkeit, die Töne nicht nur richtig zu sprechen, sondern mehr noch: sie passiv aus dem heraus zu hören, was andere sagen.

Ein dritter Umstand erschwert das Chinesischlernen weiter: Auch 1.500 verschieden klingende Wörter ermöglichen allenfalls eine primitive Kommunikation, weshalb die chinesische Sprache selbstverständlich sehr viel mehr Wörter kennt. Da indessen nur rund 1.500 Wörter phonetisch unterscheidbar sind, müssen die darüber hinausgehenden Begriffe ebenfalls auf diesen Fundus zurückgreifen. Das Chinesische besteht deshalb aus Tausenden Wörtern, die phonetisch völlig gleich klingen, aber etwas ganz anderes bedeuten. Das oben angeführte *dja*, das in gleichbleibend hoher Aussprache *Familie* bedeutet, gibt es in identischer Aussprache (mit gleichbleibend hoher Tonlage) noch über ein dutzend Mal. Es kann zum Beispiel auch *addieren* heißen oder *etwas zusammenpressen*, es kann *ausgezeichnet* bedeuten oder einen *hölzernen Halskragen* meinen, ein altes Bestrafungsinstrument; es kann eine *Kruste* bezeichnen oder *gut* heißen, *vornehm* und noch vieles andere mehr. Das gilt für fast alle chinesischen Wörter – gleiche Aussprache, unterschiedliche Bedeutung. (Ein Wort freilich ist so schrecklich nicht nur für die Chinesen, dass es nur einmal im sogenannten 3. Ton vorkommt: *si* (sprich: ssö – tot, sterben.) Man muss nur einmal ein nach der Zeichenumschrift alphabetisch sortiertes chinesisches Wörterbuch aufschlagen, um zu erkennen, dass die absolut gleiche Aussprache eines Wortes sehr unterschiedliche Dinge bezeichnen kann.

Eine sinnvolle Verständigung ist deshalb auch so nicht möglich, selbst wenn man aus dem Zusammenhang eines Satzes entnehmen kann, dass die *Familie* gemeint ist und nicht der *hölzerne Halskragen*. Aus diesem Grund haben die Chinesen häufig zwei Silben miteinander kombiniert und so die Zahl der unterscheidbaren Wörter stark erhöht.[7] Seit der Öffnung des Landes in den 90er Jahren verstärkt sich diese Tendenz noch, gefördert vor allem durch das ungebremste Hereinströmen neuer Begriffe der Wissenschaft, Technik, Wirtschaft, Mode, Kultur etc. aus dem Ausland. 1998 erschien ein Wörterbuch, das erstmals dreisilbige Begriffe zusammenstellt.

Es ist klar, dass Mehrsilbigkeit die Bedeutung der Betonung relativiert. Gleichwohl bleiben außer den genannten viele weitere große Schwierigkeiten, denn auch bei der Mehrsilbigkeit verbleiben etliche ähnlich klingende, aber Verschiedenes bedeutende Wörter.[8] Eine letzte große Schwierigkeit kommt hinzu: Chinesen lieben es ganz außerordentlich, idiomatische Redewendungen zu benutzen. Die bestehen in der Regel aus jeweils vier Silben, die jedoch unverbundene Wörter sind. Hinter ihnen verbirgt sich häufig eine Anekdote aus der Geschichte Chinas. Solche Wendungen ergeben selbst als Schriftzeichen nur dann einen Sinn, wenn die Anekdote bzw. ihre Moral (auf die es natürlich ankommt) bekannt sind. Falls nicht, bleibt nur das Nachschlagen in speziellen Wörterbüchern, die diese Redewendungen auflisten und erläutern. Gerne zieht man auch längere Aussagen zu solchen Vier-Wörter/Zeichen-Formeln zusammen, die übersetzt in ganzen, manchmal recht langen Sätzen zu erläutern sind, damit sie verständlich werden.

Sofern es also nicht um konkrete, sehr bodenständige Dinge geht, war und ist die Kommunikation in dieser Sprache deshalb bis heute selbst für Chinesen nicht einfach – von vielem anderen wie den zahlreichen Dialekten (die gerne auch andere Betonungen für gleiche Wörter verwenden) ganz abgesehen. Schon der erste Europäer, der Chinesisch sehr gut beherrschte, der Jesuit Mattheo Ricci (mehr zu ihm weiter unten) hatte dies gegen Ende des 16. Jahrhunderts aufmerksam beobachtet. In seinen Tagebüchern findet sich diese Passage:

> *„Man kann kein Buch auf Chinesisch schreiben, das einem vorgelesen wird. Und ein Publikum könnte den Inhalt eines ihm vorgelesenen Buches nicht verstehen, ohne dass jeder Zuhörer ein Exemplar dieses Buches vor Augen hätte. Die Bedeutung verschieden geschriebener Schriftzeichen, die gleich ausgesprochen werden, kann*

das Ohr allein nicht erfassen, jedoch kann das Auge die Schreibsymbole unterscheiden. Tatsächlich geschieht es häufig, dass zwei, die miteinander sprechen, das, was der andere sagt, nicht ganz und genau verstehen. Dies geschieht selbst dann, wenn sie es klar und deutlich formulieren. Immer wieder müssen sie ihre Rede wiederholen, bisweilen mehrfach. Oder sie müssen es sogar aufschreiben. Wenn kein Schreibwerkzeug zur Hand ist, dann zeichnen sie das Schriftzeichen mit Wasser auf eine Fläche oder schreiben es mit dem Finger in die Luft oder auf die Hand des Zuhörenden. Und dies passiert noch öfter in den Konversationen der kultivierten und gebildeten Klasse, denn ihre Sprache ist reiner und verschnörkelter. Sie gleicht mehr der geschriebenen Sprache."[9]

Ricci, der von 1583 bis 1610 in China lebte und meisterhaft Chinesisch sprach und schrieb, schloss seine Darstellung:

„Ich würde behaupten, dass es keine andere Sprache gibt, die so schwer für einen Fremden zu lernen ist wie die chinesische."

An diesen grundsätzlichen Schwierigkeiten hat sich bis heute nichts geändert: Immer noch ist es praktisch unmöglich, daß sich Chinesen über einzelne Begriffe, ohne sie in einen Sinn-Zusammenhang zu stellen, verständigen können, immer noch lesen Teilnehmer bei Konferenzen den geschriebenen Redetext des Sprechers mit, und im Fernsehen läuft stets ein Untertitelband am unteren Bildschirmrand, wenn andere als die Moderatoren zu Wort kommen, zum Beispiel Interviewpartner oder das Volk auf der Straße. Aber auch viele Filme, vor allem die beliebten historischen *Doku soaps*, in denen die Protagonisten ein etwas älteres Chinesisch sprechen oder Dokumentationen sind sehr häufig mit Schriftzeichen untertitelt.

Schrift

Es ist ausgeschlossen, diese chinesische Sprache mit Lautbuchstaben zu verschriften. Jedenfalls dann, wenn es um komplexere Inhalte geht. Einfache Texte sind zwar auch in Buchstaben verständlich, sofern man die offizielle Umschrift der Schriftzeichen benutzt. Schwierig wird es aber bereits, wenn ein Schreiber die vier Betonungszeichen über den einzelnen Silben weglässt oder nicht weiß, welche Silben er als Wort zusammenschreiben und zwischen welchen er einen Leerschritt einfügen soll – die Schriftzeichen stehen immer im gleichen Abstand und zeigen keine Worttrennung an. Diese muss dem Lesenden bekannt sein oder sich aus dem Sprachrhythmus des Textes erschließen.

Eine präzise schriftliche Verständigung in dieser trotz aller Schwierigkeiten meist gesprochenen Sprache der Welt ist deshalb auch heute nur über die Schriftzeichen möglich, die gedruckt immer in quadratischer, hübsch austarierter Form daherkommen. Nur solch ein Schriftzeichen kann einen einzelnen Begriff oder ein einzelnes Wort eindeutig darstellen. Da die chinesische Sprache insgesamt über ca. 54.000 Wörter un-

Das 汉语大字典 Große Zeichen-Wörterbuch der chinesischen Sprache weist 54.000 Schriftzeichen aus. Quelle: Rudolph

China – eine fremde Welt für Europäer

terschiedlicher Bedeutung verfügt, sind freilich auch rund 54.000 Schriftzeichen nötig, nicht nur 26 Buchstaben wie im lateinischen Alphabet.[10] Aus der Differenz von 53.974 Zeichen ergibt sich unsere Verwirrung darüber, wie so etwas überhaupt funktionieren kann.

Basis jedes Schriftzeichens sind die Striche, von denen es 31 unterschiedliche gibt – gerade-horizontal, gerade-vertikal, nach links oder rechts geschwungene, über mehrere Ecken verlaufende ... Einige einfache Zeichen bestehen aus nur wenigen, klar erkennbaren Strichen. Rasch jedoch wird es komplizierter, die Anzahl der Striche kann bis über dreißig gehen. Wer nun solch ein komplexes Schriftzeichen aus dreißig Strichen sieht, wird kaum glauben, dass es gelingen kann, ein so komplexes Zeichen relativ schnell, auf einen Blick zu erfassen und dann auswendig hinzuschreiben, ohne es noch einmal anzusehen. Und doch ist es möglich, denn die Striche kombinieren sich zu Komponenten, die allein oder zu mehreren zusammengesetzt ein komplexeres Schriftzeichen bilden. Die Zahl dieser Komponenten ist hoch, aber begrenzt, sie tauchen immer wieder in unterschiedlichen Zeichen auf; so erfasst der Lernende und Lesende in einem sehr komplexen Zeichen rasch seine drei, vier Komponenten und ihre Position im Zeichen und kann es dann schreiben.

Gleichwohl bleibt das Lesen- und Schreibenlernen eine mühsame und vor allem zeitraubende Arbeit. Heute verbringen Schulkinder etwa fünf Jahre damit. Nach einer Faustregel müssen sie dabei jedes Schriftzeichen im Schnitt 600 mal schreiben, bis es auf Dauer sitzt. In den Jahrhunderten des dynastischen China waren hingegen noch gut und gerne zehn Jahre nötig, weil sich die Didaktik darin erschöpfte, die Schüler durch Schläge auf den Kopf zu lehren. Vor allem durch die Einführung der Buchstabenumschrift, die alle Schüler lernen, ist der Zeitaufwand etwas gesunken. Die Buchstaben geben den Lautwert des Zeichens wieder und erleichtern so das Auswendiglernen der Vokabeln. In den Schulen des 19. Jahrhunderts (und davor) gab es diese Aussprachehilfen nicht. So blieb den Kindern nichts anders übrig, als die Zeichen allein durch Nachsprechen des Lehrers (und immer wieder Hinschreiben) im Gedächtnis zu behalten, was umso schwieriger war, als es gar keine Schulbücher in dem Sinne gab, sondern klassische Texte Verwendung fanden, deren Inhalt die Kleinen meist gar nicht verstanden. Wenn es haperte, half der Lehrer mit dem Knüppel nach.

齇

Das Schriftzeichen *dscha* [zha] = *roter Nasenpickel*, besteht aus 25 Strichen, aber nur fünf Komponenten, die teils selbst Wortzeichen sind, teils nicht. Alle kommen jedoch häufig vor und sind daher bekannt (von links oben nach rechts unten):

自 zi (dsö) = selbst

田 tian (tjän) = Feld

丌 (ohne eigene Aussprache) Komponente

虍 (ohne eigene Aussprache) Komponente

且 qie (tjië) = sogar.

Das rasche Erfassen der fünf bekannten Komponenten ermöglicht das schnelle Schreiben selbst eines so selten gebrauchten Zeichens wie 齇, *roter Nasenpickel*.

Interessant ist die Frage, warum die Chinesen es zum einen nicht geschafft haben, sich wie alle anderen Völker[11] von

Schulklasse im kaiserlichen China (19. Jhd.): Die Schüler wenden dem Lehrer respektvoll den Rücken zu. Quelle: Rudolph

China – eine fremde Welt für Europäer

einem so unpraktischen und archaischen Schriftsystem zugunsten einer einfachen Lautschrift zu lösen und zum anderen, welche Konsequenzen dieses Versagen für die soziale und wirtschaftliche Entwicklung des Landes hatte.

Historisch gesehen haben Menschen vor etwa 5000 Jahren in Mesopotamien damit begonnen, Aufzeichnungen anzufertigen. Sie fertigten sich dazu ein vereinfachtes Abbild des beschriebenen Gegenstandes, verwendeten also eine Bilderschrift. Die chinesischen Schriftzeichen gehen jedoch längst nicht so weit zurück, sie entstanden in ihren Urformen als so genannte *Orakelknochenschrift* erst vor knapp 3000 Jahren. Auch diese Ur-Schriftzeichen waren bildliche Darstellungen ihres Gegenstandes. Zahlreiche solcherart von Schamanen beschriftete Knochen- und Schildkrötenpanzer konnten seit Beginn des 20. Jahrhunderts ausgegraben und auch entziffert werden. So weiß man, dass es sich bei diesen einfachen Texten um Weissagungen der Schamanen für ihre Herrscher handelte oder um das Festlegen von bestimmten Handlungen, wie zum Beispiel auf die Jagd zu gehen an bestimmten, als günstig ermittelten Tagen. Für diese einfache Form der Verschriftung von Wörtern wählten die chinesischen Schamanen wie die Mesopotamier 2000 Jahre vor ihnen Abbildungen der bezeichneten Gegenstände.

Auf Knochen und Schildkrötenpanzern eingeritzte erste Schriftzeichen: 甲骨文 Orakel-Schrift. Quelle: Rudolph

Etwa 1000 Jahre nach der Erfindung der mesopotamischen Urschrift entwickelten die Ägypter sie vor etwa 4000 Jahren mit ihren Hieroglyphen zu einer Vorstufe der Buchstaben-Lautschrift weiter. In dieser ägyptischen Hieroglyphenschrift stehen die einzelnen, immer noch konkrete Gegenstände abbildenden Zeichen, jedoch schon nicht mehr für den Gegenstand, sondern nur für die Aussprache der Silbe eines Wortes. Die Silben kombinierte man bei Bedarf zu neuen Wörtern, die dann mit einer Abfolge der ursprünglich etwas ganz anderes abbildenden Zeichen geschrieben wurden. Diese revolutionäre neue Qualität zu entdecken, ermöglichte es dem Franzosen Jean François Champollion (1790 bis 1832), die Hieroglyphenschrift 1822 endlich zu entziffern. Der hieroglyphische Übergang zur Lautschrift war ein Meilenstein für die Entwicklung der mittelmeerischen Kulturen, den die vor etwa 3500 Jahren aufkommende Buchstabenschrift vollendete. Diese Revolution der Kommunikation schuf schließlich eine – wenn nicht *die* – Voraussetzung für die Entwicklung von Hochkulturen.

Auch die gänzlich unabhängig von der mesopotamisch-ägyptischen Entwicklung entstandenen chinesischen Bildzeichen schienen bald in diese Richtung zu gehen. Der Vorrat an konkreten, bildlich darstellbaren Gegenständen wie Sonne und Mond ist ja rasch erschöpft. Die Zeichenerfinder mussten deshalb abstrakter werden und zudem immer komplexere Formen ersinnen, die dennoch nicht willkürlich-chaotisch waren, sondern einem inneren System folgten. Sie taten das zunächst, indem sie bereits verfügbare Bilderzeichen miteinander zu komplexeren Zeichen kombinierten. Der

Sinn solcher Zeichen ließ sich durchaus erraten, wenn man die Bedeutung der einzelnen Komponenten kannte.

男

= männlich besteht aus zwei Komponenten:

an (tjän) = Feld (oben)

= Kraft (unten)

dem Feld mit Kraft arbeiten = Mann.

Sobald aber ein gewisser Vorrat vorhanden war, mag ihnen das zu kompliziert geworden sein, jedenfalls begnügten sie sich nun damit, bei der Bildung neuer Zeichen für ein gegebenes Wort einer für den Begriff sinngebenden Komponente eine zweite hinzuzufügen, die nur den *Klang* des Wortes andeutete, mit seinem Sinn aber nichts zu tun hatte. Heute sind etwa 90 Prozent der chinesischen Schriftzeichen nach diesem Sinn-/Lautträger-Konstruktionsprinzip gebaut, das – ganz ähnlich der Hieroglyphenschrift der Ägypter – einen Schritt hin zur Lautschrift darstellte.

家

dja) = Gallium, chem. Element

Zeichen besteht aus den Komponenten

= Metall. Diese Komponente fungiert als träger für etwas Metallisches.

a (dja) = Familie. Das Zeichen fungiert hier och nur als Lautträger, als Hinweis für die sprache *dja* des Begriffs *Gallium*. Der Lauter übernimmt damit eine Funktion ähnlich Hieroglyphen-Zeichen der Ägypter, aber entfernt von einem Buchstaben. Der Lauter gibt meist auch nur einen ungefähren veis auf die Aussprache.

Die Chinesen verzichten jedoch darauf, diesen Weg konsequent zuende zu gehen. Sie brachen nicht mit dem Prinzip: *Ein Zeichen = ein Wort* und *Jedem Wort ein eigenes Zeichen*. Abgeschnitten vom Kontakt zu anderen Großzivilisationen im Mittelmeerraum, die diesen Schritt taten, verpassten sie so um 1000 v.Chr., als ihre gesellschaftliche Entwicklung größere Schreibmengen erforderlich machte (nicht nur schamanische Weissagungen), den Übergang zur Buchstaben-Lautschrift. Damit machten sie sich das Leben sehr viel schwerer als Griechen, Römer und letztlich die Europäer insgesamt. Das chinesische Schriftzeichensystem hatte sogar einschneidende negative Folgen für die gesellschaftliche Entwicklung des Landes und seiner Kultur.

Sprache, Schrift und gesellschaftliche Entwicklung

Die Bremskraft des Schriftzeichensystems für eine zügige Weiterentwicklung der chinesischen Kultur kann man gar nicht überschätzen. Das System sorgte nämlich dafür, dass sich auch die lautarme Sprache nicht weiterentwickeln und differenzieren konnte. Die Schriftzeichen ermöglichten es vielmehr, bei der klangarmen, vieldeutigen Sprache zu bleiben, denn es war ja gleichgültig, ob es wenige oder viele phonetisch klar unterscheidbare Wörter gab oder nicht: Die Zeichen sorgten immer für Klarheit. Man konnte sie sogar aussprechen, wie man wollte. Während die Lautschrift in Europa eine starke vereinheitlichende Rückwirkung auf die Sprache einer Gesellschaft hatte, entfiel dieser Zwang bei den Zeichen. So blieben sich nicht verstehende Dialekte selbst in kleineren Regionen erhalten, und es verarmte die chinesische gesprochene Sprache insgesamt: Sie bildete keinen hoch-differenzierten Wortschatz aus, konnte keine Fremdwörter aufnehmen (und was sich damit verband), entwickelte keine differenzierende Grammatik, keine Wortarten, keine Zeiten, Fälle und andere linguistische Raffinessen.

Mit dieser Sprache war es wohl möglich, einfache Sachverhalte des täglichen Lebens zu artikulieren, sowohl des Lebens der Bauern als auch des Lebens der Herrscher. Aber es war keine Sprache, die große öffentliche Debatten wie in der griechischen Polis oder später im römischen Senat ermöglichte oder die Herausbildung von Volkstribunen, die Kraft des Redearguments auch komplexe Sachverhalte in die Öffentlichkeit bringen konnten. So entstand keine Polis in China. Auch die Dichtung blieb weit hinter so differenzierten und umfangreichen Werken wie Homers *Ilias* oder der griechischen Dramatik zurück. Was uns der älteste chinesische Text, das *Buch der Lieder*, das etwa aus der gleichen Zeit stammt, mitzuteilen hat, ist demgegenüber simpel. Und noch tausend Jahre später, zur Hoch-Zeit der chinesischen Dichtung im 8. Jahrhundert (唐 Tang-Dynastie), reüssierten Poeten wie 李白 Li Bai und 杜甫 Du Fu – die berühmtesten, bis heute in höchstem Ansehen stehenden – mit Gedichten einfachster Machart – wenige Zeichen/Wörter je Zeile, insgesamt immer kurz und was die Thematik anlangt immer gleich: trinken, lieben, die Natur betrachten. Ihren Charme beziehen diese Gedichte aus der Symmetrie der Zeichenzahl pro Zeile, ihrem Klang, dem Reim und dem schwierigen Verstehen, denn die Verkürzungen erfordern viel Phantasie beim Leser, wenn er sich den Inhalt erschließen will.

Das Schriftzeichensystem insgesamt war so kompliziert und daher nur mit größtem Aufwand erlernbar, dass es bloß eine winzig kleine Schicht der Bevölkerung bis zur Mitte des 20. Jahrhunderts überhaupt einigermaßen beherrschte. Wissen und intellektuelle Emanzipation konnten so nicht in größerem Umfang entstehen. Die Quantität blieb gering und schlug nicht in eine neue Qualität um.

So schmorte die chinesische Zivilisation bis zum Eintreffen der Europäer 2000 Jahre lang im eigenen Saft und verharrte im Reich des Einfachen und Praktischen – dort freilich höchst erfolgreich: Die Bauern bestellten die Felder und rebellierten bisweilen, wenn die Misswirtschaft der Despoten allzu groß geworden war, aber nur, um anschließend das gleiche System mit lediglich neuem oberstem Herrscher weiterzuführen. Die Herrscher ihrerseits hielten die Untertanen mit immer den gleichen Ideologien und Gewaltmethoden körperlich und geistig gefangen. Ihre Gesetze waren nur krude Verbotslisten mit beigefügten drakonischen Strafvarianten bei Übertretungen. Um Rechte des Einzelnen oder von Gruppen ging es darin nie. Ihre Beamten stellten dynastische Analen zusammen, die jedoch völlig darauf verzichteten, gesellschaftliche oder politische Zusammenhänge zu analysieren, Handlungen der Herrscher zu erläutern, sondern machten diese oder die Intrigen ihrer Minister und Hofbeamten lediglich an Kalenderdaten fest. Geschichtsbücher wie jene der Römer sind sie nicht. Die Schriftzeichen schränkten so die intellektuelle Mobilität stark ein. Chinesische Philosophen und intellektuelle Denker brachten nur kleine Heftchen mit vergleichsweise bodenständigen Ansichten heraus, meist apodiktische Feststellungen oder Verhaltensanweisungen. Darin ging es nie wie bei den Griechen um die Erkenntnis dessen, was die Welt zusammenhält, sondern – idealtypisch bei 孔子 Konfuzius (551 bis 479 v.Chr.) und seinen Epigonen – immer nur darum, das als ideal beschriebene Staats- und Gesellschaftssystem der 周 Zhou (sprich: Dscho)-Zeit (1100 bis 221 v.Chr.) zu bewahren bzw. wiederherzustellen. Ideal war dieses System dabei nicht, weil alle Rechte und Pflichten hatten oder der Macht Grenzen gesetzt waren, sondern weil die Oberen ein idealisiertes, angeblich moralisch einwandfreies Leben führten. Konfuzius (resp. seine Schüler) bauten auf dieser Wahrnehmung (nicht ihrem Wissen) ihr System: Sie wollten eine Gesellschaft der idealen Menschen, eine, wo jeder einen moralisch einwandfreien Lebenswandel in der Position führt, in der er sich befindet, weshalb ein jeder unablässig an sich zu arbeiten habe. Was diese bald kanonisierten Texte dafür lieferten, war keine Analyse von Ursache und Wirkung, sondern lediglich einfachste Verhaltenanweisung.

Zweck dieser Schriften, die überdies Unbekannte erst etwa 500 Jahre nach dem Tod des Meisters aufzeichneten, war es, ein ideales staatliches Zusammenleben dadurch zu erreichen, dass alle Menschen, vom Herrscher bis zum Bauern oder Bettler, dort, wo sie waren, oben oder unten, sich zuallererst einmal mit ihrer gegebenen Position abfanden und diese sodann vollkommen erfüllten: Der Herrscher herrschte und sorgte dafür, dass auch die Beherrschten ihr Auskommen hatten; der Bauer pflanzte und lieferte seinen Teil an die Obrigkeit ab. 君君臣臣[12] *Der Herrscher sei Herrscher, der Untertan Untertan,* lautet die Kernaussage des Konfuzius.

Jeder bekam sein Aufgabenfeld abgesteckt, in dem er zu bleiben und in dem er sich zu einem in diesem Rahmen 君子 *Edlen* auszubilden hatte. Wenn jeder das in seinem jeweiligen sozialen Kästchen tat, mit seiner Stellung zufrieden war und sie in idealtypischer Weise ausfüllte, dann – so die Überlegung – würden Friede und Eintracht in der Gesellschaft herrschen. Es gäbe weder Krieg noch Streit mit den Nachbarn, jeder könnte mit seiner Spanne auf Erden zufrieden sein. Nicht einmal über das, was auf den Tod folgt, spekulierte Konfuzius: Die Schriftzeichen gaben das nicht her.

Es lässt sich dabei kaum abstreiten, dass eine Gesellschaft, in der jeder mit dem zufrieden ist, was er hat und tut, in der Tat stabil und friedlich sein müsste. Es fällt jedoch schwer, dies in eine Reihe mit den Werken der griechischen Philosophie zu stellen, die um 500 v. Chr., also zu Lebzeiten des Konfuzius, entstanden. Sie zielten auf die Erkenntnis der Welt und die Emanzipation des Menschen in einer Gesellschaft mit individuellen Rechten und legten so die Basis zur europäischen Naturwissenschaft und zum Rechtsstaat. Beides entstand nicht in China.

Konfuzius Lehre legitimierte und sicherte nur die bestehende Herrschaft und sollte auch nichts anderes bewirken. Sie wurde erst 500 Jahre nach seinem Tod von der ersten großen, 400 Jahre währenden chinesischen Dynastie der 汉 Han (206 v. Chr. bis 220) tatsächlich zur Staatsdoktrin erhoben. Dazu stellten die Protagonisten dieser und aller folgenden chinesischen Dynastien ein riesiges Sammelsurium von Interpretationen, Anweisungen und Anforderungen zusammen, die jeder Einzelne bei sich zu verwirklichen hätte. In diese Richtung arbeiteten auch die *Philosophen* der folgenden wichtigen Dynastien wie 唐 Tang (618 bis 907), 宋 Song (sprich: Sung, 960 bis 1279), 明 Ming (1368 bis 1644) und 清 Qing (sprich: Tjing, Mandschus, 1644 bis 1911). Immer weiter verfeinerten sie das kleinteilige System der individuellen, hierarchisch ausgerichteten Verhaltensvorschriften, bis es schließlich zu einem Korsett geworden war, das die chinesische Gesellschaft bis zur Entwicklungsunfähigkeit einschnürte. Nur dies war der herrschenden Schicht wichtig. Das (angebliche) Ausbilden zum Edlen verbrauchte ihre ganze Zeit. Für Interesse an einem Rechtssystem, an der Wirtschaft, an Naturwissenschaften und Technik blieb kein Freiraum, sie waren den herrschenden Edlen gleichgültig, ja sogar verdächtig, durchaus vorhandene, vielversprechende Ansätze auf diesen Gebieten blieben eher Hobbys von Sonderlingen, die gesellschaftlich keine Chance bekamen.

China – eine fremde Welt für Europäer

Das System der chinesischen Schriftzeichen im Verein mit ihrem bremsenden Einfluß auf die Entwicklung der chinesischen Sprache ist zu einem Gutteil verantwortlich für die im Vergleich zu Europa höchst verhaltene gesellschaftliche Entwicklung Chinas. Das System sorgte auch dafür, dass fremde Einflüsse anderer Kulturen, die phasenweise durchaus stark in China waren (zum Beispiel während der Tang-Zeit und erst recht während der Mongolenherrschaft, als China zu einem Reich gehörte, das vom Pazifik bis nach Europa reichte und reichhaltigen Austausch auch mit Europa kannte), nur punktuell zum Zuge kamen: Etwa

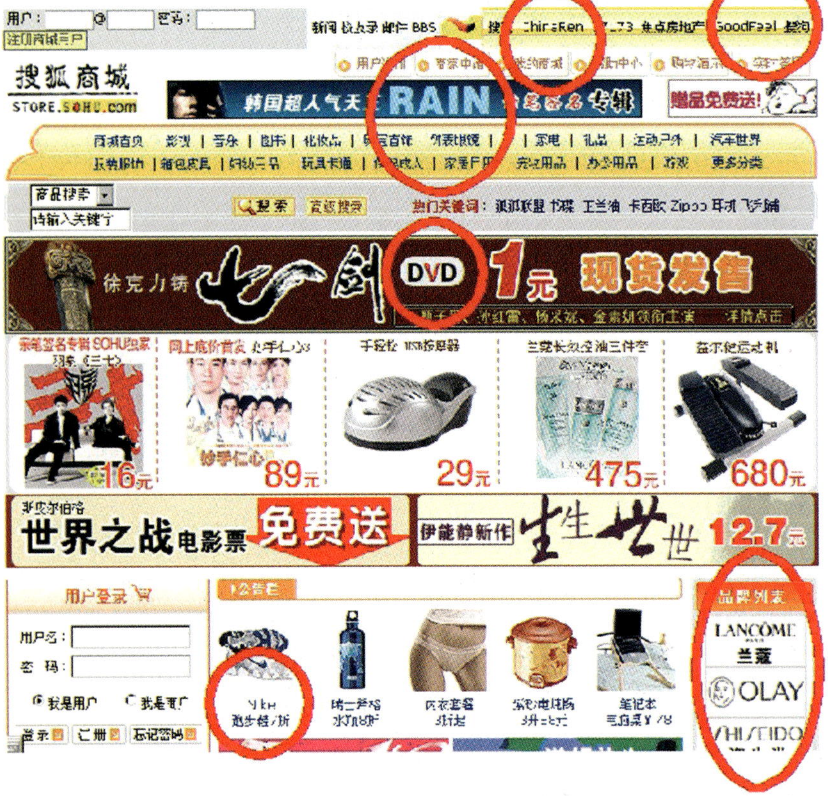

Website des beliebten Portals Sohu.com mit zwischen die Schriftzeichen gestreuten Buchstaben-Begriffen: good feel, RAIN, DVD und Firmennamen wie Nike, Lancome etc.

die Einführung astronomischer Geräte aus Arabien, Glas aus Europa oder Musikinstrumente und Speisen aus anderen Kulturen.

Heute, da China seit einigen Jahren so offen für den Einfluss der europäischen Kultur ist wie nie zuvor in seiner Geschichte, können wir jedoch beobachten, dass sich hier und da erste Auflösungserscheinungen im überkommenen, das Chinesische grundsätzlich ausmachende Schrift- und Sprachsystem zeigen. Die Sprache zum Beispiel sieht sich überschwemmt mit neuen Fremdbegriffen zum Beispiel aus Wirtschaft, Technik und Gesellschaft. Das Schriftsystem nimmt inzwischen die Buchstaben des lateinischen Alphabets auf: In Chinesischen Zeitungen, Magazinen, Werbeplakaten und Internetseiten finden sie sich immer öfter zwischen den Schriftzeichen, verbinden sich bisweilen sogar mit der chinesischen Grammatik, so dass ein Kauderwelsch entsteht, gegen das die Anglizismen-Verwendung in Deutschland (z.B. die Redewendung: *Wie können wir das händeln?*) kaum von Bedeutung ist.

Auch die Schriftzeichen selbst sind inzwischen bedroht. Die pausenlose Verwendung des Mobiltelefons hat das noch vor wenigen Jahren ausgiebig geübte Briefeschreiben überflüssig gemacht. Dies führt zu dem heute immer öfter beklagten Phänomen, daß selbst gebildeten Chinesen das ein oder andere Zeichen nicht mehr einfällt, wenn sie es mit der Hand schreiben müssen. Die Nutzung des Computers verstärkt diese Tendenz, denn die Zeicheneingabe erfolgt in der Regel über die alphabetische Umschrift. Man schreibt die Wörter in ihrer lateinisierten Umschrift, woraufhin der Rechner die infrage kommenden Schriftzeichen in einem Fenster anzeigt: Tippe *Beijing* (Peking in Umschrift), und es erscheint ein Fenster mit numerierten möglichen Zeichen: 1 北京 2 .... Wähle 1 und 北京 erscheint im Text. So muss der Schreiber nur noch passiv erkennen, welches Zeichen er haben möchte, er drückt die Nummer – fertig. Das Zeichen fliegt in die Textverarbeitung, in das Kalkulations- oder Präsentationsprogramm oder in das *google*-Such- oder ein anderes Internet-Formularfenster auf dem Bildschirm. Wer lange so arbeitet, vergisst die aktive Beherrschung der Zeichen, die das Handschriftliche erfordert. Die Alarmmeldungen und harschen Kritiken der Schriftzeichen-Hüter im Internet und in den Druckmedien nehmen seit einiger Zeit deutlich zu.

So zeichnet es sich ansatzweise bereits nach zehn Jahren Öffnung ab, dass für den Kern der chinesischen Kultur, der Sprache und Schrift, Änderungen anscheinend unvermeidlich anstehen. Die Wörter werden mehrsilbig, was die Bedeutung der Betonungen (*Töne*) relativiert. Die Schriftzeichen werden vergessen, was ihre Verwendung irgendwann in Frage stellen müsste. Freilich wird es sicher noch viele Jahrzehnte dauern, bis dies grundlegende Änderungen in der Gesellschaft sichtbar werden lässt. Wenn überhaupt, denn die Entwicklung ist auch in China nicht verborgen geblieben und diverse Gegenkräfte haben sich aufgemacht, sie anzuhalten. Das chinesische Internet ist voll mit Artikeln, die die Problematik aufzeigen und dabei sogleich den *Niedergang der großen chinesischen Kultur* als chauvinistisches Schreckgespenst hervorholen.

Möglicherweise ist es auch nur eine vorübergehende Entwicklungsphase, die sich aus der generellen Haltlosigkeit der heutigen städtischen Gesellschaft Chinas speist, die chinesische Traditionen äußerlich ablehnt, die europäische aber nur bruchstückhaft aufnehmen kann und letztlich doch wieder beim Chinesischen landet. Das kommunistische Herrschaftssystem ist bereits nicht mehr legitimiert, es hält sich nur noch über scharfe Kontrollen und die Einnahmen aus dem Ausverkauf des Landes (= ausländische Direktinvestitionen, jene hunderte Milliarden Dollar, die das reiche Ausland nach China exportiert), die in Teilen gerade der städtischen Bevölkerung in Form von Wirtschaftswachstum zugute kommen. Eine Veränderung dieses auf Dauer unhaltbaren Zustands hin zu einer legitimierten und offenen Herrschaft könnte die alte Selbstsicherheit Chinas zurückbringen und ein souveränes und planvolles Umgehen mit den ausländischen Einflüssen ermöglichen. Das Beispiel des demokratisch legitimierten Taiwan zeigt, dass es sehr wohl möglich ist, chinesische Sprache und Schrift (sogar in ihrer originalen Form, den unverkürzten Zeichen[13]) weitgehend so zu erhalten, wie sie immer waren und dennoch ein modernes, offenes, umgängliches, kurz: demokratisches Gemeinwesen aufrecht zu erhalten.

Ausländer und das Reich der Schriftzeichen

Die Entwicklung der europäischen Gesellschaften brachte einen Menschentypus hervor, der extrovertiert, neugierig, abenteuerlustig und materialistisch war. Nachdem sich der alte Kontinent von den asiatischen Schrecken der Hunnen- und Mongoleninvasionen endlich erholt und in der Renaissance zu seinen griechisch-römischen Wurzeln zurückgefunden hatte, begannen Portugiesen, Spanier und Briten im 15. und 16. Jahrhundert damit, die anderen Teile der Erde zu erkunden und alsbald in Form von Kolonien in Besitz zu nehmen, was aber ihrer Stärke nicht gewachsen war. Wie sich bis zum 19. Jahrhundert deutlich zeigte, konnte keine andere Kultur diesem europäischen Ansturm standhalten. Aufklärung und Industrialisierung statteten die Europäer alsbald auch mit geistigen und materiellen Werkzeugen aus, denen offenbar niemand etwas entgegen zu setzen hatte. Konquistadoren, Siedler, Kaufleute und Industrielle vernichteten oder überrollten die Kulturen der Azteken in Süd- und der Indianer Nordamerikas, der Inder, der Afrikaner und der australischen Ureinwohner. Ergebnis: Die Welt ist heute europäisch.

China – eine fremde Welt für Europäer

Natürlich fiel der Blick der Ruhelosen auch auf das Riesenterritorium der Chinesen. Doch die damals bereits etwa 60 Millionen zählende *Gelbe Rasse*, wie die Weißen die Chinesen gerne nannten, konnte sich diesem Ansturm lange entziehen, obwohl seine Herrscher den Europäern schon im 18. Jahrhundert auf allen Gebieten – waffentechnisch, wissenschaftlich und organisatorisch – hoffnungslos unterlegen waren. Mehrere Faktoren spielten dabei eine Rolle:

- die riesige geographische Größe des Landes,
- seine fehlende infrastrukturelle Erschließung und
- die ungeheure Anzahl seiner Menschen genauso wie
- die straffe und effektive innere Herrschaftsorganisation des chinesischen Reiches.

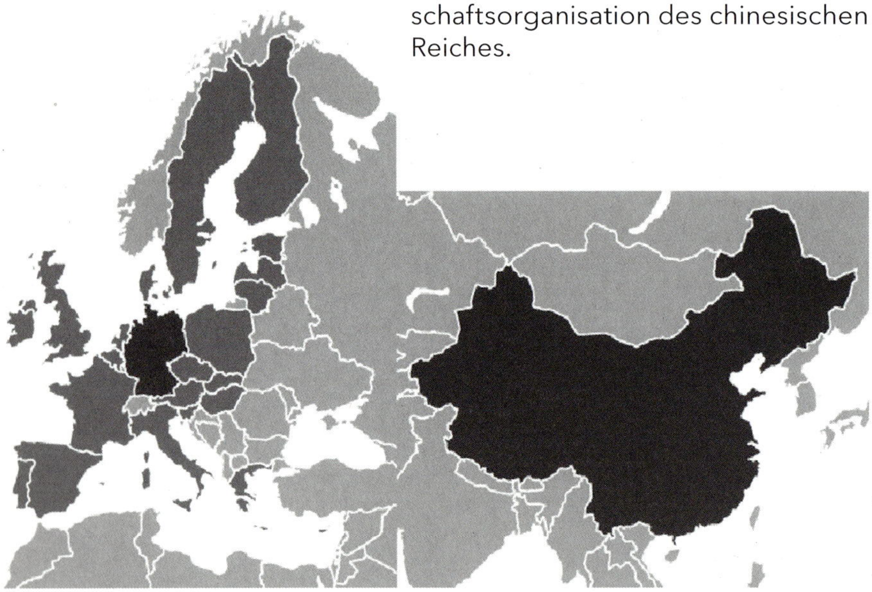

China ist der drittgrößte Flächenstaat der Erde, etwa so groß wie die Europäische Union. Quelle: Rudolph

Viele dieser Faktoren galten freilich auch zum Beispiel für Indien, das die Briten dennoch in Besitz nahmen und wo sie ihre eigene Sprache als offizielles Idiom und ihre Herrschaftsorganisation in der Landesverwaltung etablieren konnten.

Dass eine vergleichbare Besitznahme des schwachen Riesen China im 19. und 20. Jahrhundert nicht gelang, hatte also noch andere Ursachen als die genannten. Chinesische Darstellungen führen als zusätzliche Erklärung gerne an, dass die Europäer (zu denen kulturell auch die Amerikaner zu rechnen sind) und Japaner sich in China gegenseitig behinderten und so letztlich in Schach hielten. Jeder wollte die Märkte und Ressourcen des Reiches für sich ausnutzen, doch alle anderen wachten aufmerksam darüber, dass der Einfluß der Konkurrenten nicht dominierte. Die Kolonie einer Macht wurde China so nicht, ja die schwachen Herrscher konnten eine Weile sogar die Möchtegern-Kolonialisten gegeneinander ausspielen. Chinesische Darstellungen sprechen deshalb davon, dass China eine *Halbkolonie* gewesen sei – halb kontrolliert von Ausländern, halb vom Kaiserhaus in Peking.

Doch so sehr dies auch den Tatsachen entspricht, das entscheidende Hindernis für eine komplette Kolonisierung Chinas war ein anderes: Es war die den Europäern völlig fremde, eigenständige und den Chinesen über rund 2000 Jahre eingeimpfte Kultur, insbesondere die der Schriftzeichen und die Folgen, die dies für den Zustand des Landes gehabt hatte.

Wie oben ausgeführt, bedingte das hoch-komplizierte System der Schriftzeichen unter anderem, dass die kulturelle Basisfertigkeit des Lesens und Schreibens nur einer winzigen – im Vergleich zur Gesamtbevökerung sogar irrelevanten – Oberschicht zur Verfügung stand. Die Schriftzeichen hatten diese Oberschicht überdies in ein enges Korsett des bornierten Denkens eingeschnürt, in dem nicht einmal das Europäer so elektrisierende Wort *Freiheit* vorkam. Die Welt der Schriftzeichen hatte die Herrschenden Chinas von den Entwicklungen in Europa abgeschnitten. Sie hatten zu einem verengten geistigen Leben geführt, das mit den Realitäten der restlichen Welt nichts zu tun hatte, zu einem völligen Desinteresse an der materiellen Entwicklung des eigenen Landes wie an der Welt außerhalb des eigenen Herrschaftsbereichs.

Unter diesen Bedingungen war (und ist es noch heute) außerordentlich schwer, dass europäisches Denken Eingang in eine größere Zahl chinesischer Köpfe erhält.

Dieses abschottende System bestimmte das Leben der Chinesen unangefochten seit der Verlagerung der 明 Ming-Hauptstadt von 南京 Nanking nach Peking 1421. Die Fremdherrschaft der Mandschus, eines kleinen Reitervolkes

1421 verlegten die 明 Ming-Herrscher die chinesische Hauptstadt von 南京 Nanking nach 北京 Peking – und kapselten China von der Außenwelt ab. Quelle: Siegfried P. Englert; Gert F. Grill 100 x China. Mannheim: Bibliograph. Institut.

Die Mandschus befahlen den Chinesen 1644, sich die vordere Kopfhälfte zu rasieren und einen Zopf zu tragen. Das Zeichen ihrer Unterwerfung schnitten die Chinesen erst 1911 ab, nach dem Fall der Dynastie. Quelle: Rudolph

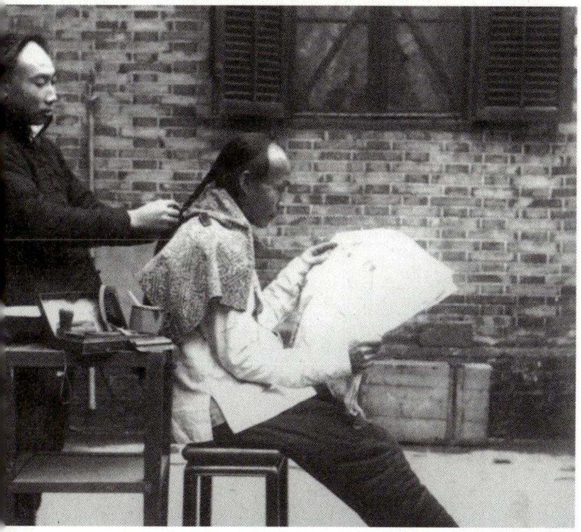

jenseits der Großen Mauer im heutigen Nordosten Chinas, die die verkommenen 明 Ming 1644 stürzten, unterwarf die Chinesen überdies einer ethnischen Despotie. Sie mussten zum Beispiel bei Androhung der Todesstrafe einen Zopf tragen und sich die vordere Hälfte des Kopfes rasieren, um den neuen Herrschern, die sich traditionell so frisierten, ihre Loyalität zu bekunden (der Zopf der Mandschus symbolisierte den Schwanz eines Pferdes).

Die neuen Herren eroberten binnen kurzem das gesamte 明 Ming-Reich, dehnten die Grenzen sodann im 18. Jahrhundert nach Westen aus und gliederten Tibet ihrem 大清国 *Großen Land der Reinheit*, wie sie ihre Herrschaft nannten, ein. Nie zuvor hatte China so

weite Grenzen. Vor allem unter den sehr lange regierenden Kaisern 康熙 Kang Xi (sprich: Kang-hsi, Regierungszeit: 1661 bis 1722), 乾隆 Qian Long (sprich Tjänlung, 1735 bis 1796) herrschten wieder stabile, der wirtschaftlichen Entwicklung zuträgliche Verhältnisse im Land. Am besten ablesen lassen sich diese Erfolge am explodierenden Wachstum der Bevölkerung, die genügend Nahrung

China in den Grenzen des Mandschu-Reiches, das 1911 endete. Quelle: Mannheim: Bibliograph. Institut

bekam. Zwischen 1750 und 1850 stieg deren Zahl von knapp 200 Millionen auf 400 Millionen.

Die Mandschu-Herrscher übernahmen freilich alsbald die chinesischen Institutionen und traditionellen Weltsichten, sprachen schließlich sogar nur noch Chinesisch, so dass ihr eigenes Idiom im 19. Jahrhundert gänzlich ausstarb. Allerdings achteten sie bis zu ihrem Ende 1911 darauf, sich nicht mit Chinesen zu vermischen – inter-ethnische Heiraten zum Beispiel waren verboten.

Nach einem kurzfristigen Aufblühen im 18. Jahrhundert versank China daher wieder in Agonie, so dass man sagen kann: Im letzten halben Jahrtausend tat sich in der chinesischen Gesellschaft nichts, und die herrschende Schicht sorgte sehr erfolgreich dafür, dass ihr Staat von äußeren Einflüssen abgeschirmt blieb. Abgesehen von einer hauchdünnen, nur mit sich selbst befassten Oberschicht verharrte das Hunderte-Millionen-Volk in totaler Unwissenheit und rechtloser Apathie – nicht einmal Schreiben und Lesen konnte es. In diesem Zustand war es zwar immer wieder empfänglich für die Massen aufrüttelnde Ideologen, aber deren intellektuelles Niveau bewegte sich stets nur auf dem Niveau des mystischen Aberglaubens – 1850 beim Taiping-Aufstand und 150 Jahre später bei der *Falungong*-Demonstration in Peking.

In diese traurige Gesamtlage flossen in den Jahrzehnten nach der gewaltsamen sogenannten *Öffnung Chinas* im Ersten Opiumkrieg (1838 bis 1842) europäische Errungenschaften der Zeit: Maschinen, Technik, Konsumgüter und: Missionare, Kaufleute sowie Diplomaten. Diese frühen *Expats* brachten auch ihre Ideologien, Arbeits- und Lebensweisen mit ins Land, nicht zuletzt ihre Freizeitbeschäftigungen: Clubs und Pferderennbahnen, aber auch andere europäische, in China damals völlig unbekannte Einrichtungen wie eine öffentliche Verwaltung, Parks, gepflasterte Straßen, öffentliche Verkehrsmittel und vieles andere. Die zahlreichen Missionare der protestantischen Mission eröffneten Schulen im Land, in denen sie chinesische Kinder neben Bibelwissen auch Fremdsprachen lehrten – und dem Einfluss der chinesischen Kultur entzogen, soweit sie es vermochten.

Ansiedlungspunkte dieser in eine Gesellschaft der Unwissenheit und kindlichen Naivität einbrechenden europäischen Moderne waren jedoch nur einige Küstenstädte – allen voran ab 1842 Shanghai –, und auch dort betraf es nur ein Stadtviertel, letztlich nur ein paar Straßenzüge. Auch als es zu Beginn des 20. Jahrhunderts keine Beschränkungen mehr gab, fanden sich im ganzen Reich nur rund hundert Städte, in denen Europäer ansässig waren – Kaufleute und Firmenvertreter. Selbst unter Einbeziehung der Missionsschulen waren das nur winzigste Inseln in einem riesigen Meer der Unwissenheit und Ignoranz. Nicht einmal in ihre unmittelbare Umgebung konnten die fremden Eindringlinge direkt hineinwirken, weil Schriftzeichensystem und Sprache – die Essenz der chinesischen Kultur – das gar nicht erlaubten. Mit ihren chinesischen Helfern, den *Kompradoren*, verkehrten die Kaufleute in einem *pidgin* (für *business English*) genannten Kauderwelsch, das englische Wörter in chinesischem Satzbau und chinesischer Aussprache aneinanderreihte wie zum Beispiel in der Begrüßungsformel: *Long time no see*.

Carl Crow, ein amerikanischer Geschäftsmann, der in den 20er und 30er Jahren des 20. Jahrhunderts eine Werbeagentur in Shanghai betrieb und zeitlebens die chinesische Gesellschaft genau beobachtete und in seinen Büchern sehr treffend beschrieb, gab einmal eine solche Unterhaltung wieder (*Taipan* hießen die Chefs ausländischer Firmen in China):

> „*Taipan: How fashion that chow-chow cargo he just now stop godown inside? Comprador: Lat cargo he no can walkee just now. Lat man Kong Tai he no*

got ploper sclew. Taipan: How come you talkee sclew no ploper? My have got sclew paper safe inside. Comprador: Aiyah! Lat sclew paper he no can do. Lat sclew man he have go Ningpo more far."

Crow bezeichnete dies als *perfectly intelligible to any old resident* und übersetzte den Inhalt für Unkundige so:

„In der Anfrage ging es darum, aus welchen Gründen eine gemischte Ladung (chow-chow) sich noch im Lagerhaus (godown) befand. Der Komprador antwortet, daß die Ladung nicht transportiert (walkee) werden könne, weil die Sicherheiten (sclew) des Käufers (Kong Tai) nicht in Ordnung seien. Der ausländische Chef (Taipan) sagt, er habe die Sicherheiten bereits in seinem Safe, woraufhin der Komprador erwidert, das die wertlos seien, denn der Mann, der die Zahlung der Ware garantierte, sei pleite gegangen und seinen Gläubigern in der Stadt Ningbo davongelaufen (sclew man had gobe Ningbo more far)."[14]

Das war die Situation der Europäer in China im 19. und 20. Jahrhundert: Sie wussten nicht einmal, dass die Sicherheiten eines chinesischen Geschäftspartners nichts mehr wert waren!

In der Welt der Schriftzeichen hatte europäisches Denken keine Chance. So war Gesellschaftsveränderndes nicht zu vermitteln. Eine Verwestlichung fand nicht statt, wohl aber der Eingang des Materiellen: Maschinen, Technik, Waffen, Architektur ... kamen in die weiterhin *chinesische* Welt.

Heute ist die Situation nicht prinzipiell anders. Auch zu Beginn des 21. Jahrhunderts sitzen die westlichen Manager in einigen wenigen Städten, und dort nur in wenigen Hochhäusern und wohnen in abgeriegelten *compounds* (Wohnsiedlungen). Wegen der durch die Schriftzeichen-Kultur ihnen völlig unzugänglichen Umgebung reichen ihre Kenntnisse der Vorgänge dort und ihr Einfluß darauf kaum weiter als bis an die Eingangstür ihres Büros. Und selbst dann, wenn sie – geeint in Lobby-Verbänden oder unterstützt von ihren heimischen Regierungen – etwas Einfluß auf eine aufgeklärte Zentralregierung nehmen *könnten*, so endet dieser Durchbruch spätestens auf der nächsten Hierarchie-Ebene, wo es wieder *chinesisch* zugeht, oder wenige Kilometer weiter an der Stadtgrenze. Alle westlichen Ausländer zusammengenommen – vielleicht hunderttausend – sind nichts weiter als ein winziger Tropfen im gewaltigen chinesischen Ozean. Wer sich da wem anpasst, sollte keine Frage sein.

Es sind die Schriftzeichen, die die chinesische Welt auch weiter von der europäischen Welt isolieren. Sie verhindern nicht, dass Chinesen die materiellen Errungenschaften des Westens aufnehmen (das passiert massenhaft, mehr dazu im zweiten Kapitel). Aber sie verhindern, dass Ausländer erfahren, was um sie herum vorgeht. Diesen Effekt verstärken Abschirmung und Abkapselung, die die Behörden zusätzlich und willentlich betreiben. Auch die sind gewaltig und ziehen sich von oben bis unten, von den Bauwerken bis zum Denken, durch Staat und Gesellschaft, durch alle Organisationen und Individuen. Hunderttausende Beamte sind damit befasst, die Abschirmung zu organisieren und zu gewährleisten. Nichts soll für die Fremden offen sein: Mauern umgeben die Gebäude und wo sie nicht sind, stehen 24 Stunden lang privat oder staatlich bezahlte Wachen – selbst vor Baustellen. Die Nomenklatura legt weiterhin dichte, dicke Schichten von Schleiern über alles – ihre Politik, ihre Wirtschaft, ihren Staat und ihre Gesellschaft.

China ist heute auf allen gesellschaftlichen Gebieten das intransparenteste Land der Welt, wie Untersuchungen von Beratungsfirmen wie PriceWaterhouse-Coopers und anderen immer wieder zeigen. Möglichst wenig sollen die Fremden davon sehen, wie die chinesischen Dinge organisiert sind: Einreiseverbote und Ausweisungen halten bisweilen die Unerwünschten draußen, Mauern versperren die Blicke der Hereingekommenen, die Klassifizierung *intern* entzieht ihnen gedruckte Informationen oder gefährdet ihren Aufenthalt, wenn sie diese doch besitzen.

Nirgendwo sonst auf der Welt werden ausländische Journalisten oder Sozialwissenschaftler so schnell und so häufig zu Spionen und Geheimagenten. Wer forscht, macht sich hier verdächtig, wer dabei Chinesisch spricht noch mehr, wer die Schriftzeichen auch lesen kann, ist gefährlich, fast schon schuldig. Die Große Mauer, eine Obsession der Herrscher bis ins 16. Jahrhundert[15], versteckt das Land heute nicht mehr. Im Zeitalter von CNN und Mini Kameras mit Satellitenanschluss ist die Steinmauer sinnloser, als sie es ohnehin jemals war.[16] Den chinesischen Mauer-Geist besingt die Nationalhymne der Volksrepublik dennoch weiterhin mit der pathetischen Zeile: *Mit unserem Fleisch und Blut formen wir die neue Große Mauer!* Wir Chinesen, heißt das , stehen zusammen und halten die Fremden fern. Physisch, aber auch geistig. Abschirmung nach außen bleibt ein nationaler Wert jedenfalls der Herrschenden, trotz aller Bekundungen von *Öffnung* und *Reformen*.

Doch selbst wenn alles Polizeistaatlich-Administrative entfiele, bliebe als letzter und undurchdringlichster Schleier die Schrift Chinas, das große Mysterium für jeden Europäer und Amerikaner. Tausende von Zeichen bilden für sie (nicht die Japaner, die sie zwischen dem 4. und 7. Jahrhundert übernahmen, und schon deshalb vielleicht immer am allerverdächtigsten sind) einen undurchdringlichen Vorhang. Sie sind Ursprung und Basis der chinesischen Kultur, bestimmen chinesische Verhaltensweisen und chinesisches Denken. Sie versperren den Buchstabenverwendern jeden wirklichen Zugang zu diesem Land, machen sie zu ewigen Außenseitern dort, die immer nur auf der Oberfläche der Erscheinungen ziellos umherschwimmen. Manchmal ist das vorteilhaft. Wer nämlich die chinesische Presse lesen kann, der erfährt darin eigentlich nur über Korruption, Betrügereien und vergiftete Lebensmittel. Falls das alles auf Englisch vorläge, würde so mancher Ausländer wohl überlegen, ob er noch investieren, mit Genuß das chinesische Essen genießen oder einfach so des nachts durch die Straßen seines Geschäftsviertels laufen sollte.

Die Zeichen stürzen die Europäer auch in Verwirrung, so dass sie unversehens ihre eigene kulturelle Handlungsbasis, die ihnen sonst auf der Welt Sicherheit im Verhalten bietet, beim Betreten Chinas verlassen. Sie haben das Gefühl, daß sie ihnen in dieser Welt nichts nützt und schicken sich deshalb an, *chinesisch* zu werden. In so genannten *interkulturellen Seminaren* üben sie bereits zu Hause, ihre Visitenkarte *chinesisch* zu überreichen (mit beiden Händen haltend, in Brusthöhe heben und dem Gegenüber zuschieben), lernen, welche Farben oder Zahlen *gut* und welche zu vermeiden sind, trainieren vorsichtiges Umgehen mit vermeintlich besonders verschlagenen chinesischen Gesprächs- und Verhandlungspartnern. Da es aber unmöglich ist, *chinesisch* zu werden, setzt schon beim ersten Versuch Verunsicherung ein. Vorstandsvorsitzende auch größter deutscher Konzerne stehen unsicher vor ihren chinesischen Habenichts-Gesprächspartnern, meist Leiter technisch bankrotter Staatsfirmen, und überreichen linkisch ihre Visitenkarte - *chinesisch*, mit beiden Händen.

Die Schriftzeichen stellen die Europäer in eine bizarre, fremde Welt überall, wo sie auftauchen, ob in Peking, Shanghai, Hongkong, Chinatown oder im China-Restaurant in Deutschland. Man hat nicht einmal eine Ahnung, was sie bedeuten könnten. Das verunsichert, aber es zieht auch an wie alles Mystische,

Geheimnisvolle. Am unteren Ende der Skala nutzen das Tätowierläden, die ihren Kunden außer germanischen Runen auch chinesische Zeichen anbieten (die bisweilen freilich gar keine sind oder nicht bedeuten, was der Ladeninhaber verspricht). Am oberen Ende stehen Mode-Designer, die Kleidungsstücke oder Bettzeug mit Schriftzeichen verzieren (die nicht selten auf dem Kopf stehen, spiegelverkehrt sind oder gar beides).

Schriftzeichen sind in ihrer quadratisch austarierten Symmetrie hübsch anzusehen. Erst recht im Vergleich zu unseren asymmetrischen Buchstaben mit ihren unterschiedlichen Breiten und Höhen. Sie sind eine ästhetische Schmeichelei und jedes einzelne weckt die Neugier des ausländischen Betrachters. Was mag es wohl bedeuten? Woher kommt es? Welches Konstruktonsprinzip liegt ihm zugrunde?

Ein chinesischer Tempel oder der Kaiserpalast mit Schriftrollen an den Wänden, die mit lateinischen Buchstaben beschrieben sind? Warum sollten Touristen während einer zweiwöchigen Chinareise gleich ein Dutzend solcher Orte besuchen? Anziehend an der chinesischen Welt sind ihre Zeichen, die für Außenstehende selbst das Profane zu geheimnisvoller orientalischer Philosophie machen.

Dass man die Zeichen nicht durchschaut, führt zu Staunen über und dann Bewunderung für jene, die mit diesem System tatsächlich oder vermeintlich umgehen können. Die hierarchischen Verhältnisse beginnen sich für Europäer in China umzukehren. Der ausländische *Chief Executive China* mit 250.000 Euro Jahreseinkommen ist im Shanghaier Geschäftsleben plötzlich abhängig von seiner 30-jährigen Sekretärin mit nicht mal einem Zwanzigstel davon, bloß weil sie die Schriftzeichen schreiben und lesen kann. Die Sekretärin legt deshalb nicht selten das Allerheiligste fest: den (chinesischen) Namen des Chefs, den der Firma, den ihrer Produkte. Und der Fahrer des *CEO* (*Chief Executive Officer*), mit noch weniger Einkommen als die Sekretärin, ist unversehens seine Vertrauensperson für Geschäftstipps, Hintergrundinformationen und Verhandlungsstrategien. Das gibt es in China und nur in China! Dort geht das, weil dem Chef selbst die Haushaltshilfe Respekt einflößt, wenn sie ihren Einkaufszettel einfach so mit Schriftzeichen zusammenstellt oder der Hotelportier dem Taxifahrer die anzusteuernde Adresse auf einen Zettel notiert.

Plötzlich kommen sich zum Beispiel Deutsche in dieser fremden Zeichen-Welt nicht nur hilflos, sondern auch noch unterlegen vor. Und das wird ausgenutzt. Von cleveren und sogar weniger cleveren Chinesen, die die Unsicherheit des 26-Buchstaben-Gegenübers förmlich riechen. Aber genauso auch von ausländischen so genannten *China-Kennern*, die sich mit einem in der Bar nonchalant dahingeworfenen *Weï! shö-fu, lai ljang-ge pi-djo ba!* Respekt ergaunern wollen: *Old China hand*, China Experte! Spricht fließend Chinesisch! Aber: Würden Sie jemanden wegen *Garçon! deux bières!* für einen Frankreich-Experten halten?

In China hingegen funktioniert das täglich. Nirgends sonst auf der Welt wird man für Besucher schneller zum Experten als in diesem Land. Mit Inbrunst lauschen die Delegationen aus Deutschland – Bundestagsabgeordnete, Minister, Konzern-Strategen – den Ausführungen ihnen völlig unbekannter *Praktiker vor Ort*. Wie *Doktor Allwissend* dozieren diese über alle Erscheinungsformen, die China annehmen kann. Und das sind sehr, sehr viele: Sie erklären die Lage der Wirtschaft, das Bankensystem, die Malaisse der Staatsbetriebe, die Innenpolitik, die Außenpolitik, die partei-internen Machtspiele, Taiwan, Tibet. Sie zeigen auf, wie unwichtig Menschenrechte und Dissidenten den Chinesen seien und die Lage der anderen Ethnien (sog. *Nationale Minderheiten*) sowie die Philosophie und

Geschichte Chinas, die Antiquitäten und die Peking Oper. Dabei können sie nicht einmal die Parolen lesen, die das Propagandabüro des Stadtbezirks gerade am Straßenrand aufhängen ließ.

Warum hören die gelegentlichen Besucher so aufmerksam zu? Und tragen das Gehörte dann als Erkenntnis, als eigenes Wissen und eigene Ansicht nach Hause, wo auf dieser Grundlage dann politische oder unternehmerische Entscheidungen getroffen werden? Weil sie viel Respekt vor dem undurchschaubaren China haben. Schuld daran sind die Schriftzeichen.

China und Europa

Die geheimnisvolle chinesische Welt lockt die Europäer seit Marco Polo sie ihnen Anfang des 14. Jahrhunderts erstmals beschrieb. Noch nie jedoch war das Interesse so groß und so leicht zu verwirklichen wie heute, zu Beginn des 21. Jahrhunderts.

Auf der anderen Seite waren sich die Chinesen immer selbst genug. Das galt (und gilt) nicht nur für die Hunderte Millionen Bauern. Selbst die hauchdünne Oberschicht ignorierte den Rest der Menschheit. Sie verfügte bis zur Mitte des 19. Jahrhunderts wohl über gute Landkarten ihres eigenen Staates, den ihre Beamtenschaft meist ausgezeichnet im Griff hatte, aber was hinter dessen Grenzen lag, versank in immer dunkler werdenden Zonen der Barbarei. Das war die feste Überzeugung der Herrschenden. Aber weder erweckte dies einen missionarischen Drang in ihnen, noch störte es sie, solange die Barbaren sich nicht anschickten, in ihr Reich einzudringen. Noch vor 160 Jahren wusste keiner in der chinesischen Oberschicht, wo England überhaupt liegt. Kaiser 道光 Dao Guang befahl damals, weil britische Schiffe die chinesische Küste beschossen:

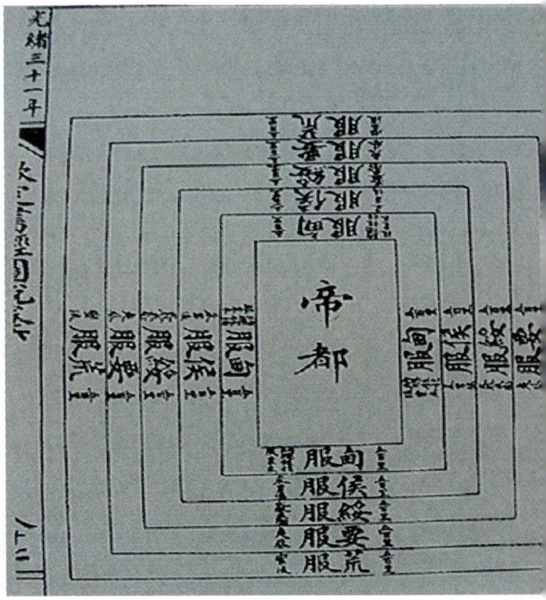

Klassische chinesische Weltdarstellung vom 6. Jahrhundert v.Chr. bis zum Ende der Mandschu-Dynastie verwendet: Um die Stadt des Kaisers im Zentrum liegen fünf Zonen immer größer werdender Barbarei: 1. Kaiserliche Besitzungen, 2. Besitzungen der Prinzen, 3. pazifizierte Zone, 4. verbündete Barbaren, 5. Wilde. Quelle: Rudolph

> *„Hiermit wird ... befohlen genau zu hinterfragen: Wie weit ist der Seeweg von England bis China? Nach Hörensagen sind es 70.000 li [35.000 km]. Durch wieviele Staaten führt der Weg? Wie weit ist der Weg von Kashmir nach England? ... Wie groß ist die Fläche des Landes eigentlich? Wieviele Vasallen hat es? Wieviele sind so stark, dass sie nicht unter der Kontrolle Englands stehen? Gibt es einen Landweg von England zu den Stämmen Singkiangs? Haben sie miteinander Kontakte? Grenzt England an Russland oder nicht? Unterhalten sie miteinander Handelsbeziehungen?"*[17]

Chinesen kennen keine Abenteuerlust oder missionarische Veranlagung, das Meer ist ihnen unheimlich, ihr Drang nach draußen war meist gering. Nur einmal, Anfang des 15. Jahrhunderts, schickte der Ming-Kaiser 朱棣 Zhu Di (sprich: Dschu Di) siebenmal riesige Expeditionen mit 27.000 Mann auf 62 riesigen Schiffen (und 200 kleineren) hinaus, die unter ihrem Kommandeur 郑和 Zheng He (sprich: Dschöng Hö, h wie ch in Ach) bis an die afrikanische Ostküste und wieder zurück segelten.

Modell vom Flaggschiff des Admirals 郑和 Zheng He.
Quelle: Rudolph

Handels- oder andere Niederlassungen gründete der Expeditionsleiter jedoch nicht – Zheng He war kein Christoph Kolumbus und erst kein Pizarro oder Cortez. Gold interessierte weder ihn noch den Kaiser, stattdessen verteilte er wertvollere Geschenke als er mit zurücknahm. Aus bis heute noch weitgehend unbekannten Gründen stellte der Nachfolger des Kaisers Zhu Di diese Expeditionen jedoch ein und keiner der folgenden Herrscher nahm sie wieder auf. Hauptgrund dürfte die Auffassung gewesen sein, dass sich der Kontakt mit den Barbaren einfach nicht lohnte, weil man bereits in der besten, im Grunde sogar in der einzigen Welt lebte, weshalb Chinesen bis heute nicht von der Erde sprechen, sondern von 天下 – *Allem unter dem Himmel.*

Noch bis zum Ende des 20. Jahrhunderts verweigerte sich die chinesische Regierung weitgehend internationalen Organisationen. Die Mitgliedschaft in der UNO und sogar deren Sicherheitsrat ab 1971 war bis zum zweiten Irak-Krieg 2004 weitgehend passiv, wichtig nur als Bestätigung des eigenen Großmachtstatus, der so in der Praxis aber nur theoretisch blieb. Erst der Beitritt des Landes zur Welthandelsorganisation (WTO) Ende 2001 markierte eine Wende: Erstmals unterstellten die Herrscher Chinas Teile ihrer Souveränität einer internationalen Organisation. Dieser Schritt zeigt, dass sich gegenwärtig etwas Grundlegendes zwischen China und dem Rest der Welt zu ändern beginnt. Seit einigen Jahren ist nicht zu übersehen, dass die Machthaber in Peking zunehmend aktiv nach draußen gehen, getrieben von Sicherheitsdenken, Geltungsdrang, aber vor allem von der Angst, Rohstoffquellen zu verlieren – Öl, Eisenerz, Kupfer, Aluminium usw.

Die kaiserlichen Herrscher Chinas sahen sich und ihren Staat als Zentrum der Welt schlechthin, als deren kulturell höchst entwickelten Teil. Sie kapselten ihren Staat und ihre Untertanen von der Außenwelt ab, weil diese ohnehin nichts zu bieten hatte, und auch nachdem sie die Kontaktaufnahme seitens der Europäer mangels konkurrenzfähiger Waffen und Organisation nicht mehr abwehren oder als unbedeutend hinnehmen konnten, waren sie darauf bedacht, diese haushoch überlegenen Ausländer, die sie bis weit ins 19. Jahrhundert gleichwohl beharrlich weiter als 蛮夷 *Barbaren* und 毛鬼子 *haarige Teufel* bezeichneten, auf möglichst großer Distanz zu halten.

So unwichtig war ihnen der Rest der Welt, dass sie es nicht einmal für nötig befanden, ihren Staat durch einen Namen von den (nicht existierenden) anderen zu unterscheiden: Man bezeichnete, was die Europäer China nannten, einfach als die Welt schlechthin 天下 tjän ssja – alles unter dem Himmel. Noch der erste Präsident der Republik China, Sun Yat-sen (1866 bis 1925), ein aufgeklärter, westlich erzogener, im Ausland viel gereister Mann, der ein parlamentarisch-demokratisches System anstrebte, formulierte und kalligraphierte die soziale

China – eine fremde Welt für Europäer

Essenz seines politischen Programms für China als 天下为公 *tjän ssja wee gung – Die Welt gehört allen* (wörtlich: Allen gehört, was unter dem Himmel ist).

China ist ein europäisches Wort, das es im Chinesischen gar nicht gibt. Die dynastischen Herrscher nannten ihren Staat immer nach sich selbst, mal *Tang Reich*, mal *Großes Reich der Ming* (des Lichts) oder *Großes Reich der Qing* (sprich: Tjing, der Reinheit, Mandschus). Die Herkunft des heute im Chinesischen verwendeten 中国 *zhong guo* (sprich: dschung gwo) oder 中华 *zhong hua* (sprich: dschung hwua), das als *Reich der Mitte* übertragen wird, lässt sich (nach chinesischen Angaben) in Quellen zwar recht weit, bis vor ca. 500 v.Chr. zurückverfolgen, doch diente der Begriff 中国 bis zum Sturz der letzten Dynastie im Jahre 1911 nie als Bezeichnung eines Staates *China*, sondern nur als hierarchische Unterscheidung zu den am Rande lebenden kulturlosen *Barbaren*, den 蛮 *man* (im Süden), 夷 *yi* (im Osten), 戎 *rong* (sprich: rung, mit englischem r wie in right, im Westen) und 狄 *di* (im Norden).

Der europäische Name *China* – die Chinesen haben bis heute keinen dem europäischen vergleichbaren Namen für ihr Land – ist vermutlich indirekt aus 秦 Qin (sprich: tjin) abgeleitet, dem 221 v.Chr. gegründeten ersten chinesischen Staat. Im lateinisch geprägten europäischen Mittelalter war China allerdings als *Cathay* bekannt, eine Bezeichnung aus Zentralasien, die sich vom Namen des Stammes der *Khitan* ableitete, der China zu dieser Zeit als 辽 Liao (sprich: ljau)-Dynastie (916 bis 1125) beherrschte. Auf diesem Wortstamm gründen slawische, türkische und arabische Wörter wie *Kitaia* und *Hitai*, bis in Europa schließlich *Cathay* daraus wurde. Damit war zunächst aber nur der Norden des Landes gemeint. Erst im 16. Und 17. Jahrhundert war in Europa von *China* die Rede, vermutlich stammte diese Bezeichnung aus dem Persischen *Chini*, das auf einem *Sanskrit*-Wort beruhte, welches sich wiederum auf 秦 Qin bezogen haben mag. Zunächst bezeichnete *China* jedoch meist das *Porzellan*, von dem die Portugiesen so begeistert waren, weshalb Porzellan im Englischen bis heute *china* heißt. Erst im 19. Jahrhundert setze sich dieses Wort auch als Name für das Land endgültig in Europa durch. (Endymion Wilkinson, *Chinese History A Manual*, Harvard-Yenching Institute Monograph Series 46, 1998. S. 724)

Im Unterschied zur chinesischen Gleichgültigkeit gegenüber allem, außer sich selbst, kümmerten sich die Europäer schon sehr früh darum, was wohl im Fernen Osten, wo die wärmende Sonne jeden Morgen aufging, für herrliche Ländereien liegen mochten. Die Christen siedelten dort ihr Paradies an, später, um das Jahr 1000, vermuteten der Papst und andere, dass im Fernen Osten gar ein riesiges christliches Reich zu finden sei, beherrscht von einem sehr heiligen Mann, dem Priester Johannes.

Doch vorderhand kam nichts Gutes von dort: Nach den Hunnen, die die Völkerwanderung ausgelöst und Europa in ein katastrophales, kulturverschlingendes Chaos gestürzt hatten, stürmten zur Mitte des 13. Jahrhunderts erneut Reiterhorden aus dem Osten, die Truppen des Mongolen Dschinghis Khan, nach Westen bis an die Grenzen des heutigen Polen und verbreiteten Furcht und Schrecken: *Tartaren*, die aus der Hölle kommen, eine Bezeichnung, die später auf die China beherrschenden Mandschus übertragen wurde, um sie von Chinesen zu unterscheiden. Doch nicht einmal der Mongolensturm war ein Grund für Europäer, sich abzukapseln. Abgesandte des Papstes machten sich nicht lange danach auf dem Landweg nach Osten auf, um zu erkunden, was dort genau zu finden sei. Der erste, der zurückkam, Wilhelm von Rubruck (1210 bis 1270), hatte es bis Karakorum (in der heutigen Mongolei) geschafft, an den Hof des Großen Khans, des Herrschers über die Mongolen, die noch wenige Jahrzehnte zuvor Abscheu verbreitet hatten. In China aber war Rubruck nicht gewesen. Dessen Kultur blieb in Europa weiter unbekannt.

Nur etwa dreißig Jahre später erschien jedoch der Bericht eines venezianischen Kaufmanns namens Marco Polo. Seine ausschweifende Erzählung von einem 20-jährigen Aufenthalt in China, am Hof des Khans (Kaisers) und als Beamter in dessen Diensten, brachte ihm und seinem

China – eine fremde Welt für Europäer

Bericht den Spitznamen *Il Millione* ein, weil er den Reichtum Chinas immer wieder nur in *Millionen*-Mengen zu beschreiben wusste. Fabuliert oder nicht, Polos Bericht entwickelte sich zum mittelalterlichen Bestseller, der sogar bis heute im Druck ist. Seine überschwengliche Schilderung der *Millionen*-Reichtümer Chinas prägten die europäische Wahrnehmung des Landes für die nächsten Jahrhunderte: riesige Märkte, Menschenmassen, goldene Dächer, Tausende Karren mit Seide beladen, die täglich in die Hauptstadt Peking einfahren, Reichtum überall und nicht zu vergessen: wunderschöne Frauen in 杭州 Hangzhou (sprich: Hangdscho)[18], *der schönsten und prächtigsten Stadt der Welt* ... Wer würde da widerstehen können auf dem Kontinent der Missionare, Abenteurer und Schatzsucher, die sich anschickten, bald auf große Entdeckungsfahrten zu gehen?

Manche bezweifeln freilich, dass Polo überhaupt je in China gewesen ist. Sie halten ihn für einen Aufschneider, denn entscheidende chinesische Dinge wie Essen mit Stäbchen, Tee, Schriftzeichen und die Große Mauer (die damals freilich kaum noch vorhanden war, erst die 明 Ming-Kaiser ließen sie im 15. Jahrhundert im Norden Pekings wieder errichten) habe er nicht beschrieben.

Den Namen *China* sucht der Leser in der Tat vergeblich in seinem Bericht. Aber das ist kein Wunder, denn damals herrschten die Mongolen auch über China (zu ihrem Reich gehörten außerdem Rußland und Osteuropa, es war das größte Weltreich in der Geschichte der Menschheit, das sich vom heutigen Polen bis nach Korea und Kanton erstreckte). Polo nannte das Land *Reich des Großen Khan* und die Hauptstadt *Khambaluc*, nicht etwa *Peking*[19], das sich heute an dieser Stelle findet. In der chinesischen Geschichtsschreibung freilich figuriert das Mongolenreich dennoch als *chinesische* Dynastie mit der Bezeichnung 元 *Yuan* – Ursprung. Auch dies ein Hinweis auf das ungebrochene Selbstbewußtsein der chinesischen Welt: Selbst Zeiten der Besetzung und Diskriminierung der Chinesen durch (aus ihrer Sicht) vergleichsweise primitive Nomadenvölker, wie die Mongolen und später die Mandschus, reihen sie einfach in ihre Geschichte und Kultur ein.

Immerhin war nun das europäische Interesse am seltsamen anderen Ende ihres Kontinents geweckt und schlief auch nicht mehr ein. Die Herrscher in Portugal und Spanien schickten die ersten offiziellen Emissäre los. Zu denen übrigens Columbus gehörte, der 1492 keineswegs auf der Suche nach Indien war, sondern Kontakt nach China herstellen sollte! Columbus hatte den Bericht des Marco Polo mit an Bord seiner *Santa Maria* und studierte ihn intensiv, wie seine Randbeschriftungen zeigen. Sein König hatte ihm einen Brief an den *Großen Khan* mitgegeben (der freilich nicht mehr herrschte, denn die chinesische Dynastie der 明 Ming hatte die Mongolenherrschaft inzwischen ersetzt). Und als der Italiener in spanischem Auftrag an der zentralamerikanischen Insel angekommen war, vermeinte er tatsächlich,

Das Weltreich der Mongolen verband Europa mit China. Quelle: Mannheim: Bibliograph. Institut

vor der chinesischen Küste zu liegen. In sein Tagebuch notierte er am 21. Oktober 1492:

> *„Ich habe mich bereits entschlossen, auf das* [chinesische] *Festland überzusetzen und den Brief der Königlichen Hoheit* [von Spanien] *in der Stadt Quisay* [杭州 Hangzhou] *an den Großen Khan zu übergeben, um eine Antwort zu bitten und mit ihr zurückzukehren."*[20]

Da sich dies bald als Irrtum erwies, folgte 1516 der Portugiese Tomaso Pirès. Auch er sollte offizielle Beziehungen mit dem damaligen Herrscher Chinas aufnehmen. Seit 1368 waren das die 明 *Ming*, deren erster Kaiser als Anführer von Aufständischen die Mongolen-Herrschaft über China gebrochen und wieder ein ethnisch chinesisches Reich errichtet hatte. 150 Jahre nach diesem Ereignis erreichte Pirès als erster europäischer königlicher Emissär 广州 Kanton, fuhr dann weiter nach 南京 Nanking, der anfänglichen Hauptstadt des 明 Ming-Reiches, und schließlich sogar nach Peking, das 1421 neuer Sitz der 明 Ming-Kaiser geworden war.

Der Auftrag des portugiesischen Königs an Pirès lautete, offizielle Handelsbeziehungen mit den Chinesen herzustellen. Er glaubte, dank Marco Polo, dass *China* ein großer Markt und ein reiches Land sei. Und ein kultiviertes dazu, weshalb er seinem Emissär Geschenke und einen Brief für den Kaiser von China (den man immer noch für einen *Khan* hielt) mitgab. 1517 erreichte Pirès Kanton, auch damals bereits die Handelsstadt Nummer Eins im Süden Chinas.

Die kaiserlichen Beamten dort, von den Portugiesen Mandarine genannt[21], sahen aber keinen Grund den Europäer hereinzulassen. Die 明 Ming-Herrscher in Peking waren längst dazu übergegangen, sich nur noch um sich selbst zu kümmern. Die Außenwelt existierte für sie allenfalls in Form von Tributstaaten. Japaner, Koreaner, Südostasiaten (Vietnamesen, Thais), zentralasiatische Reiche und andere schickten periodisch Delegationen mit Geschenken an den Pekinger Hof und bezeugten so ihre Anerkennung Chinas als obersten Souverän und Sitz der höchsten Kultur. Mit häufig teureren Geschenken und Schutzversprechen des wohlwollenden 天子 *Sohnes des Himmels* fuhren sie nach ein paar Wochen oder Monaten in Peking wieder nach Hause zurück. Ansonsten ließ der chinesische Hof sie in Ruhe – am Aufbau eines Kolonialreiches, womit die Europäer gerade begannen, hatten sie keinerlei Interesse.

Die Beamten im Süden wehrten Pirès nicht ab – vielleicht brachte er Tribut und trug so zum Glanz des Pekinger Herrschers bei. Man ließ ihn aber auch nicht einfach so ins Land hinein. Pirès musste deshalb lange warten, wie in den 80er Jahren des 20. Jahrhunderts die westlichen Geschäftsleute auf die beamteten Betriebsleiter der chinesischen Staatsunternehmen: Sie würden sich in der Hauptstadt erkundigen, wie zu verfahren sei, sagten sie ihm. Er werde benachrichtigt.

Nach *zwei Jahren* Wartezeit in Kanton errang europäische Sturheit einen Teilsieg über chinesische: Pirès durfte nach Peking aufbrechen, wo er Ende 1520 eintraf und deshalb als erster Gesandter Europas in der Hauptstadt des Himmlischen Kaiserreiches gelten darf. Freilich erreichte er dort nichts, außer chinesisches Misstrauen zu vergrößern. Das speiste sich seit einigen Jahren aus dem angeblich oder tatsächlich rüden Verhalten, das vor allem portugiesische Kaufleute in chinesischem Tributgebiet (Malakka) und an der südchinesischen Küste zeigten. In Peking waren bald Berichte im Umlauf, nach denen die *haarigen Portugiesen Teufel* chinesische Kinder über heißem Wasserdampf weichkochten und auffraßen. Für die Mission wie für den Gesandten selbst bedeutete das nichts Gutes: Als Unhold behandeln ihn die chinesischen Offiziellen nun: Sie ließen Pirès von Peking in ein Kantoner

China – eine fremde Welt für Europäer

Gefängnis schaffen, wo er im Mai 1525 elend zugrunde ging.

Der erste Versuch Europas, den großen Markt zu erschließen, war gescheitert, die chinesische Welt blieb einstweilen unbehelligt von Störungen und Beeinflussungen seitens der ewig unruhigen Europäer, die sich erst einmal mit Südamerika beschäftigten. Allerdings blieb sie auch abgeschnitten von all den neuen Dingen und Ideen, die während der Renaissance als Keime in den europäischen Boden eingebracht wurden, in der folgenden Aufklärung heranwuchsen und schließlich im Zeitalter der Industrialisierung und Naturwissenschaften die ganze Welt überwucherten. Die ganze Welt? Nein, nicht das Menschheitsviertel im riesigen chinesischen Kaiserreich.

Etwa siebzig Jahre nach Pirès, 1593, kamen erneut Europäer nach China. Es waren diesmal jedoch keine Händler, die materielle Vorteile suchten, sondern Jesuiten, die als Abgesandte des Papstes über das mittlerweile portugiesische Macao ins Landesinnere vordringen wollten. Die Jesuiten arrangierten sich dabei von Anfang an in kluger Weise mit der lokalen Beamtenmacht des Himmelssohnes und taten nichts ohne die Erlaubnis der zuständigen lokalen Mandarine in Südchina. So gelang es ihnen tatsächlich, sich im Verlauf der kommenden Jahrzehnte eine Position im Lande, ja sogar direkt am Kaiserhof zu verschaffen. Ihre Berichte nach Hause schilderten erstmals *en détail* die Situation im Land sowie die Organisation des Staates und die Gebräuche der Chinesen.

Auch die Jesuiten hofften freilich auf einen *großen Markt*, hatten dabei aber eher die Seelen der zahlreichen Chinesen im Sinn, die sie zu *Schäfchen* der Kirche Roms machen wollten. Bevor sie jedoch über Macaos Grenze ins Landesinnere gingen, lernten sie Chinesisch. (Erst später erkannten sie, dass ihnen der Kanton-Dialekt, den sie sich dort aneignen, bei den Mandarinen nichts nützte. Sie lernten um.)

Mattheo Ricci (1552 bis 1610) war der erste, dem es gelang, von Macao aus etwa hundert Kilometer nach China hineinzukommen, sich dort mit dem Missionsgefährten Michele Ruggieri (1543 bis 1607) niederzulassen und die Missionierung der Chinesen zu beginnen. Ricci gelang es mit unvorstellbarem persönlichen Einsatz, unsagbarer Geduld, unter unglaublichen Mühen und nicht zuletzt mit klug ausgewählten technischen Geschenken europäischer Provenienz wie Spektren und mechanischen Uhren (alles

Matteo Ricci, 1552–1610, in Mandarin-Kleidung. Quelle: Picture Alliance

unbekannt in China), die er laufend an die zuständigen Beamten verteilte, nach Jahren, zunächst in Südchina, später in Nanking und ab 1601 dann sogar in der Hauptstadt des Reiches der 大明 *Großen Ming* für seine Sache zu werben.

China – eine fremde Welt für Europäer

Den Ming-Kaiser 万厉 Wan Li, den Ricci nach bewährtem europäischen Muster als ersten bekehren wollte und der über seine Anwesenheit gut unterrichtet war, sah er indessen nicht. Riccis Geschenke nahm der Kaiser an, betrachtet auch die von dem Jesuiten gefertigte Weltkarte (die sich sehr von chinesischen Werken

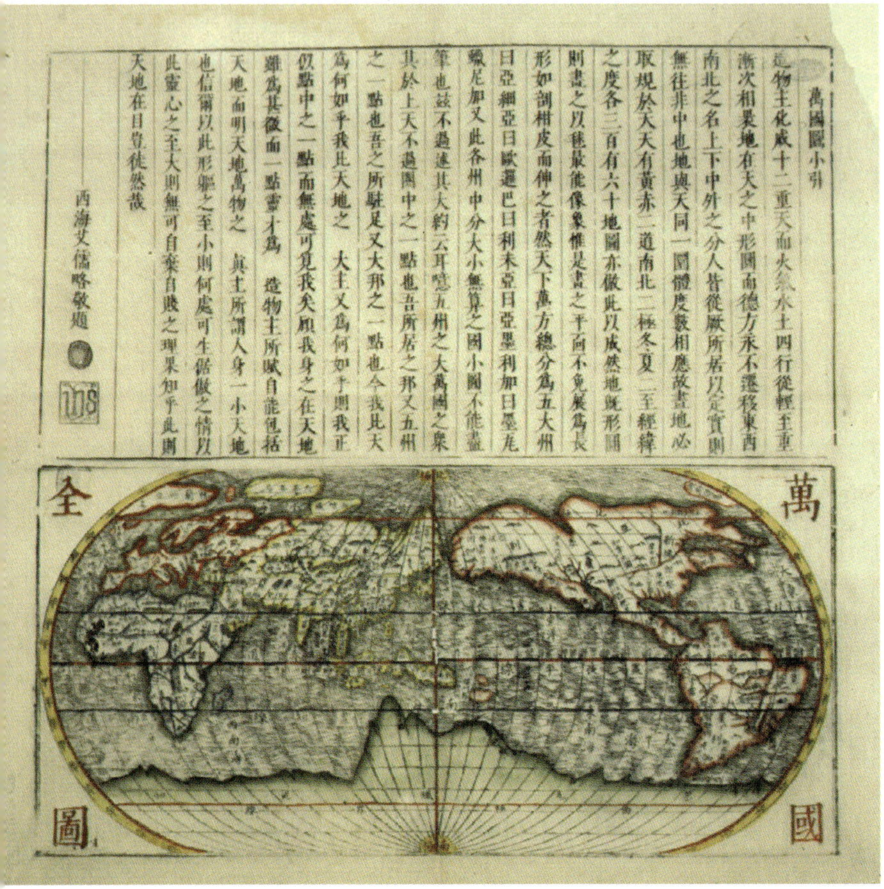

Weltkarte des Mattheo Ricci für den chinesischen 明 Ming-Kaiser 万厉 Wan Li: 万国全图 Das Bild der 10.000 Staaten. Quelle: Rudolph

der Zeit unterschied), hörte auch seine europäische Sieben-Ton-Musik (die ebenfalls deutlich anders klang als die eher eintönige chinesische Fünf-Ton-Musik) und ließ sich sogar ein Porträt von Ricci malen, um ihn sich vorstellen zu können. Aber Kaiser 万厉 Wan Li empfing den Jesuiten nicht. Ausländer waren am chinesischen Hof gänzlich unerwünscht.

Dabei war Ricci, der ausgezogen war, Chinesen zum europäischen Glauben zu konvertieren, innerlich und äußerlich schon mehr Chinese geworden als noch Europäer. Seine Kleidung war die eines Mandarins, seinen Namen hatte er ins Chinesische übertragen, er nannte sich 李玛窦 Li Ma-dou: Li für die erste Silbe von Ricci und Ma-dou als Transliteration seines Vornamens Mattheo. Mit den einheimischen Beamten-Gelehrten unterhielt er intensive Kontakte. Er beherrschte ihre Sprache in Wort und Schrift so ausgezeichnet, dass er Aufsätze in der vorgeschrieben Form verfassen konnte, die thematisch und formal denen der konfuzianischen Schrifthüter und Literaten-Gelehrten (Mandarine) gleich kamen. Wie diese wurden sie gedruckt, weit verbreitet und diskutiert. Riccis Abhandlung *Über die Freundschaft* ist bis heute in China bekannt.

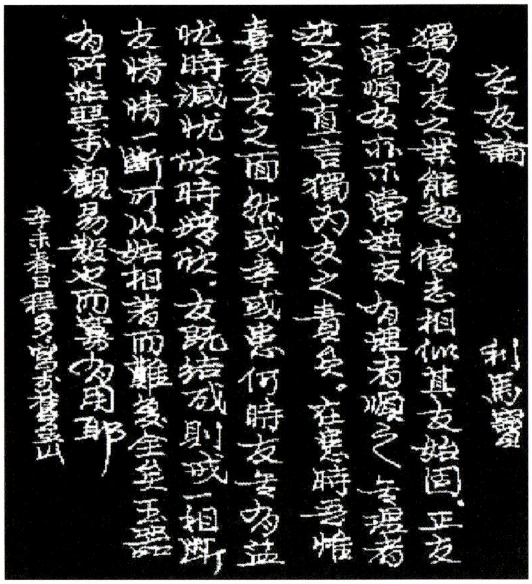

Mattheo Riccis Text Über die Freundschaft.
Quelle: Rudolph

Ricci verblüffte die chinesische Gelehrtenwelt immer wieder mit seinem phänomenalen Gedächtnis und seinen umfassenden Kenntnissen der Geographie, Mathematik und Astronomie. Doch als er 1610 in Peking starb[22], hatte er sein Missionsziel, seine *raison d'être* für alle Mühen in China, nicht annähernd erfüllt. Er scheiterte an der Fremdheit des Europäischen in China (Die Chinesen waren entsetzt von den realistisch-blutigen

Darstellungen der Kreuzigung auf Riccis mitgebrachten Bildern, mochten auch keinen Geschmack am Abendmahl finden, wo *Fleisch* und *Blut* Christi verspeist werden: Menschenfresserei?), an der Selbstgenügsamkeit des chinesischen Systems, an den Mandarinen und Eunuchen, den allmächtigen Beamten, die den 万历 Wan Li-Kaiser kontrollierten, der mit Staatsangelegenheiten ohnehin nichts mehr im Sinn hatte.[23]

Jesuiten-Gräber in Peking. Ein Prospekt der Parteischule, auf deren Gelände sie heute liegen, stellt die wichtigsten vor (oben, v.l.n.r.): Matteo Ricci, Adam Schall von Bell, Ferdinand Verbiest. Quelle: Rudolph

Riccis Nachfolger, der Deutsche Adam Schall von Bell (1591 bis 1666), und noch erfolgreicher dessen Nachfolger an der Spitze der China-Jesuiten, der Belgier Ferdinand Verbiest (1623 bis 1688), schafften es erst in der folgenden neuen Dynastie der nicht-chinesischen Mandschuren, die ihrer Herrschaft die Bezeichnung 清 *Qing* (sprich: tjing, Klarheit) gaben, Teil der Beamtenschaft des Kaiserhofes zu werden. Sie stiegen in der Hierarchie ganz nach oben und unterhielten direkten Kontakt sogar zum Kaiser selbst. Schall von Bell (Präsident des kaiserlichen astronomischen Instituts, einer Schlüsseleinrichtung des Hofes, von deren Berechnungen wichtigste Riten des Kaisers abhingen) wie auch sein Nachfolger Verbiest gingen beim berühmtesten der Mandschu-Kaiser, 康熙 Kang Xi (sprich: Kang-hsi, Regierung 1654 bis 1723) täglich ein und aus.

Trotz dieser fast familiären Nähe zum Herrscher blieben sie indes Fremdkörper für die ewig misstrauischen chinesischen Mandarine, die das Herrschaftsgeschäft der mandschurischen Machthaber besorgten. Sie intrigierten und hetzten und waren schließlich erfolgreich. Kaiser 雍正 Yong Zheng (Regierung von 1722 bis 1735), der sich von Jesuiten in europäischer Tracht hatte

Qing-Kaiser 雍正 Yong Zheng in europäischer Kleidung und mit Perücke. Quelle: Rudolph

malen lassen, der Sohn des eher weltoffenen, der Reitervolk-Tradition seiner Vorfahren eng verbundenen 康熙 Kang Xi, schränkte den Handlungsspielraum der Jesuiten zunächst ein und unterdrückte sie schließlich: Ausländer waren auch bei den Mandschus nicht mehr erwünscht. Das vormalige Reitervolk aus den Steppen der nordöstlichen Gebiete jenseits der Großen Mauer hatte sich der chinesischen Weltsicht weitgehend angepasst, war *sinisiert*. Und wie so häufig in Europa, sind auch die Konvertiten in China unduldsamer als die Originale: Sie schlossen das chinesische Tor nach außen wieder vollständig.

Die mandschu-chinesischen Herrscher in Peking weigerten sich fortan bis weit

China – eine fremde Welt für Europäer

in die Mitte des 19. Jahrhunderts, mit den europäischen Staaten von gleich zu gleich zu verkehren. Sie gestatteten den in größer werdender Zahl über das Meer heranströmenden *Barbaren*-Kaufleuten nur, in den Wintermonaten zu handeln. Und dies ausschließlich an einem einzigen Ort ihres Riesenreiches, im südchinesischen Kanton, wo sie ihre Lagerhäuser und Kontore unterhalten und nur mit

Lagergebäude der ausländischen Kaufleute auf einer Flussinsel nahe der Stadt Kanton, ca. Beginn 19. Jahrhundert. Quelle: Rudolph

lizensierten Beamten (von den Engländern *Cohong* genannt) handeln durften. Der freie Güteraustausch wie in Europa blieb verboten, ins Inland kam niemand hinein. Wenn die Handelssaison in Kanton vorbei war, mussten die Ausländer China wieder verlassen (sie warteten dann im portugiesischen Macao auf die nächste Öffnung). Kein chinesischer Offizieller dachte vor 1860 auch nur im Traum daran, nach Europa oder Amerika zu reisen, um zu sehen, wie die Heimatstaaten dieser Kaufleute organisiert und entwickelt waren. In ihren Augen lohnte es sich einfach nicht.

Den Abgesandten des englischen Königs George III, Lord Macartney, der 1793 mit einem ehrerbietigen Brief seines

Empfang der britischen Delegation unter Macartney, 1793, ca. 200 Kilometer nordöstlich Pekings durch Kaiser 乾隆 Qian Long. Quelle: Picture Alliance

Königs, einer riesigen Delegation und erlesenen Geschenken, die den Stand der europäischen Kultur, Wissenschaft und Technik dokumentierten, die weite Reise bis nach China unternahm, um offizielle diplomatische und Handelsbeziehungen herzustellen, speiste Kaiser 乾隆 Qian Long (sprich: Tjän-lung), der Enkel des 康熙 Kang Xi mit dem legendären Satz ab: *„Eure Waren brauchen wir nicht, an Kontakten mit Euch sind wir nicht interessiert ...“*

Macartney kann diese Botschaft wie die ganze denkwürdige Audienz beim Kaiser von China im Herbst 1793[24] auch nur deshalb einigermaßen verstehen, weil George Thomas Staunton, der 12-jährige Sohn seines Vize-Delegationsleiters, mit viel Talent vor und während der langen Seereise chinesisch gelernt hatte. Der Kaiserhof jedenfalls hielt keine Dolmetscher vor. Im Gegenteil: Wer Ausländern half, die chinesische Sprache und Schrift zu erlernen, musste noch im 19. Jahrhundert in China mit der Todesstrafe rechnen.

Diese Bestimmung zeigte gut, wie sehr sich die in Peking Herrschenden des Wertes bewusst waren, den ihre Sprache, vor allem aber ihr den Europäern wesensfremdes Schriftsystem als Mittel der Abschirmung hatte. Lange setzten sie diese als Bollwerk gegen die *Barbaren* ein. Vor und nach dem Opiumkrieg 1842 mussten die britischen Bevollmächtigten im eroberten Hongkong wie Charles Elliot, Henry Pottinger, John Davis und George Bonham jahrelang mit ihren Mandarin-Gegenübern in Kanton mühsam auf chinesisch korrespondieren[25] und sich deren Häme gefallen lassen, wenn ihre englischen Dolmetscher die absichtlich ausgefeilten Formulierungen der Mandarine nicht verstanden oder in gleich eleganter Weise beantworten konnten. Die Mandarine ihrerseits nahmen es als Beweis für britisches Barbarentum, dass deren Schriftzeichen-Briefe fehlerhaft oder im Ausdruck unangemessen waren.

Zu diesem Zeitpunkt – Ende des 18. Jahrhunderts – hatte das zur Arroganz gewordene Selbstbewusstsein der chinesischen Oberschicht jedoch keine materielle Basis mehr. Es war eine Lebenslüge. Die Macartney-Delegation beobachtete auf ihrem langen Weg durch China allenthalben Verfall, Niedergang, Primitivität und militärische Schwäche.[26] Europa begann, sein bis dahin sehr respektvolles Chinabild nachhaltig zu ändern. Den entscheidenden Anstoß gab etwa zwanzig Jahre später der Leiter der zweiten britischen China-Expedition, William Pitt Amherst. Nachdem auch seine Kontaktaufnahme schmählich, ja demütigend gescheitert war – der chinesische Kaiser empfing ihn nicht einmal, weil die Frage eines Amherst-*Kotaus* nicht geklärt war – lautete dessen Empfehlung an die Regierung in London: Nur Gewalt wird dabei helfen, das chinesische Reich zu öffnen. Auf der Rückreise von China hatte Amhersts kleine Flotte an der Insel St. Helena haltgemacht, und er traf den dorthin verbannten Napoleon. Auch diesem teilte Amherst seine Schlussfolgerung aus dem China-Desaster mit, woraufhin der französische Eroberer ihm die heute für viele Realität werdende Antwort gab: *„China ist ein schlafender Drache. Lasst es schlafen, denn wenn es sich erhebt, erzittert die Welt."*

Die Briten ließen sich von dem Franzosen nicht beirren – falls Amherst diese Botschaft Napoleons überhaupt weitergab. Mit dem Opiumkrieg (1839 bis 1842) schlugen sie erste Breschen in die Mauern Chinas. Die widerspenstige kaiserliche Regierung musste fünf Hafenstädte für den Handel und die Ansiedlung europäischer und amerikanischer Kaufleute öffnen.

Ein Ergebnis des Opiumkrieges: Erstmals öffnet die kaiserliche Regierung Städte für Handel und Ansiedlung von Ausländern. Quelle: Mannheim: Bibliograph. Institut

Kommerzielle Erfolge blieben dennoch aus (abgesehen von den riesigen Gewinnen für einige Handelshäuser aus dem Opiumgeschäft), und so gingen Engländer und Franzosen 1858 erneut mit Kanonen zu Werke: Sie wollten China nun ganz und gar ihren Kaufleuten und Industriellen öffnen und verlangten endlich die Anerkennung als gleichberechtigte Staaten. Diesmal leisteten sie ganze Arbeit, marschierten gar in die heilige, bis dahin völlig ausländerfreie Hauptstadt Peking ein und vernichteten den zu Beginn des 18. Jahrhunderts vom 康熙 Kang Xi-Kaiser mit Hilfe der Jesuiten angelegten kaiserlichen Sommergarten 圆明园 Yuanming Yuan (sprich: jüan ming jüan), um den letzten Widerstand des abgehobenen Himmlischen Herrschers zu brechen.

Zur gleichen Zeit raste ein Aufstand von Millionen durch Zentralchina, der sich gegen die Fremdherrschaft der Mandschus richtete, die den Chinesen bei ihrer Machtübernahme 1644 Zopf und rasierte Stirn als Unterwerfungszeichen aufgezwungen, das Reich aber in-

Gesamtsicht des kaiserlichen Sommergartens 圆明园 Yuanming Yuan. Quelle: Rudolph

Zeitgenössisches Bild des 太平 Taiping-Führers 洪秀全 Hong Xiuquan in deutscher Illustrierter. Quelle: Picture Alliance

zwischen nicht mehr im Griff hatten. Der Anführer der Rebellen des *Himmlischen Friedens*, ein gescheiterter Beamtenkandidat namens 洪秀全 Hong Xiuquan (sprich: Hung Ssju-tjüan), war dabei ironischerweise der wohl erste Chinese, der europäisch-christliches Gedankengut zu seiner Leitideologie gemacht hatte. Er sah sich – nach der Lektüre eines christlichen Missionsbuches – als auf die Erde zurückgekehrter jüngerer Bruder Jesu. Ausgestattet mit diesem eher europäischen *Mandat des Himmels* organisierte er Intellektuelle und Massen verarmter Bauern und begann 1851 einen militärischen Kampf gegen die Mandschus. So abwegig seine Ideologie erscheinen mag, sind doch ihre europäischen Wurzeln unübersehbar. In seinem über zehn Jahre bestehenden Staat im Staate, der fast ganz Zentralchina umfasste, propagierte er die Gleichberechtigung der Geschlechter, verbot das Einbinden der Füße der Frauen, das Opiumrauchen und das Glücksspiel und teilte die Ländereien neu auf. Ironischerweise konnten die Mandschus diesen Aufstand mit (verquaster) europäischer Ideologie nur mit militärischer Hilfe eben jener ver-

Ruinen des Sommergartens 圆明园 Yuanming Yuan nach der Zerstörung durch britisch-französische Truppen. Quelle: Picture Alliance

hassten Europäer und Amerikaner niederschlagen, die sie selbst eigentlich aus dem Land vertreiben wollten. Und die Fremden, denen 洪秀全 Hong Xiuquan viel näher stand als die Mandschu-Herrschaften in Peking, halfen gerade diesen, weil sie glaubten, mit dem verkommenen Kaiserhof besser zu fahren als mit den 太平 Taiping. 20 Millionen Tote blieben letzlich auf der Strecke, die chinesische Wirtschaft war ruiniert. Aber der tiefste Punkt anti-europäischer Agonie der Herrschenden war noch lange nicht erreicht.

In Peking kapitulierte der Kaiser 1860 vor den britisch-französischen Truppen des Zweiten Opiumkrieges und gestattete die Errichtung ausländischer Gesandtschaften unweit seines Palastes. Nach außen hin anerkannte die herrschende Schicht Chinas damit erstmals, zähneknirschend und nur überlegener Gewalt weichend, dass es gleichberechtigte Staaten auf der Welt neben ihrem *Himmelsreich* gab, dass es nicht entwickelter oder gar einzigartig war. Innerlich aber wankte die Überzeugung nicht, den *Fremden Teufeln* turmhoch überlegen zu sein. Die interne Korrespondenz bezeichnete die Europäer weiterhin als *Barbaren*.

1872 schickte die Mandschu-Regierung diese erste Gruppe chinesischer Schüler (9 bis 12 Jahre) zur Ausbildung nach Amerika. Quelle: Rudolph

Gezwungenermaßen entsandte der Hof einige Beamte als Diplomaten ins Ausland. 1872 verschickte die Regierung sogar eine Gruppe chinesischer Kinder nach Amerika, wo sie jahrelang zur Schule gingen und einige im Handumdrehen zu den ersten US-Chinesen

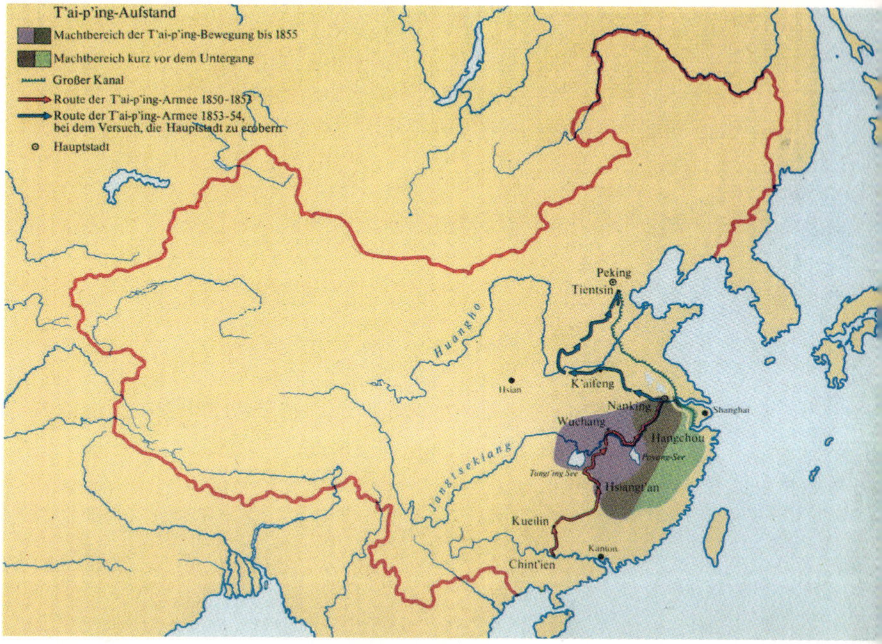

Der Staat der aufständischen 太平 Taiping. Quelle: Mannheim: Bibliograph. Institut

wurden, die, später zurückgekehrt, als sehr erfolgreiche Geschäftsleute und Politiker in ihrer Heimat reüssierten. Sie alle und die gegen Ende des 19. Jahrhunderts steigende Zahl chinesischer Auslandsstudenten konnten nun selbst eine Welt in Augenschein nehmen, von der sie bis dahin nicht die geringste Ahnung gehabt hatten. Da gab es viel zu bestaunen an Errungenschaften, die in China völlig unbekannt waren: öffentliche Parks in den Städten, organisierter Nah- und Fernverkehr, höfliche Umgangsformen sogar der Männer gegenüber den Damen der besseren Gesellschaft. Die Berichte dieser Gesandten aus einer anderen Welt erklären bisweilen mehr über den Stand der Dinge in China als über Europa und sind auch heute noch interessant.[27]

Neue Ideen kamen ins Land, Luft an die *mit Hieroglyphen bemalte Mumie*

曾纪泽 Zeng Jize (1839–1890), chinesischer Botschafter in Britannien und Frankreich (1879–1885). Zeng war einer der ersten chinesischen Beamten, die Englisch sprachen. Quelle: Rudolph

China – eine fremde Welt für Europäer

China, die nun, wie Herder in Deutschland meinte, wohl zerfallen würde. Von den Japanern, die sich einst in der 唐 Tang-Zeit (618 bis 907) die komplette chinesische Kultur – inclusive der Schriftzeichen – ins Land geholt hatten (aber ab 1860 die Überlegenheit der Fremden akzeptierten und mit einer radikalen Modernisierung ihres Staates begannen), brachten chinesische Studenten tausend Jahre später die fertigen Schriftzeichenbegriffe für die unbekannten europäische Errungenschaften *aus Japan* nach Hause zurück: Sofa, Maschine, Physik, Gesellschaft und viele, viele andere. Auch Begriffe, die für gesellschaftliche Veränderungen eine große Rolle spielen, kamen auf diesem Wege ins Land: *Befreiung* und *Freiheit*.

李鸿章 Li Hongzhang, mächtigster Politiker im China des ausgehenden 19. Jahrhunderts, traf im Sommer 1896 den ehemaligen Reichskanzler Bismarck. Hier beide auf der Schloßterrasse in Berlin. Quelle: Picture Alliance

In den Reihen der Machthaber und ihres beamteten Herrschaftspersonals begannen einige zögerlich darüber nachzudenken, wie sie die Überlegenheit der chinesischen Welt, an die sie immer noch fest glaubten, zur Geltung bringen konnten. Männer wie 李鸿章 Li Hongzhang (sprich: Li Hung-dschang), ein mächtiger Provinzgouverneur (auch *Vizekönig* genannt, der in der zweiten Hälfte des 19. Jahrhunderts so etwas wie der Premierminister Chinas war), begannen im Ausland einzukaufen, was auf den ersten Blick stark macht: Kanonen, Telegraphen, Schiffe, Maschinen ... Später besuchte 李 Li sogar als erster chinesischer Minister das Ausland: Russland und Deutschland (wo er Bismarck auf dessen Gut traf). Sein Ziel: China so stark zu machen wie die *Barbaren*, um diesen dann entgegenzutreten, sie wieder hinauszuwerfen. Die *Bewegung zum Lernen vom Ausland* änderte deshalb rasch ihren Namen in *Selbststärkungsbewegung*. Das Unterfangen endete jedoch als Fiasko – außer Spesen nichts gewesen. 李鸿章 Li Hongzhang selbst schickte dieses Resumé an den Kaiser:

> *„Was China in Nachahmung hergestellt hat, ist immer das alte Modell (des Westens) ... Auch wenn wir die Ausländer nach dem neuesten Modell fragen, es fleißig untersuchen und nachahmen, entwickeln die Europäer ein paar Jahre später wieder ein neues. China ist wieder zurückgeblieben."*[28]

Reformer 康有为 Kang Youwei (1858 bis 1927). Quelle: Rudolph

Reformer 梁起超 Liang Qichao (1873 bis 1929). Quelle: Rudolph

Nur die materielle Technik vom *Westen* zu übernehmen, die chinesische Welt aber ansonsten unangetastet zu lassen änderte also nichts. Es würde mehr geschehen müssen: Die ganze erstarrte chinesische Gesellschaft musste umgekrempelt werden!

In der nächsten Phase der Erneuerung begann deshalb eine zweite Generation von Erneuerern – immer noch klassisch ausgebildete Beamte, andere gab es nicht – gegen Ende des 19. Jahrunderts zu überlegen, welche Teile westlichen Denkens vielleicht doch auch für China gut sein könnten: Die Namen 康有为 Kang Youwei, 梁起超 Liang Qichao (sprich: Ljang Tji-tschau) sind hier vor allem zu nennen – später kam auch der im Ausland ausgebildete Arzt 孙中山 Sun Yat-sen dazu. Nur für ein paar Monate jedoch gelang es ihnen 1898, den jungen Kaiser 光绪 Guang Xu (sprich: Gwang Hsü) für ihre Reformpläne zu gewinnen, dann schlug die alte Garde um die Kaiserinwitwe 慈禧 Ci Xi (sprich: Tsö Hsi) mit einer Palastrevolte zurück. Viele Reformer bezahlten mit dem Leben, der Kaiser stand fortan unter Hausarrest, 康 Kang und 梁 Liang entkamen knapp ins britische Hongkong. Chinas Geschicke steuerte der *Alte Buddha*, wie sich die Kaiserinwitwe 慈禧 Ci Xi gerne nennen ließ.

Ci Xi unternahm einen letzten, verzweifelten Versuch, die Fremden aus dem Land zu werfen und unterstützte (hinter den Kulissen) den Aufstand der 义和拳 *Fäuste für Harmonie und Gerechtigkeit*, der Ende der 90er Jahre des 19. Jahrhunderts in der von den deutschen besetzten ostchinesischen Provinz 山东 Shandong (sprich: Schan-dung) ausgebrochen war. 1900 kulminierte die Bewegung der *Boxer*, wie die Ausländer sie verächtlich nannten, in der Ermordung des deutschen Botschafters (Gesandten) auf einer Straße Pekings und der wochenlangen Belagerung des Gesandtschaftsviertels. Erst eine von acht Staaten gebildete Interventionsarmee befreite die in den Ruinen ihrer zerschossenen Botschaften ausgehungerten Diplomaten und ihre Familien.

Zerstörtes Gesandtschaftsviertel in Peking nach der Belagerung durch die Boxer, Sommer 1900. Quelle: Rudolph

China – eine fremde Welt für Europäer

Zu diesem Zeitpunkt waren die Institutionen des *ancien regime* schon lange zerfallen. Die Wirtschaft lag am Boden, der Ruin des Himmlischen Reiches war allenthalben sichtbar, selbst heiligste Stätten der kaiserlichen Legitimität wie der Himmelstempel, wo der Herrscher selbst für gute Ernten opferte, waren von Unkraut überwuchert. Der Widerspruch zwischen Lebenslüge und Wirklichkeit war so schreiend, dass Ausländer nur noch Sarkasmus empfanden. Die niedergehende Dynastie konnte der chinesischen Gesellschaft und der Wirtschaft schon seit Jahrzehnten keinen verlässlichen Rahmen mehr garantieren, Opiumsucht, Gleichgültigkeit und Korruption der herrschenden Schicht waren endemisch, an Entwicklung nicht zu denken: die Hauptstadt Peking versank in Schmutz und Abfall, war in Fäkaliengestank gehüllt (was ausländische Beschreibungen der Zeit immer wieder angeekelt hervorheben), und die heiligen kaiserlichen Stätten wie der Palast und der wichtigste Ort ritueller Handlungen, der Himmelstempel, verwahrlosten.

Verwahrlost: Pekinger 天坛 Himmelstempel um 1860. Quelle: Ullstein

Die ausländischen Händler saßen derweil (seit dem Zweiten Opiumkrieg 1860) fest im Sattel. Sie genossen aus heutiger Sicht geradezu unvollstellbare Privilegien, unterlagen zum Beispiel nicht der chinesischen Gerichtsbarkeit, konnten Geschäfte eröffnen, wie sie wollten, kontrollierten den Seezolldienst Chinas, eine wichtige Finanzquelle des Regimes, und konnten auch sonst im Lande tun, was immer sie wollten. Regte sich doch einmal Widerstand auf seiten der Mandarine, drohte der lokale europäische Konsul ihnen mit Kanonenbooten, die in den Häfen bereit lagen.

Ausländische Kaufleute mit ihren Kompradoren, um 1920. Quelle: Rudolph

Trotz dieser phantastischen Handlungsfreiheit waren die Fremden jedoch niemals in der Lage, allein auch nur das kleinste Geschäft oder die kleinste Maßnahme in China durchzuführen. Immer benötigten sie die Hilfe Einheimischer, weshalb sie umgeben waren von sogenannten *Kompradoren*. Chinesische Manager oder *Mitarbeiter* nennt man sie heute, Personal, das alles für die Geschäfte der Ausländer Nötige erledigt: Einstellungen, Geschäftsabwicklung, Kunden- und vor allem: Behördenkontakte, Buchhaltung, Abrechnung ...

Diese Schicht chinesischer Helfer, die dort heranwuchs, wo ihre ausländischen Herren sich niedergelassen hatten, in den großen, sogenannten *geöffneten* Hafenstädten (vor allem in Shanghai), ging jedoch parallel auch ihren eige-

China – eine fremde Welt für Europäer

nen Geschäften und Interessen nach, ungehindert von der sich auflösenden staatlichen Ordnungsmacht. In ihnen verbanden sich chinesisches Wesen und europäischer Materialismus, was eine recht explosive Mischung ist, denn sie verbindet Effizienz mit Schrankenlosigkeit.

In den chaotischen, meist von Bürgerkrieg gezeichneten Jahren der Republik China (ab 1.1.1912) waren aus diesen Keimen bereits einige große Industrie- und Handelsfirmen gewachsen, die als ernstzunehmende Konkurrenten der Ausländer – Europäer, Amerikaner, Japaner – agierten. Ihr Vorteil: Sie kannten sich in den Usancen der chinesischen Schriftzeichenwelt aus, ein Plus, das die Ausländer nie hatten. Nur in wenigen Sonderfällen schafften sie es, vorübergehend, eine dominierende Stellung auf den Märkten zu erlangen wie *Standard Oil*, die das *Öl für die Lampen Chinas* lieferte oder *BAT*, die den chinesischen Zigarettenmarkt beherrschte.

Die Soong-Familie: Anfang des 20. Jahrhunderts eine der reichsten und mächtigsten Chinas, Unterstützer der republikanischen Sache. Quelle: Rudolph

Die chinesische Welt blieb den Ausländern auch in den ersten drei Jahrzehnten des 20. Jahrhunderts verschlossen, der goldenen Zeit ihrer vollkommenen, uneingeschränkten Handlungsfreiheit. Damit war es erst 1937 vorbei, als Japan die Besetzung Chinas forcierte und die Ausländer zum Beispiel aus Shanghai in Gefangenenlager evakuierte, sofern sie nicht geflohen waren.[29] Da war es auch mit der Allmacht des ausländischen Stadtrats vorbei, der dieses Handels- und Finanzzentrum Asiens bis dahin regiert und geformt hatte. Nicht einmal Chinesen hatten fortan in ihrem Land etwas zu sagen. Die Tschiang Kai-schek-Regierung war aus ihrer Hauptstadt 南京 Nanking weit ins westliche Landesinnere geflohen, wo sie darauf wartete, dass die Amerikaner mit Japan fertig wurden, um anschließend Mao Tse-tungs kommunistischem Staat im Staate in Nordchina den Garaus zu machen.

China zu Beginn der 40er Jahre: Im Osten japanisch besetzt, im Norden der kommunistische Staat im Staate Maos, im Südwesten die Zentralregierung Tschiang Kai-scheks. Quelle: Mannheim: Bibliograph. Institut

Die Niederlage Japans und seine Kapitulation am 15. August 1945 brachten den Ausländern die Goldenen Zwanziger jedoch auch nicht wieder zurück. Der folgende chinesische Bürgerkrieg zwischen der Regierung unter Tschiang Kai-schek und den kommunistischen Armeen Mao Tse-tungs ruinierte das von der unfähigen Mandschu-Dynastie, den Bürgerkriegen der zwanziger und dreißiger Jahre und japanischer Besetzung ausgelaugte Land vollends. Und als der Sieger im Bürgerkrieg, Mao Tse-tung, am

1. Oktober 1949 in Peking die Gründung der Volksrepublik China verkündete und der Welt zurief, dass *die Chinesen jetzt aufgestanden* seien, brachte dies zwar eine erneute zentrale Kontrolle des seit über hundert Jahren nicht mehr ordentlich verwalteten Landes, aber es bedeutete auch die erneute Schließung seiner Tore nach außen. Und zwar radikaler als je zuvor.

Die in China verbliebenen Ausländer – darunter zahlreiche Deutsche – deportierte das neue Regime, die ausländischen Unternehmen verstaatlichte es. Im Kalten Krieg optierte es dafür, *sich auf eine Seite zu schlagen*, auf die sowjetische. Im Oktober 1950 griffen chinesische Truppen auf Seiten der Nordkoreaner in einen Krieg gegen UNO-Truppen ein. Der Westen bestrafte das *Neue China* mit Acht und Bann und verhängte ein Handelsembargo gegen das *aggressive Rotchina*. Bis in die 70er Jahre hinein blieb der Austausch von Gütern und Personen auf ein Minimum beschränkt – ein Viertel der Menscheit, damals um die 600 Millionen, war weiterhin nicht Teil der Welt. Sie blieben arm und für sich, ganz wie in den 600 Jahren, seitdem die *Großen Ming* das Land abgeriegelt hatten. Ein Viertel der Menschen verbrauchte nur, was es selbst im eigenen Land erzeugte, während die Ressourcen der Erde den explodierenden Konsum in Amerika und Europa speisten. Im *Westen* stieg der Verbrauch (und sein unvermeidliches Gegenstück: der Abfall) auf immer neue Höhen – für die bald eine Milliarde, bald 1,3 Milliarden Chinesen änderte sich bis ins ausgehende 20. Jahrhundert nichts. Sie aßen ein wenig Reis mit etwas Gemüse, einige fuhren Fahrrad, sie lasen Zeitungen, die nur aus einem Blatt bestanden, trugen Stoffschuhe und blauen bzw. grünen Einheitsdrillich.

In Europa und Amerika nimmt bis heute keiner so recht wahr, dass vielleicht ein Zusammenhang bestand zwischen einigen hundert Millionen Autos in der eigenen Hemisphäre und wenigen tausend dort, zwischen einem Jahres-Rindfleischkonsum von zehn Kilogramm pro Kopf hier und nur wenigen Gramm dort, zwischen dem Verbrauch von Milliarden Tonnen Rohöl im Jahr hier und wenigen Millionen dort.[30]

Die westliche Öffentlichkeit scheint es nach den vielen Jahrhunderten chinesischer Isolation und Selbstgenügsamkeit als völlig normal wahrzunehmen, dass die Chinesen eine Welt für sich bilden, die mit der eigenen gar nichts zu tun hat, egal, was dort geschieht. Selbst jene Experten des *Club of Rome*, die Anfang der 70er Jahre mit ihrem Bericht über *Die Grenzen des Wachstums*[31] den Verbrauch von Umwelt und Ressourcen erstmals in ein Zukunftsszenario münden ließen, das überhaupt nicht gut aussah, vergaßen völlig, China in ihre Überlegungen einzubeziehen. Zehn Jahre später ignorierte ein ähnlicher, nicht weniger sensationeller Bericht an die US-Regierung, *Global 2000,* dieses Viertel der Menschheit erneut – mangels Daten, wie es in vielen Tabellen erläuternd heißt. Auf die Idee, dass sich dieser Zustand einmal ändern könnte, kam niemand. Napoleons Warnung von 1817 war nicht vergessen, wurde aber allenfalls auf revolutionären Umsturz bezogen, den ein in der Kulturrevolution außer Rand und Band geratenes China womöglich über die (nicht entwickelte, Rohstoffe liefernde) Welt bringen würde.[32]

Das Riesenland und die Riesenbevölkerung blieben außerhalb der westlichen Wahrnehmung.

Grundlinien der Gesellschaftsentwicklung bis 1949

Das war 200 Jahre zuvor einmal ganz anders gewesen. Im 18. Jahrhundert bestimmten die Berichte der Jesuiten-Missionare das China-Bild der europäischen Oberschicht. Als *Chinoiserie* gelten noch heute die Jahrzehnte, in denen sich französische, britische und preußische Adlige *sinesische* Häuser, Teelauben oder gleich ganze Pagoden in ihre Gärten und Parks bauen ließen. Beliebt waren auch *chinesisches* Porzellan aus Meißen oder Hoechst sowie in Frankreich hergestellte Möbelstücke und Standuhren mit Dekor *à la chinois*. Original-China-Importe über die bereits zahlreichen *East India Companies* ergänzten das Angebot im Porzellan- und Möbelbereich.

Chinesisches Porzellan – aus Meißen, Chinoiserie des 18. Jahrhunderts. Quelle: Rudolph

Schon gegen Ende des 17. Jahrhunderts hatte der deutsche Mathematiker, Alchemist, Philosoph und Politiker Gottfried Wilhelm Leibniz großes Interesse an China entwickelt. Nach ausführlichen Gesprächen mit dem Jesuiten Francesco M. Grimaldi (ein Mathematiker und Physiker) veröffentlichte er 1697 das Buch *Novissima Sinica*, in dem er das chinesische Staatswesen, das er nie gesehen hatte, als einen menschliche Aggression und Krieg verachtenden Philosophenstaat, gar als Herrschaft einer *natürlichen Theologie* anpries. Die geltenden Konventionen und Sitten dort seien eine höchst kultivierende und zivilisierende Macht, die Herrscher *vorbildlich*. Auf Basis dieser Begeisterung empfahl Leibniz den europäischen Herrschern, doch besser chinesische *Missionare* zu sich herein zu lassen, anstatt eigene nach China zu schicken.

Ursache dieser sehnsuchtsvollen Chinabegeisterung waren die Briefe und Berichte, die damals die am chinesischen Hof wirkenden Jesuiten aus dem fernen Land nach Rom geschickt hatten und die Ende des Jahrhunderts zu mehrbändigen Buchtiteln verarbeitet wurden, wie zum Beispiel Jean Baptiste Grosiers *Description générale de la Chine* (1787) oder die zwölfbändige *Histoire générale de la Chine, ou annales de cet Empire* von Jean Baptiste Du Halde (1787).

Die Jesuiten waren in China, was ihr *Kerngeschäft* betraf, insgesamt sehr er-

Chinoiserie in Potsdams Sanssoucis: Chinesisches Teehaus. Quelle: Picture Alliance

folglos. Das Reich und seine Bewohner erwiesen sich auch nach Jahrzehnten angestrengten Missionierens als völlig resistent gegen die christliche Religion Europas. Andererseits aber hatten es die Mitglieder der *Gesellschaft Jesu* aufgrund ihrer naturwissenschaftlichen, insbesondere ihrer Kenntnisse der Astromie, die für den Kaiser größte Bedeutung hatte, geschafft, am Hofe der neu etablierten Mandschus (清 Qing-Dynastie) wichtige offizielle Positionen einzunehmen. Die Folge war, dass eigentlich sie als *sinisierte* Europäer in ihrer Heimat missionierten anstatt in China.

Tatsächlich hatten sie sich selbst (durch Schriftzeichen-Namen, das Tragen eines Mandarin-Ornats und anderes) weitgehend und die katholische Lehre teilweise den Gebräuchen der Chinesen angepasst. Sie erlaubten zum Beispiel den wenigen Konvertiten, auch als Christen mit ihrer traditionellen Ahnenverehrung fortzufahren. Dies jedoch lehnte der Papst in Rom als Aberglauben und Götzenanbetung ab, als es ihm von anderen, mit den Jesuiten konkurrierenden Orden hinterbracht worden war. Der Papst verlangte daraufhin von den Jesuiten, die urchinesische Ahnenverehrung als heidnisch zu verdammen und Konvertiten nicht mehr zu gestatten. Dies war der Inhalt des sogenannten *Ritenstreites*, der am Ende dazu führte, dass Kaiser 康熙 Kang Xi sich diese Einmischung in *innere Angelegenheiten* verbat - der jesuitische Unwille, das Papst-Verdikt in China zu exekutieren, führte später zur vorübergehenden Zwangs-Auflösung des gesamten Ordens.

Auch die Berichte dieser Missionare nach Europa atmeten den Geist Chinas. Sie handelten von einer Welt, wie sie sich die herrschende Klasse in Peking selbst vormachte, wie sie die konfuzianischen Schriften forderten, wie sie freilich in keiner Weise bestand. Man nahm die alles beherrschende konfuzianische Lehre, die darauf zielt, den Menschen zu einem *Edlen* zu machen und die Gesellschaft damit in *Harmonie* zu versetzen, als gesellschaftliche Realität und berichtete nach Europa: Seht her! Hier ist die ideale Gesellschaft, weise Philosophenherrscher regieren über ein zum Edlen erzogenes Volk, das stets nach höchster Moral, persönlicher Integrität und allgemeiner Harmonie strebt. Ricci schrieb:

> *„Eine andere, sehr bemerkenswerte Tatsache, die China auch vom Westen unterscheidet, ist die, dass das gesamte Königreich vom Orden der Gelehrten verwaltet wird. Sie sind gemeinhin als die Philosophen bekannt. Die Verantwortung für eine ordentliche Führung des gesamten Reiches obliegt voll und ganz ihrem Schutz und ihrer Obhut. Offiziere und Soldaten der Armee achten sie hoch und erweisen ihnen unbedingten Gehorsam. Nicht selten geschieht es, daß sie die Militärs disziplinieren, gerade so wie ein Lehrer einen Schuljungen bestraft. ... Ihr Ratschlag wiegt mehr beim Herrscher als der der militärischen Führer."*[33]

Die Wirklichkeit der chinesischen Gesellschaft sah freilich ganz anders aus. Und selbst zur Hoch-Zeit der *Chinoiserie* war dies keineswegs allen verborgen geblieben. Schon zu Beginn des 18. Jahrhunderts hatten – auf Grund anderer Berichtsquellen – nicht gerade unbedeutende Leute fast konträre Sichtweisen eingenommen. Einer der ersten war zum Beispiel Daniel Defoe, der Autor des *Robinson Crusoe*, der den zweiten, weniger bekannten Teil dieses Romans (*The Farther Adventures of Robinson Crusoe*) auch in China spielen und dabei kein gutes Haar am Land und seiner Oberschicht ließ:

> *„Ich muss gestehen, es war seltsam für mich, nach meiner Rückkehr die Leute so wunderbare Dinge über China sagen zu hören – von dessen Macht und Reichtum, seiner Glorie und Herrlichkeit und vom Handel mit den Chinesen. Nach dem, was ich dort*

gesehen und erfahren hatte, waren sie eine verachtenswerte Horde oder besser Masse von ignoranten und schmutzigen Sklavennaturen, einer Regierung unterworfen, die genau auf solche Leute passte. ... Ihre Stärke und Erhabenheit, ihre Seefahrt, ihr Handel und ihre Landwirtschaft sind mangelhaft und unfähig, jedenfalls im Vergleich zu Europa."

Defoe (nie in China gewesen) beschreibt ein Land der Don Quichotterien, *eine Mixtur aus Pomp und Armut*, mit ebenso verkommenen, schmierigen Machthabern. Bei seiner (fiktiven) Ausreise gen Rußland passiert Defoes Robinson die Große Mauer. Ist er beeindruckt? Nein. Sie sei *eine nutzlose Einrichtung* auf Felsen, die auch ohne sie unpassierbar wären, ein *mächtiges Nichts*. Das Zusammentreffen mit den Mandarinen war besonders enttäuschend: Robinson beschreibt die Philosophen-Klasse als *unkultivierte Fresser*![34]

Zu dieser Zeit unterhielten bereits zahlreiche Kaufleute europäischer Länder (Holland, Portugal, Schweden, sogar Preußen hatten *Ostasien-Handelsgesellschaften* errichtet) Handelsbeziehungen mit China. Über sie bekamen Kaufleute Gelegenheit, die tatsächlichen Zustände im Lande des Himmelsherrschers zu sehen und sie blickten nicht durch die rosarote Brille der sinisierten Schöngeister der *Gesellschaft Jesu*, sondern mit dem Realitätssinn, der guten Kaufleuten von Natur eigen ist.

Aus ihren Berichten ergab sich deshalb ein ganz anderes Bild als das eines von Philosophen weise gelenkten Staates. Einige politische Denker ersten Ranges in der Zeit der europäischen Aufklärung erschlossen sich aus diesen Quellen tatsächlich eine ebensolche Sicht Chinas. Zum Beispiel Montesquieu, der Schöpfer der Gewaltenteilung, dem Prinzip, das bis heute untrennbarer Bestandteil einer demokratischen Gesellschaft ist. In seinem Hauptwerk *Vom Geist der Gesetze*, in dem er die drei Regierungsformen Monarchie, Republik und Despotie behandelt, kommt er häufiger auf China als Beispiel für seine Ausführungen zurück. Und zwar stets dann, wenn er die Wesensmerkmale der Despotie (*deren Prinzip der Terror ist*, so Montesquieu) beschreibt. So heißt es zum Beispiel:

„Unsere Missionare teilen uns mit, dass die Regierung des riesigen chinesischen Reiches bewunderungswürdig sei und eine ausgewogene Mischung von Angst, Würde und Tugend besitze ... Aber ich kann nicht erkennen, was diese Würde sein soll angesichts eines Volkes, dass nur aus Angst vor Schlägen handelt."[34a]

Nach einigen weiteren Absätzen, in denen Montesqieu seine Schlußfolgerungen auf Berichte aus China stützt, die von Jesuiten mit ganz anderer Absicht geschrieben waren, die aber dennoch schildern, wie grausam der Herrscher mit seinen Beamten umging oder dass er aus nichtigen Gründen selbst die *Prinzen seines Blutes* quälte, schließt der Vater der Demokratie mit dem knappen Verdikt:

„Aus diesen Gründen ist China ein despotischer Staat, der auf dem Prinzip der Angst beruht."[35]

Über die charakterlichen Qualitäten des Volkes in einem solchen Gemeinwesen hatte Montesquieu ebenfalls keine gute Meinung:

„Seltsamerweise sind die Chinesen, obzwar ihr Leben vollständig von den Riten bestimmt wird, nichtsdestoweniger das spitzbübischste Volk der Erde. Besonders beim Handel kommt dies an den Tag. Er vermochte ihnen nie das Vertrauen einzuflößen, auf dem er von Natur beruht. Wer etwas kauft, muß seine eigene Waage mitbringen. Jeder Kaufmann besitzt derer drei: zum Einkaufen eine zu schwere, zum Verkaufen eine zu leichte und für die Gewitzten eine genaue."[36]

Wie konnte es dazu kommen?

Chinesische Herrschafts-organisation

Chinesische Herrschaftsorganisation

Ein *chinesischer* Staat, dessen Entwicklung und Aufbau in zeitgenössischen Aufzeichnungen nachweisbar sind, besteht nicht länger als das europäische Gemeinwesen im griechischen Raum, also seit etwa 2500 Jahren.[37] Genaueres Hinsehen offenbart dabei rasch, dass die griechisch-europäische Kultur sowohl hinsichtlich der nachgelassenen Quantität (zum Beispiel das umfangreiche philosophische Schrifttum) als auch der Qualität (was die Tiefe der Gedankenführung anlangt oder das handwerkliche Niveau beim Erstellen von Gebäuden, Kunstwerken, Statuen etc.) in keinem Fall hinter die chinesischen Resultate zurückfällt. Eher ist das Gegenteil der Fall - die *geheimnisvollen* Schriftzeichen sorgen freilich in Europa für eine andere Wahrnehmung: wer sie beherrscht, muss *per se* weiterentwickelt sein als jemand, dem nur 26 Buchstaben eingefallen sind.

Chinesische Dynastie-Tabellen beginnen freilich etwa 1500 Jahre früher, nämlich mit den 夏 Xia (sprich: Ssja, 21. bis 16. Jahrhundert v.Chr.), gefolgt von den 商 Shang (16. bis 11. Jahrhundert v.Chr.). Die an *5000 Jahren Geschichte* hier fehlenden immerhin 1000 Jahre füllen die sagenhaften ersten Herrscher aus, die *Drei Souveräne* und die *Fünf Kaiser*, die *den Menschen* die Kultur beibrachten und von denen 尧 Yao und 舜 Shun als die vorbildlichsten Herrscher überhaupt gelten, die daher für Konfuzius (neben dem angeblichen Gründer der 周 Zhou-Herrschaft, König 文 Wen [= Kultur, Schreiben] das Maß aller moralischen Dinge darstellen.

Die der 商 Shang-Zeit folgende 周 Zhou (sprich: Dscho)-Zeit lassen chinesische Darstellungen im 11. Jahrhundert v.Chr. beginnen und insgesamt bis 221 v.Chr. gelten (mit inneren Unterteilungen in eine 西周 Westliche Zhou-Zeit, eine 东周 Östliche Zhou-Zeit, eine 春秋 *Frühlings- und Herbstperiode* und die 战国 *Zeit der Streitenden Reiche*). Für die 周 Zhou-Zeit nimmt die chinesische Historiographie bereits die Existenz ausgebildeter Staaten, also organisierter menschlicher Gemeinwesen an, was Ausgrabungen auch belegen. Allerdings ist es bislang nicht gelungen, die Geschichte dieser Staaten anhand *zeitgenössischer* Dokumente nachzuweisen. Nicht einmal die Namen der vielen Könige und Fürsten jener Zeit, die heute tabellarisch in Geschichtsbüchern aufgelistet werden, sind aus solchen Dokumenten nachweisbar – von Jahreszahlen oder Taten dieser Herrscher ganz zu schweigen.

So sehr stört diese Ungewißheit auch die heutigen Machthaber, dass sie in den neunziger Jahren mit sehr viel Geld und enormem Personaleinsatz ein wissenschaftliches Forschungsprogramm auflegten, das solche Genealogien – ähnlich denen der ägyptischen Pharaos – belegen sollte. Das Projekt scheiterte mangels Quellen.

Die gleichwohl behaupteten Herrscher-Abfolgen und Ereignisabläufe gehen allesamt auf eine einzige Quelle, einen Mann namens 司马迁 Sima Qian (Sprich: Ssöma-tjän) zurück, der als erster Geschichtsschreiber Chinas gilt. 司马 Sima lebte zu Beginn der 汉 Han-Dynastie, von etwa 145 bis 86 v.Chr. (mithin 300 Jahre *nach* dem ersten Historiker Europas, Herodot). Seine sehr umfangreichen *Geschichtlichen Aufzeichnungen* beginnen mit dem mythischen 黄帝 *Gelben Kaiser*, dem Urahn aller Chinesen, und reichen bis in seine eigene Zeit der 汉 Han. Die Quellen des 司马迁 Sima

Qian waren jedoch nicht etwa schriftliche Aufzeichnungen der Epochen – die waren, soweit sie überhaupt je existiert hatten, allesamt in der Kriegsperiode der 战国 *Streitenden Reiche* zwischen 475 und 221 v.Chr. verloren gegangen. Darüber ist sich Geschichtswissenschaft einig. Einzig einige Aufzeichnungen des Staates 秦 Qin (sprich: Tjin), der als Sieger aus diesen Wirren hervorging, überdauerten das jahrhundertelange Chaos und den Untergang des 秦 Qin-Staates selbst (nach kaum mehr als zehn Jahren). Aus diesem Grund konnte 司马迁 Sima Qian seine *Geschichtlichen Aufzeichnungen* nicht auf ältere schriftliche Quellen stützen, soweit es um die Zeit vor 145 v.Chr. ging.[38] Das meiste also, was 司马迁 Sima Qian und die folgenden chinesischen Historiker uns heute als *chinesische Geschichte* vor dem 2. Jahrhundert v.Chr. präsentieren, beruht auf mündlicher Überlieferung – über mehrere Jahrhunderte hinweg. Dazu gehören übrigens auch die spärlichen Schriften des Konfuzius.

Dies freilich ändert nichts daran, dass ein Staat 秦 Qin existierte, dass er in Jahrhunderte dauernden Kriegszügen expandierte, in denen er die sechs anderen bedeutsamen Fürstentümer der Zeit vernichtete, und schließlich im Jahre 221 v.Chr. zum ersten Staat wurde, dessen Territorium einen Großteil des heutigen Chinas bedeckte. 秦 Qin ist deshalb der staatliche Ursprung Chinas und sein Herrscher folglich als 秦始皇帝 *Erster Kaiser von Qin* (den Titel beanspruchte er nach dem Sieg über den letzten Konkurrenten-Staat in Anlehnung an die mythischen Ur-Kaiser) jedem Chinesen präsent. Und zwar als grausamer Schreckenherrscher, als Tyrann *par excellence*!

Der Groß-Historiker 司马迁 Sima Qian widmet 秦 Qin und dem Ersten Kaiser ein ausführliches, sehr detailliertes Kapitel in seinen *Aufzeichnungen*.[39] Er beschreibt darin einen brutalen Machthaber und seinen totalitären Zentralstaat, in dem viele neue Herrschaftstechniken galten, solche, die ihn stark und überlegen gemacht hatten. Der *Erste Kaiser* lehnte es ab, seine Verwandten oder verdiente Militärführer mit Lehen zu belohnen aus Furcht, dass ihnen dies eine eigene Machtbasis verschaffen und in der Folge zum Zerfall seines gerade gewonnen Reiches führen würde. Er befahl auch, die Schriften der 周 Zhou-Zeit, die er als eine verderbliche Periode endlosen Chaos' ansah, zu vernichten und alle, die diesem Befehl nicht nachkamen, mit dem Tod zu bestrafen. 司马迁 Sima Qian beschreibt, dass dies auf grausame Weise geschah: 460 Gelehrte ließ der *Erste Kaiser* in seinem 35. Regierungsjahr (gerechnet von seiner Machtübernahme im Staate 秦 Qin) lebendig begraben – zum größten Teil Konfuzianer, die die ersten Herrscher der 周 Zhou-Zeit als vorbildlich betrachteten, seinen 秦 Qin-Staat ablehnten und eine Restauration dieser guten alten Zeiten herbeireden wollten. Rastlos bereiste der *Erste Kaiser* sein neues Reich und hielt auch seine Untertanen in Atem – ein effizientes Herrschaftsmittel. Er befahl die Umsiedlung Zehntausender und den Bau gigantischer Anlagen und Paläste sowie die Verbindung bereits bestehender Teilstücke der Großen Mauer, nicht zuletzt seines eigenen, riesigen Grabes nahe der heutigen Stadt 西安 Xi'an, an dem allein – laut 司马迁 Sima Qian – 700.000 Menschen arbeiteten. All dies kostete selbstredend zahllose Zwangsarbeiter ihr Leben, was die traurige Geschichte der 孟姜女 Meng Jiangnü (sprich: Möng Djang-nü)[40] den Chinesen und Kafkas Parabel vom *Bau der Großen Mauer* den Europäern bis heute präsent hält.

Dieses erste chinesische Kaiserreich überdauerte jedoch nur vierzehn Jahre (221 bis 207 v.Chr.). Es war damit die kürzeste aller *Dynastien*, die bis zur *Republik China* 2100 Jahre später bestanden. Aber 秦 Qin war andererseits als Fürstentum ein alter Staat gewesen, der über Hunderte Jahre erfolgreich alle anderen

Chinesische Herrschafts-organisation

Konkurrenten um die Macht über 天下 *Alles unter dem Himmel* besiegt hatte. Seine Herrschaftsorganisation hatte sich – sozialdarwinistisch gesehen – damit als allen anderen überlegen erwiesen, ein Punkt, der es den nachfolgenden erfolgreichen Dynastien geraten erscheinen ließ, sich ebenfalls dieser grundlegenden Techniken zu bedienen und ihr Staatswesen im Kern nach den Vorgaben des 秦 Qin-Kaiserreiches auszurichten. Die Organisation der Macht und Herrschaft des Staates 秦 Qin bilden deshalb den Kern der chinesischen Staatstradition – ganz so, wie griechische und römische Einrichtungen (*polis, Senat*) und Rechtsauffassungen (die bereits um 500 v.Chr. im *Zwölftafelgesetz* dem Individuum gewisse Rechte einräumten) bis heute europäische Staatstradition sind.

Die politischen Überlegungen, die im Staat 秦 Qin um etwa 360 v.Chr. (und später im von ihm geschaffenen ersten chinesischen Kaiserreich) umgesetzt waren, hatte eine Denkerschule ausgearbeitet, deren Anhänger als *Legalisten* bekannt waren. Ihre Lehre richtete sich ausdrücklich auch gegen die von Konfuzius und seinen Anhängern befürwortete *Herrschaft durch Moral*. Die Legalisten (chinesisch: 法家 *fa dja* – Gesetzesschule) waren der Ansicht, dass ein erfolgreicher Staat nur der sein könne, dessen Herrscher die Untertanen fest im Griff habe, was am besten durch die Verbreitung von Furcht und Schrecken zu bewerkstelligen sei, ergänzt um eine möglichst vollständige organisatorische Einbindung und Kontrolle des Volkes, den Entzug von Eigentum sowie die Errichtung von Staatsmonopolen. Mit anderen Worten: Alles für den starken Staat, alles für ein schwaches (aber fleißig arbeitendes) Volk. All dies sollte auf Basis von *Gesetzen* geschehen, daher der Name der Schule.

Diese *Gesetze* allerdings hatten nichts mit dem zu tun, was man heute in demokratischen Gesellschaften mündiger Bürger darunter versteht: eine schriftliche und damit nachprüfbare, sogar einforderbare Aufzeichnung der Rechte und Pflichten eines Indivduums oder Rechte von Organisationen bis hin zu staatlichen Behörden inclusive der Regierung selbst. Die 法 *Gesetze* der Legalisten waren demgegenüber nichts anderes als ein schriftliches Festlegen drakonischer Strafen für ungehorsame Untertanen – das Volk oder der Staatsdiener. Dies tat der Herrscher aus eigener Machtvollkommenheit bzw. als Träger des 天命 himmlischen Mandats. Er selbst unterlag diesen Geboten selbstverständlich nicht. Ihr Zweck war es allein, Furcht und Schrecken unter den Beherrschten und den Dienern des Fürsten zu verbreiten und so die Macht des obersten Herrschers zu erhalten. Keinesfalls war es ihr Zweck, irgendjemandem im Staat einforderbare Rechte zu gewähren.

Legalistische Herrschaft stützte sich auf drei Dinge, wie ihre Erfinder betonten: 1. Macht, 2. Methoden zu ihrer Umsetzung, 3. Vorschriften (so genannte *Gesetze*).

Chinesische Herrschaft besteht aus:

势 **Macht**

术 **Methoden**

法 **Vorschriften**

Der Herrscher blieb an der Spitze durch den Gebrauch von Macht (nicht durch Güte), an die Stelle irgendeiner von *Edlen* eingehaltenen Moral verließ man sich lieber auf die Furcht der Untertanen vor Bestrafung bzw. die Hoffnung auf Belohnung für Wohlverhalten.

秦 Qin war bereits über hundert Jahre vor der *Machtergreifung* genau nach diesen Kriterien organisiert worden, und der *Erste Kaiser* setzte sie mit Hilfe seines Premiers 李斯 Li Si (sprich: Li Ssö) umgehend in den eroberten Fürstentümern um. Ab 221 v.Chr. galten sie daher auch bald im nunmehr existierenden *China*. So schaffte 秦 Qin alle feudalen Ränge und Privilegien, wie zum Beispiel Lehen ab,

Chinesische Herrschafts-organisation

errichtete einen streng zentralisierten Staat und sorgte für eine Entwaffnung der individuellen Untertanen, die überdies in zahlenmäßig überschaubaren Einheiten organisiert wurden, wo sich die Individuen gegenseitig überwachten und ihre Nachbarn denunzierten, sobald sie die Gesetze nicht einhielten (es galt kollektive Bestrafung, jeder haftete für das Vergehen des anderen).

Das gesamte Staatsgebiet unterstand weiterhin der streng-zentralen Kontrolle des Hofes, der sein Herrschaftsterritorium in Präfekturen und Kreise einteilte, die *de facto* Angestellte verwalteten (kein Erbadel, der immer die Tendenz zeigte, erst aus Lehen unabhängige Königreiche zu machen und dann den Herrscher herauszufordern). Das Land erfuhr weiterhin eine radikale Vereinheitlichung der Gewichte, Münzen, Schriftzeichen und Straßen. Die Rastlosigkeit des Herrschers, der ständig neuen Projekten nachjagte, die Bekämpfung angrenzender Stämme leitete und die Errichtung immer neuer, riesiger Bauten und Infrastruktureinrichtungen veranlasste, hielten Bevölkerung wie Herrschaftspersonal, das ebenso scharfer Überwachung unterlag, pausenlos in Atem und Unsicherheit.

Mit anderen Worten: Der erste chinesische Staat war in Theorie und Praxis ein zentralistischer Polizei- und Sklavenstaat ohne Privateigentum oder Rechte für die Bevölkerung. Am Beginn Chinas stand damit die Despotie – alles Recht lag bei dem einzigen Herrscher und diente der Aufrechterhaltung seiner Macht. Außer ihm gab es nur Sklaven!

Anscheinend ist jedoch eine solcherart *legale* Organisation der Herrschaft besser dafür geeignet, einen Staat aufzubauen und zu einem Reich zu machen als es dann, wenn alle Gegner erst einmal beseitigt sind, auch zu erhalten. Mit 秦 Qin-China war es jedenfalls schnell vorbei. Nur ein paar Jahre noch regierte der zweite Sohn nach dem Tod des Ersten Kaisers (210 v.Chr.), dann zerstörte ein erster großer Volksaufstand das Reich. Im Jahre 202 v.Chr. machte sich einer der Führer dieses Aufstandes zum ersten Kaiser einer neuen Herrschaft, der 汉 Han-Dynastie, die mit kurzer Unterbrechung dann bis ins Jahr 220 bestehen blieb. Es war die längste Dynastie der chinesischen Geschichte und sie legte entscheidende organisatorische und ideologische Grundlagen für alle folgenden[41], indem sie einerseits auf das zurückgriff, was die Aufständischen und unzufriedenen Gelehrten besänftigte, den Konfuzianismus, sowie das, was effizientes Herrschen möglich macht, nämlich den Legalismus. Schon die Beibehaltung des Kaiser-Titels für den obersten Herrscher zeigte die Übernahme des Bewährten. Die 汉 Han kombinierten so unter Kaiser 武帝 Wu Di (regierte 139 bis 87 v.Chr.), was kaum hundert Jahre zuvor noch Feuer und Wasser gewesen war: moralisierenden Konfuzianismus und illusionslosen Legalismus.

Die 汉 Han-Zeit ging im Jahr 220 zu Ende, es folgten wieder Jahrhunderte des Chaos, als miteinander konkurrierende Teil-Mächte um die Vorherrschaft kämpften. Erst 581 gelang es den 隋 Sui, das Reich wieder zu einen. Bezeichnenderweise mit den gleichen Mitteln wie sie der *Erste Kaiser* genutzt hatte: Brutalität und gigantische Bauprojekte, in diesem Fall dem *Großen Kanal*.

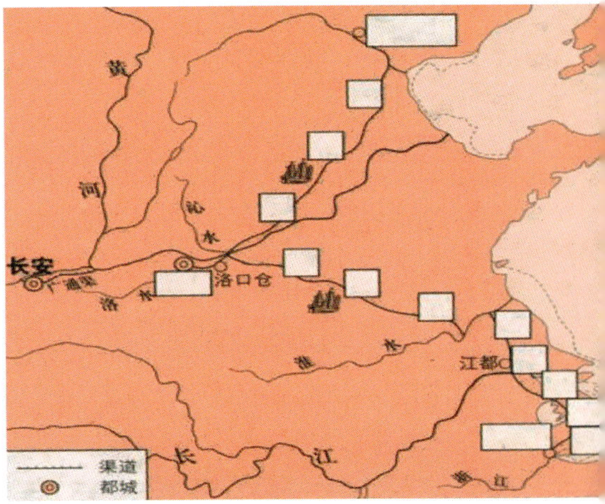

Karte des Großen Kanals aus einem chinesischen Schulbuch. Von 杭州 Hangzhou bis (heute) Peking sollen die Schüler alle Stationen eintragen. Quelle: Rudolph

Chinesische Herrschafts-organisation

Die 隋 Sui-Dynastie war ebenfalls nur kurz, kaum vierzig Jahre hielt sie sich. Dennoch legte sie der folgenden, sehr bedeutsamen 唐 Tang-Dynastie und allen anderen wichtigen wie den 宋 Song, den 明 Ming und der Mandschu-Dynastie die charakteristischen Grundlagen chinesischer Herrschaftsorganisation, die letztlich bis heute das politische Leben bestimmen.

Die 隋 Sui-Herrscher sorgten dafür, dass die auf Grundbesitz beruhende Adelsmacht, die in den Kriegswirren nach dem 汉 Han-Untergang zurückgekehrt war, ein für allemal in China ein Ende fand. Ganz wie in Europa hatte dieser Adel wieder damit begonnen, sich zu einer mächtigen Klasse neben dem Herrscher aufzubauen, untereinander zu heiraten, die Beamtenposten über ihren Einfluss zu besetzen und Macht zu vererben. Die 隋 Sui und die folgenden 唐 Tang beendeten dieses System und kehrten zum klassenlosen Prüfungssystem und austauschbaren Beamten auf Zeit zurück.

Die gesamte chinesische Dynastien-Geschichte ist fortan gekennzeichnet durch das Fehlen eines starken Erbadels wie in Europa, der dort zunächst ein gewisses Gleichgewicht der Kräfte bewirkte, über die Zeit aber immer größere Freiräume schuf, in denen sich freie Städte und darin selbständige Klassen der Gesellschaft entwickeln konnten wie Kaufleute, Bankiers, Manufakturbesitzer und schließlich ein Bürgertum, das seine Grundlagen in der Industrie und im Geld sah und nicht im Wohlwollen eines Herrschers. Nicht zu vergessen die unterschiedlichen Denkschulen, die sich im Verbund mit diesen Kräften in Renaissance und Aufklärung aus den gedanklichen und organisatorischen Fesseln der römischen Kirche und dann des Adels befreiten. Aus ihnen erwuchsen nicht nur miteinander konkurrierende Staats- und Gesellschafts-Philosophien, sondern schließlich auch die rationale Natur- und die Ingenieurwissenschaft, die diese Erkenntnisse in Produkte, Reichtum und den Übergang der Macht an das Bürgertum umsetzten.

Die chinesische Herrschaftsorganisation hingegen gewährte ab der 隋 Sui-Zeit (581) keine solchen Freiräume. Der Kaiser allein war der Souverän. Er übte seine Macht durch das Beamtensystem aus, zu dem (theoretisch) zwar jeder Zugang hatte, der die Prüfungen schaffte,

Tausende Prüfungszellen für Beamte. Auf etwa einem Quadratmeter blieben die Prüflinge ein, zwei Tage eingesperrt, um einen konfuzianischen Aufsatz zu verfassen. Quelle: Rudolph

dessen Amt jedoch weder erblich noch sicher war, so dass kein dauerhafter Einfluss daraus entstand. Die Inhalte der Prüfungen freilich bezogen sich auf immer die gleichen machtfernen Themen – die Erörterung (besser: Reproduktion) stets gleicher, in der Staatspraxis freilich irrelevanter moralischer Fragen auf Basis einiger dünner Pamphlete, die Konfuzius zugeschrieben wurden sowie sehr voluminöser Interpretationen, die hohe Beamte im Laufe der Jahre dazu verfassten, ohne dabei irgendetwas in Frage zu stellen.

Dies alles hatte mit der Realität der Gesellschaft nicht das Geringste zu tun. Das Können der Beamten erschöpfte sich ab dem 15. Jahrhundert im Verfassen so genannter 八股文 *Achtgliedriger Aufsätze*, deren Schematismus selbst in bezug auf die abgehandelten Themen nicht mehr zu überbieten war. Ihre Tätigkeit, andererseits, unterlag strengster Kontrolle – eines der wichtigsten Ämter am Hofe war das des Zensors. Fehlleistungen oder Unbotmäßigkeit des Herrschaftspersonals hatten brutalste, unmenschliche Bestrafung zur Folge. Die Beamtenschaft war streng hierarchisch gegliedert (gemäß den Prüfungserfolgen), die untere Ebene hatte der jeweils oberen und alle zusammen hatten dem einzigen Souverän bedingungslosen Gehorsam zu erweisen. Jeder Beamte trug sein Rangabzeichen als 補子 Mandarin-Quadrat vor der Brust und auf dem Rücken.

Beamten-Rangabzeichen. In neun zivile und neun militärische Ränge gliederte sich Herrscherpersonal. Hier: Silber-Phönix, 9. Rang. Quelle: Rudolph

Das 午门 Mittagstor: Haupteingang zum dahinter liegenden Kaiserpalast. Quelle: Rudolph

Wer heute den Kaiserpalast in Peking besucht und sich führen lässt, dem wird man berichten, dass der Platz vor dem eigentlichen Eingang zum Palast, dem 午门 Mittagstor (Wu Men), auch dazu diente, Beamte zu bestrafen. 推出午门砍首 *Aus dem Mittagstor treiben und köpfen,* sagten die Kaiser. Spätestens ab der 明 Ming-Zeit (1368 bis 1644) war es sehr gefährlich für Beamte und Berater, den Kaiser zu kränken, was, wie der Vater des Legalismus 韩非子 Han Fei Zi selbst schrieb, freilich ziemlich leicht, sogar unabsichtlich passieren konnte:

> *„Ist ein Drachen friedfertig wie ein Wurm, kann jedermann ungezwungen mit ihm umgehen und auf ihm reiten. Er hat aber an seinem Hals eine empfindliche Stelle von einem Fuß Durchmesser. Wer ihn an dieser Stelle berührt, muss sterben. Der Herrscher besitzt ebenfalls eine solche empfindliche Stelle. Ein Ratgeber, dem es gelingt, die empfindliche Stelle des Herrschers zu umgehen, ist dem Gipfel der Kunst des Beratens nahe."*[42]

Der Drache war der unberechenbare Kaiser. Gefesselt wurden diese Beamten dann links vom kaiserlichen Weg vor dem Mittagstor verprügelt – in der ersten Zeit noch eher symbolisch, bald jedoch bis zum Tod. Eine andere Form der Strafe bestand darin, solche Beamten oder auch Eunuchen, die kastrierten Hausdiener des Kaisers, vor dem Mittagstor in die Höhe zu werfen – aber nicht aufzufangen. Sie klatschten dann so oft auf das Pflaster bis sie ihr Leben aushauchten.

Das Verhalten der Beamten dem Herrscher gegenüber war diesem System entsprechend: sklavisch. Traten sie ihm (gewöhnlich morgens gegen drei Uhr) zur Audienz gegenüber, warfen sie sich zunächst neunmal der Länge nach auf den Boden und schlugen mit der Stirn auf: der berühmte 磕头 Kotau. Den Rest der Zeit verbrachten sie knieend. Wo jedoch europäisches Ehrerbieten im Knien auf einem Bein bestand (nur vor Gott begab man sich auf beide Knie), da verlangte der chinesische Kaiser die vollständige Unterwerfung, den *Kotau*. Selbst vor Dingen, die vom Kaiser kamen, wie Erlasse im gelben Seiden-Einband, hatten sich die Beamten auf diese Weise erst einmal zu Boden zu werfen, bevor sie die Befehle entgegennahmen und studierten. Ihre Antworten und Eingaben begannen diese Diener standardmäßig mit der Formel: *„Dein Sklave"* oder *„Dein unnützer / nichtswürdiger Sklave"* ...

Als sich diese Verhältnisse nach den jesuitischen Beschönigungen in Europa herumsprachen, trugen sie im 19. Jahrhundert zum Beispiel in Deutschland wesentlich zu einer tiefen Verachtung des einst als so weise organisiert angesehenen chinesischen Reiches bei. Hegel zum Beispiel, aber auch andere *Dichter und Denker*, ließen nichts Gutes mehr an China, seinen Verhältnissen und der Gesellschaft insgesamt, auf die solche Unterwürfigkeit ja abfärben musste. Hegel schrieb in seinen *Vorlesungen über die Philosophie der Weltgeschichte* (1837):

> *„In China ist der Unterschied zwischen der Sclaverei und der Freiheit nicht groß, da vor dem Kaiser Alle gleich, das heißt, Alle gleich degradirt sind. Indem keine Ehre vorhanden ist, und keiner ein besonderes Recht vor dem Anderen hat, so wird das Bewußtseyn der Erniedrigung vorherrschend, das selbst leicht in ein Bewußtseyn der Verworfenheit übergeht. Mit dieser Verworfenheit hängt die große Immoralität der Chinesen zusammen; sie sind dafür bekannt zu betrügen, wo sie nur irgend können; der Freund betrügt den Freund, und keiner nimmt es dem anderen übel ..."*[43]

Hegels vernichtendes Urteil über China: *Ein freies, ideelles Reich des Geistes hat hier nicht Platz.*

Die seit der 汉 Han-Zeit konfuzianische Staatsideologie, die Jahrhundert für Jahrhundert alle Generationen der Gebildeten als einzige Form des Wissens akzeptierten, klassifizierte dabei diejenigen in der Gesellschaft, die in Europa den entscheidenden Veränderungsdruck auf die Herrschenden ausübten – Kaufleute, Bankiers, Manufakturbesitzer und später Industrielle – als verdächtige, wenig angesehene, in ihrer Handlungsfreiheit einzuschränkende Nichtsnutze, ganz nach dem Satz des Konfuzius in den *Gesprächen: „Wer immer den eigenen Vorteil sucht, bekommt Ärger."* Weiter hatte der *Erste Lehrer unter dem Himmel* oder der *Erste heilige Lehrer*, wie seine offiziellen Titel lauten, in dieser Hinsicht mitgeteilt:

> *„Dem Edlen geht es um innere Werte, der Gemeine hingegen ist auf Materielles aus."*

Oder:

> *„Könnte man auf rechtem Wege reich werden, würde ich das auch wollen, und wenn ich dafür als Reitknecht dienen müsste. Da man dies aber nicht kann, folge ich meinen eigenen Neigungen."*

Konfuzius' wichtigster Lehrsatz für die chinesischen Untertanen: 要尊重权威 – Ehre die Autoritäten. Quelle: Rudolph

Frei vom Druck seitens unabhängiger Reicher und Denker konnten die Herrschenden und ihre Sklaven-Mandarine so in jene starre Selbstgefälligkeit und Arroganz anderen Gesellschaften gegenüber verfallen, die ihnen schließlich, als im 19. Jahrhundert die dynamischen und freidenkerischen Europäer an der Küste auftauchten, im Handumdrehen das machtpolitische Genick brachen und ihre Herrschaft letztlich beendeten.

Staat und Gesellschaft Chinas – gestern und heute

Über China und die Chinesen herrschte bis zum Jahre 1911, als das dynastische System der Republik China weichen musste, immer nur einer: der 天子 *Sohn des Himmels*. Keine Fürstengeschlechter konnten sich auf Lehen oder in entfernten Provinzen entwickeln und dort womöglich *unabhängige Königreiche* als Gegengewichte zur Zentralmacht schaffen, wie es in Europa der Fall war. In China blieb der Kaiser einziger Herrscher. Seinen Willen über alles im Lande transportierte er über die von ihm eingesetzte, vor ihm in Kotau-Haltung liegende Beamtenschaft bis in den letzten Winkel des Reiches. Wer nicht gehorchte, den ließ er demütigen, nahm ihm seinen Posten oder gar das Leben. Vor diesem Herrscher, der sich vor niemandem zu rechtfertigen hatte (als dem Himmel), waren die Chinesen nichts weiter als Sklaven.

Über 2000 Jahre lang übten sie sich in diesem, vom Konfuzianismus idealisierten Verhalten, während Generationen von Beamten den Herrschaftsapparat im Laufe der Jahrhunderte in ein vielstufiges hierarchisches System der Über- und Unterordnung differenzierten. Die Helfer-Sklaven des Herrschers konnten seit dem 3. Jahrhundert, als die 汉 Han-Dynastie endete, im Rahmen einer neunstufigen Hierarchie Karriere machen – im Gegensatz zu Europa sogar (relativ) unabhängig von ihrer Herkunft, denn einen Erbadel gab es nicht. Wie in einer nach Befehl und Gehorsam funktionierenden Armee trugen diese Parvenus als Helfer des Herrschers ab der 明 Ming-Zeit (1368 bis 1644) ihre Rangabzeichen – 补子 *Mandarin Quadrate* – auf Brust- und Rückenseite ihrer Amtsgewänder genäht.

Nicht Herkunft oder Stand sollten die Beamtenlaufbahn eröffnen, sondern, wie 曹操 Cao Cao (155 bis 220), der Begründer des neunstufigen Systems, einmal gesagt hatte, *allein das Talent* war Voraussetzung. Ein ebenfalls hierarchisch gegliedertes Prüfungssystem öffnete den Bewerbern die Tore zur Herrlichkeit, zu den drei grundlegenden Rängen: 上 shang: der Obere, 中 zhong (sprich: dschung): der Mittlere und 下 xia (sprich Ssja): der Untere. Jede dieser Stufen war in sich noch einmal in drei Ränge gegliedert: *oberster Oberer, mittlerer Oberer, unterer Oberer* usw.

Innerhalb dieser Hierarchie jedoch wiederholte sich das Grundprinzip des gesamten chinesischen Herrschaftssystems: der jeweils Untere war immer der Sklave seines jeweiligen Oberen. Macht besaß der Obere über den Unteren, Rechte gegenüber dem Kaiser (oder einem Vorgesetzten) hatte keiner, die Rechte gegenüber den Untergebenen hingegen waren total.

Die Staatsideologie des Konfizianismus indoktrinierte die Oberschicht über Jahrhunderte mit dieser Praxis und sicherte so den Fortbestand dieses Staatsprinzips: *Der Herrscher sei Herrscher, der Untertan Untertan*, und jeder bilde sich in seiner Position zum Edlen aus, damit er sie vollkommen erfülle. Wer Beamter werden und zur Oberschicht gehören wollte, musste es verinnerlicht haben, weshalb die Prüfungen nichts anderes forderten als den Beweis dieses Wissens. Auf diese Weise hämmerte sich die herrschende Schicht Chinas über Jahrhunderte immer die gleichen Phrasen des Untertanengeistes in die Gehirne, bis sie nichts anderes mehr denken oder ernst nehmen konnte, bis ihre Weltsicht mit der Realität des Lebens nichts mehr zu tun hatte, ja nicht einmal ein Interesse daran entwickelte: Natur- und Ingenieurwissenschaften, die Erkentnis der Welt waren 2000 Jahre lang nicht wichtig, um etwas zu werden. Und die, die es so in die Oberschicht geschafft hatten, sorgten

Chinesische Herrschaftsorganisation

anschließend dafür, dass sich auch kein anderes Denken ausbreiten konnte. Wer unkonventionellen Weltsichten nachhing, endete als Sonderling in der Provinz bei viel Weinkonsum und der Produktion seltsamer, bisweilen gar anarchistischer Sprüche wie zum Beispiel 郑板桥 Zheng Banqiao (sprich: Dscheng Ban-tjau, 1693 bis 1765), dessen Kalligraphie von der 难得糊涂 *Schwierigkeit des Dumm-Seins* und andere Sottisen bis heute bekannt sind und von den Angepassten hoch geschätzt werden. Vielleicht als Ausgleich ihres alltäglichen Untertanen-Daseins.

Das im Vergleich zum europäischen 26-Buchstaben-Alphabet absurde chinesische Schreibsystem half dabei, diesen Zustand zu erhalten, denn nur eine hauchdünne Elite unter den bald Hunderten Millionen Menschen konnte es sich leisten, ein Jahrzehnt und länger ihres Lebens damit zu verbringen, ohne weitere Aussprachehilfen Tausende von Schriftzeichen auswendig zu erlernen: 99 Prozent des Volkes blieben so in Unwissenheit gefangen und hatten sich bar jeder Rechte nicht nur dem Kaiser, sondern auch dessen Literaten-Beamten zu fügen. Zum Beispiel wenn diese sich, versteckt in ihren Sänften, durch die Öffentlichkeit tragen ließen. Dann waren sie umgeben von Dienern, die in ihren Händen Schilder trugen, die dem Straßenvolk befahlen: 回避 *Weicht zurück / Macht Platz* und: 肃静 *Ruhe!*

Die Ablösung einer in ihrem Endstadium stets verkommenen Dynastie durch eine andere, wodurch bisweilen sogar ein Vertreter der Unterschicht zum Gründungskaiser aufstieg, änderte am System nichts. Selbst Fremdherrscher wie die Mongolen oder zuletzt das kleine Reitervolk der Mandschus erkannten seine Vorteile im Hinblick auf die Sicherung ihrer Macht: Wenn alle rechtlose Sklaven des Kaisers waren, der Untere Sklave des Oberen und alle dies verinnerlichten und sich daran hielten, herrschte es sich am besten.

So formte sich im Laufe von 2000 Jahren eine Gesellschaft, die von der Rechtlosigkeit des Einzelnen gekennzeichnet war. Die Gesetzeswerke der Herrschenden waren kein *Sachsenspiegel* und schon gar keine *Magna Carta*, die dem englischen Adel schon zu Beginn des 13. Jahrhunderts Rechte gegenüber dem König einräumte. Der chinesische *Sohn des Himmels* war vollkommen frei, nicht einmal in der Nachfolgefrage fesselte ihn eine Bestimmung, die besagte, der älteste Sohn habe ihm auf den Drachenthron zu folgen. Der Kaiser allein

Beamte begeben sich nur in einer Sänfte nach draußen. Diener halten das Volk mit Schildern fern, auf denen steht: 回避 Tretet zurück. Quelle: Rudolph

wählte aus seinen meist zahlreichen, von einfachen Haremsdamen geborenen Söhnen denjenigen aus, der seinen Platz einnehmen sollte – das konnte auch einer der Jüngeren sein. Und bisweilen errang sogar eine dieser Konkubinen die höchste Macht wie 武则天 Wu Zitian (sprich: Wu Dsö-tjän, 624 bis 705) oder die auch in Europa berühmte Kaiserinwitwe 慈禧 Ci Xi (sprich: Tsö Hsi, 1835 bis 1908)

Die chinesische Gesetzgebung zielte derweil immer nur auf die Schaffung von Disziplin und Gehorsam gegenüber der

Macht. Sie regelte nur die Bestrafung jener Sklaven, die Befehle des Herrschers missachteten. Sie verlieh keine Rechte, es ging in China nie um die *Herrschaft des Rechts*, sondern stets nur um die *Herrschaft durch Vorschriften*.[44]

Das Leben in einer solcherart organisierten Gesellschaft der Rechtlosen ist für alle ihre Mitglieder offensichtlich sehr gefährlich. Wie schnell ist eine Vorschrift übertreten, zumal von jenen Millionen, die sie mangels Lesefähigkeit gar nicht kennen. In einer so unsicheren Gesellschaft bietet es sich deshalb an, das Leben der wissenden und der unwissenden Untertanen von Kindheit an in feste, durch einzuhaltende Regeln geformte Bahnen zu zwingen, Regeln die den Untertanen in Fleisch und Blut übergingen, zur Routine wurden, zu Ritualen. Und gerade dabei leistete der Staats-Konfuzianismus nützliche Dienste.

Die 汉 Han-Dynastie (206 v.Chr. bis 220), die in den 400 Jahren ihres Bestandes die Grundlagen aller folgenden chinesischen Gesellschaften legte, hatte die Lehren der *Legalisten* vom Staat des *Ersten Kaisers* übernommen, auch sie bestand auf dem Zentralstaat und lehnte die Vergabe von Lehen ab. Die Verdammung der Konfuzianer aber verwarfen die 汉 Han-Herrscher, als sie ihre Macht um 150 v.Chr. konsolidiert hatten. Im Gegenteil erhoben sie die scheinbar humanen, in Wirklichkeit lebensfremden Lehren des Konfuzius zur Ideologie ihres Staates, in der sich alle Helfer der Herrscher schulen mussten, und die herausragende Ober-Literaten in den folgenden Jahrhunderten bis in feinste Verästelungen weiterspannen.

孔子 *Meister Kong*, Konfuzius (550 bis 479 v.Chr.), lebte, als 秦 Qin seinen Aufstieg begann. Es war die Zeit der 战国 *Kämpfenden Staaten* (475 bis 221 v.Chr.) die – lange nach dem Tod des Meisters – mit dem Sieg des Staates 秦 Qin über die anderen Konkurrenten endete. Konfuzius sah sich auch in seiner Heimat, dem damaligen Staate 鲁 Lu (heute die Provinz 山东 Shandong (sprich: Schandung) umgeben von Krieg, Chaos, Gemeinheit, Verrat, kurz allem, was man auch in Europa als inhuman bezeichnen würde. Vor diesem Hintergrund menschlicher Tragödien trachtete er danach, Regeln aufzustellen, die solche Zustände verhinderten und allen Menschen ein stets friedliches Leben gestatteten. Als Vorbild wählte er sich die Zeiten vor dem Ausbruch der Kriege um die Vorherrschaft, weshalb er seinen Schülern und auch einigen lokalen Machthabern, in deren Dienst er sich zeitweilig stellte, die Hunderte Jahre vorher angeblich herrschenden idealen Zustände als Vorbild predigte.

Nun verfügte Konfuzius natürlich über keine detaillierten Aufzeichnungen dieser Zeiten, und so stützte er sich auf das Wenige, was es wohl gab. Zum Beispiel auf eine Sammlung sehr schlichter Gedichte, das so genannte 诗经 *Buch der Lieder*[45] oder auf das 书经 *Buch der Urkunden*, eine Sammlung apodiktischer, nicht weiter ausgeführter Sätze und Anweisungen ehemaliger Herrscher. Er glaubte ansonsten den umlaufenden romantischen Mythen über die goldene Zeit der *Kaiser* 尧 Yao und 舜 Shun, die feinsten Herrscher, die China je hatte, die gerecht waren und sich stets um das Leben des Volkes kümmerten, freilich nur in Volks-Legenden existierten. Auf der Grundlage solcher Märchen stellte Konfuzius seine Lehrsätze zusammen, die stets darauf zielten, dass jeder sich selbst zum idealen Menschen erziehe – auch der Herrscher, wie es die Konfuzius zugeschriebene kurze Abhandlung 大学 *Das Große Lernen* ausführt: Jeder Herrscher kehre erst einmal vor seiner eigenen Tür, bringe seinen eigenen Charakter in Ordnung, bevor er sich ans Regieren begebe, also anderen Vorschriften mache. Nur solche vorbildlichen Herrscher würden sodann auch im Volk gleiches Verhalten bewirken, auch das Volk würde dann seinen Untertanen-Charakter in Ordnung bringen.

Wenn dies bei allen Menschen geschehen sei, würden die Angelegenheiten *unter dem Himmel* in idealer Weise geregelt, Krieg, Streit und Mißgunst beseitigt, die ideale Gesellschaft Wirklichkeit sein, ganz wie bei den Ur-Kaisern 尧 Yao und 舜 Shun.

Konfuzius beließ es anscheinend auch nicht bei solchen allgemeinen Postulaten, sondern suchte in zahllosen Beispielen ebenso unzählige konkrete Regeln für alle Chinesen in allen denkbaren Situationen aufzustellen.[46] Die Zusammenfassung dieser Regeln findet sich in den 论语 *Gesprächen*, einem schmalen, thematisch ungeordneten Bändchen, das Fragen seiner Schüler und Antworten/Ratschläge des Meisters aufzeichnet (freilich erst Jahrhunderte nach seinem Tod von Unbekannten verfasst wurde). Diese schönen Regeln für ein moralisch einwandfreies Leben sind dabei so banal, dass selbst der große deutsche Zyniker Harald Schmidt sie lange Zeit in seiner TV-Show in verballhornter Form als Albernheiten präsentierte – gleichwohl mit hohem Wiedererkennungswert. Der autoritativste Übersetzer aller dieser Schriften, der Brite James Legge (1815 bis 1897), schrieb einmal sarkastisch über das Konfuzius-Werk 中雍 *Maß und Mitte*, es sei *in hohem Maße absurd, geradezu lächerlich*. Beim Übersetzen habe er den Wunsch verspürt, *den Verfasser vor sich zu haben, um ihn zu befragen. Doch selbst dann hätten seine Auskünfte uns aller Wahrscheinlichkeit nach nicht befriedigt.*

Um etwas System in die zahllosen Regeln für Moral und Verhaltensweisen zu bringen, die die Menschen zu Edlen erziehen sollten, teilte einer der späteren Epigonen des Konfuzius, der nicht minder berühmte 孟子 Menzius, die Gesellschaft in Gruppen ein und konstruierte daraus die Lehre der sogenannten *Fünf Beziehungen*, Hierarchien, die zwischen diesen Gruppen bestünden und einzuhalten seien:

Fürst – Untertan
Vater – Sohn
Älterer Bruder – jüngerer Bruder
Mann – Frau
Freund – Freund.

Damit war jeder Chinese erfasst (als Freunde bis heute sogar die Ausländer) und in ein soziales Kästchen gepackt. Wenn er nur dort bliebe und stets danach trachtete, sich im Rahmen seines Kästchens zum perfekten Inhalt zu erziehen, so die Theorie, dann würde große Ordnung in der Gesellschaft sein. Es herrschten Friede und Wohlgefallen, jeder achtete und respektierte den anderen, gleich, auf welcher Sprosse der Hierarchie er stehe. Mit einem Wort des Konfuzius: *Der Herrscher sei Herrscher, der Untertan Untertan* – egal wo: als Fürst und Untertan, als Vater und Sohn, als älterer Bruder und jüngerer Bruder, als Ehemann und Ehefrau.

Im Laufe des Ausbaus dieser Lehre über die Jahrhunderte schrieben ihre Vertreter, die hohen Beamten der Herrscher, eine Unzahl von Regeln auf, die das Verhalten der einzelnen Pole dieser Oben-Unten-Beziehungen bestimmen sollten: Während sich der Kaiser durch rituelle Opfer im Pekinger 天坛 *Himmelstempel* oder an anderen Orten um das Wohlwollen des Himmels und eine gute Ernte bemühte, beackerten seine Bauern-Untertanen brav, aufopferungsvoll und in härtester Arbeit die Felder.

Generation um Generation bekamen die Kinder der Oberschicht das 孝经 *Buch der Kindes-Pietät* eingetrichtert, das ihnen ein Verhalten vorschrieb, welches nur auf einen Zweck ausgerichtet war: den Eltern zu dienen bzw. dem Vater des Staates, dem Kaiser. Tatsächlich galten die Anweisungen des Buches nicht nur für Kinder, sondern genauso für Erwachsene gegenüber ihrem Herrscher:

> *„Wie sie ihrem Vater dienen, so dienen sie auch ihrer Mutter und lieben*

beide gleich. So wie sie ihrem Vater dienen, so dienen sie ihrem Herrscher und ehren ihn in gleichem Maße. … Wenn sie also ihrem Herrscher mit kindlicher Ehrfurcht dienen, so sind sie treu; wenn sie ihren Oberen Ehrfurcht bezeugen, sind sie gehorsam. Wer in Treue und Gehorsam gegenüber den Oberen nicht versagt, dem gelingt es, seine Einnahmen und seine Position zu bewahren …"[46a]

So tief ins chinesische Bewußtsein eingedrungen sind diese Anweisungen, deren Einhalten mit sicherem Lohn und sicherer Position honoriert werden, dass das Schriftzeichen für die versprochenen *Einnahmen* bei so bravem Verhalten, das 禄 (sprich: lu), bis heute zu den meistverwendeten Glückszeichen gehört, die neben 寿 shou = *Langes Leben* und 福 fu = *Glück* bei Festen gerne in Übergröße und schön kalligraphiert im Zimmer oder an der Tür hängen. 禄 lu war auch das Schriftzeichen für den Beamtenlohn – ein sicheres Einkommen und eine sichere Position dazu.[47] Das Idealbild der Chinesen bis heute.

Es leuchtet ein, dass eine so organisierte Gesellschaft, wo sich jeder mit dem zufrieden gibt, was er hat und ist, ein sehr friedliches Gemeinwesen ist, ganz, wie Konfuzius es sich wünschte.

Allein, es ist ein Unterschied, ob man dem Himmel symbolische Opfer bringt, und es einem nie an etwas mangelt, was das Leben angenehm macht, oder ob man tiefgebückt auf dem Feld mühevoll Reis in überfluteten Schlammfeldern pflanzt, später nicht weniger mühevoll die Ernte einbringt und dann auch noch einen Teil davon an die oberen Klassen abführen muss. Bisweilen führte dieser Widerspruch selbst in China zum Aufstand der Untertanen, nämlich immer dann, wenn man sich in seinem sozialen Kästchen verachtet fühlte. Das wussten auch die Herrscher, weshalb sie sich zu allen Zeiten in der Realität lieber auf die Weisheiten der *Legalisten* – Macht und Kontrolle – statt auf die weltfremden Anweisungen der Konfuzianer stützten. Um den *edlen* Charakter der Kaiser war es im übrigen auch in China nicht besser gestellt als anderswo auf der Welt.

Dennoch entfaltete die konfuzianische Ideologie unter den unwissenden Massen Chinas eine große Wirkung. Vergleichsweise selten und nur in wirklich aussichtsloser Situation, wenn sie nichts mehr zu verlieren hatten, erhoben sie sich gegen die Herrschenden – mit dem Resultat im Falle des Sieges, dass sie stets die alten Formen und Ideologien fortführten. Ein ewiges sich Drehen im Kreis charakterisiert so die Geschichte der chinesischen Herrschaftsorganisation.

An diesem Stand der Dinge hat sich seit den besten Tagen des Kaiserreichs nichts Grundsätzliches geändert. Seit 1911 gibt es zwar keinen allmächtigen Kaiser mehr, aber dafür heute einen Parteichef, den Vorsitzenden bzw. nach Mao den Generalsekretär des Zentralkomitees der Kommunistischen Partei (KP). Die Mandarine mit ihrer neunstufigen Hierarchie und ihren Rangabzeichen auf den Gewändern sind verschwunden, aber an ihre Stelle sind nun die Kader (oder Funktionäre) der Staatspartei getreten. Die Strafgesetzgebung der Dynastien ist einem scheinbar westlichen Kanon von Gesetzen gewichen, es gibt sogar eine Verfassung, die der Bevölkerung auf dem Papier umfassende Rechte einräumt wie das deutsche Grundgesetz. Aber tatsächlich hat sich an der Rechtlosigkeit der Untertanen nichts geändert, wer diese vermeintlichen Rechte für sich und gegen die Macht in Anspruch nehmen will, hat keine Chance.

Seit 1949 bestimmt die Kommunistische Partei Chinas, was im Lande geschieht oder unterbleibt. Auf der offiziellen Website *China.org* beschreibt sie unter dem chinesischen Staatsemblem selbst, was das bedeutet und wie sie es organisiert:

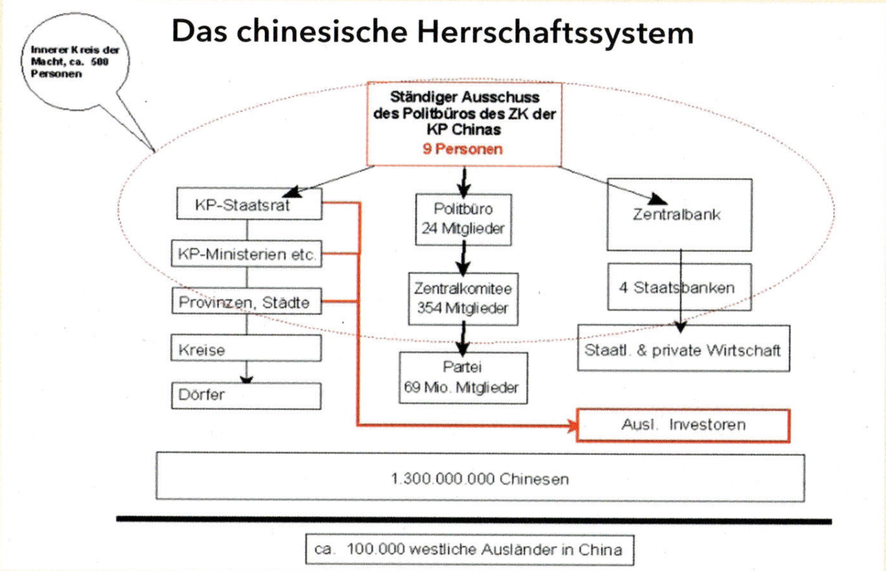

„Die Kommunistische Partei Chinas ist die einzige herrschende Partei des Landes. Gegründet im Jahre 1921 errang sie 1949 mit Hilfe des bewaffneten Kampfes die Herrschaft. Die Partei hat heute 66 [2005: 69] Millionen Mitglieder und ist in 3,5 Millionen Grundeinheiten organisiert. Die Kommunistische Partei schafft Organe in der Regierung und auf allen Ebenen und Gebieten der Gesellschaft durch offizielle Methoden (d.h. durch Wahlen innerhalb der Partei) oder inoffizielle (d.h. durch Anordnung der oberen Parteiorgansiation)."

Dieses Herrschaftssystem der Staatspartei des heutigen China ist in seiner Kernstruktur noch genauso schlicht wie das der Dynastien und lässt sich wie oben dargestellt schematisieren:

Auf dem Rücken der 1,3 Milliarden Chinesen ruht hier ein politisches und wirtschaftliches System, das ausschließlich und vollständig Funktionäre der Staatspartei beherrschen. Immer wenn diese Kader es wollen, können sie auf allen Ebenen – von den großen Entscheidungen bis zu trivialen Details – ihren Willen durchsetzen. Die Staatspartei beherrscht und betrachtet das Land und seine Bevölkerung als ihre Beute; sie belohnt, wo sie will, und unterdrückt, wo sie will, die Opposition und die Öffentlichkeit, zensiert und steuert die Medien, verweigert dem Rechnungshof Einsicht in ihre Finanzen und den Gerichten in nicht opportune Urteile. Sie kann also tun und lassen, was sie will.

Das oberste Gremium der allmächtigen Partei ist der *Ständige Ausschuss des Politbüros des Zentralkomitees der Kommunistischen Partei Chinas* mit derzeit neun Mitgliedern. Ihnen gehört ganz China. An der Spitze des Gremiums steht der Generalsekretär des Zentralkomitees (ZK), der seit Herbst 2003 胡锦涛 Hu Jintao (sprich: Hu Djin-tau) heißt.

Hu ist dabei nicht nur Chef der Partei, sondern zugleich Präsident des Staates China und Vorsitzender der *Militärkommission*, was ihm – *die politische Macht kommt aus den Läufen der Gewehre* (diesen Satz Maos kennen auch die heutigen Herrscher sehr gut) – die Befehlsgewalt über alle bewaffneten Kräfte sichert und ihm den drittgrößten Flächenstaat der Erde und seine 1,3 Milliarden Bewohner fest in die Hand gibt.

Die neun Mitglieder des Ständigen Ausschusses gehören gleichzeitig dem

胡锦涛 Hu Jintao (sprich: Hu Djin-tau): Chef der Partei, Präsident des Staates, Befehlshaber aller bewaffneten Kräfte Chinas. Quelle: Picture Alliance

nächst niedrigen 24-köpfigen Politbüro an, das wiederum im 354-köpfigen Zentralkomitee der Partei enthalten ist. Das Zentralkomitee seinerseits wählt jene ca. 2.100 obersten Parteimitglieder, die sich einmal alle fünf Jahre in Peking zum Parteitag versammeln. Im weiteren Verlauf der Herrschaftspyramide folgen Parteiorganisationen auf der Ebene der Provinzen, Städte, Kreise, Dörfer, bis hinab zu den Partei-Zellen in allen Betrieben (auch den ausländisch geführten), Ämtern, Universitäten – ja jeder Einrichtung in China, in der mehrere Menschen tätig sind.

Das Innenleben dieser mit fast 70 Millionen Mitgliedern größten Partei der Weltgeschichte bestimmt das vor Jahrzehnten von Lenin erarbeitete Prinzip des sogenannten *demokratischen Zentralismus*. Es besagt nichts anderes, als dass Beschlüsse der Führungsgremien von allen Mitgliedern auszuführen sind und entspricht damit letztlich dem militärischen Prinzip von Befehl und Gehorsam.

Welche Maßnahmen der Ständige Ausschuss des Politbüros der gesamten Partei oder einer ihr unterstehenden Einheit zur Ausführung anweist, ist dabei für Außenstehende auch im Zeitalter des Internet nicht einsehbar, denn die KP Chinas ist organisiert wie ein Geheimbund. Die jährliche Tagung des Zentralkomitees findet, wie ausländische Berichte standardmäßig vermerken, *stets hinter verschlossenen Türen* statt, von den wöchentlichen Treffen des Politbüros oder des *Ständigen Ausschusses* ganz zu schweigen. Erst wenige Tage vor dem Zusammentreten der ZK-Mitglieder im Oktober 2005 erfuhr die Öffentlichkeit den genauen Termin, eine Berichterstattung von den Reden der Parteiführer, den Diskussionen im ZK gibt es nicht, Interviews mit den Versammelten, Hinterfragen ihrer Beschlüsse – von oppositioneller Kritik ganz zu schweigen – sind nicht möglich. Erst nach dem Abschluss des Treffens verkündet die Staatsagentur 新华 *Neues China* ein Pressekommuniqué mit den Befehlen, die die 69 Millionen Parteimitglieder in ihren *Zellen* anschließend wochenlang *studieren* und dann gegenüber dem Volk umsetzen sollen.

Diese auf den ersten Blick einfache und klare Herrschaftsorganisation, die jedem Machthaber auf seiner Ebene freie Hand einräumt, zu tun, was ihm beliebt – dem *Ständigen Ausschuss* in ganz China, dem Provinzchef in seiner Provinz, dem Bürgermeister in seiner Stadt, dem Leiter des Staatsbetriebes oder des Amtes in seinem Betrieb bzw. Amt usw. –, beeindruckt nicht wenige westliche Besucher. Sie halten diese Organisation für *effizient*. Im Handumdrehen, so nehmen sie es wahr, können mit diesem System von Befehl und Gehorsam Dinge bewegt werden, für die zum Beispiel in Deutschland Jahre ins Land gehen, weil gegensätzliche, frei organisierbare Interessen auszugleichen sind. So gibt es in Deutschland bis heute keine Transrapid-Strecke, wohl aber in Shanghai, wo sie innerhalb nur eines Jahres gebaut werden konnte. Gewünscht war sie vom damaligen Premier und Mitglied des Ständigen Ausschusses des Politbüros der Staatspartei, 朱容基 Zhu Rongji (sprich: Dschu Rung-dji). Die Investition von rund einer Milliarde Euro war in keinem Staatshaushalt vorgesehen und traf im übrigen sogar auf Kritik, zum Beispiel im Eisenbahnministerium. Selbstverständlich setzte sich der obere Machthaber mit seinem Wunsch durch. Der Projektleiter vor Ort arbeitete ohne Etat – er orderte und erhielt, was er brauchte, um die Strecke in nur zwölf Monaten fertigzustellen. Wenn *Commander* Wu, wie er sich nennen ließ, für den nächsten Tag zum Beispiel 5.000 Arbeiter zusätzlich benötigte, so bekam er sie. Mit Wirtschaft hat das wenig, mit freier Verfügungsgewalt der Mächtigen hingegen viel zu tun. Einem anderen (ehemaligen) Premier, 李鹏 Li Peng (sprich: Li Pang) zum Beispiel, gelang es, für das gigantische und nicht unproblematische Wasserkraftwerk am Jangste, den *Drei-Schluchten-Damm*, in wenigen Jahren 1,5 Millionen Menschen aus ihrer Heimat auszusiedeln.

Manch ein deutscher Besucher kommt angesichts solcher Projekte aus China zurück in seinen Rechtsstaat und seufzt: *Wenn das nur hierzulande auch so schnell ginge* ... Doch die Resultate dieses Herrschaftssystems stehen in einem grotesken Widerspruch zu seiner scheinbar einfachen Struktur, denn selbstverständlich können sich die wenigen Oberen nicht um alles kümmern. Sogar nur um das Wenigste, und so entstehen heute in China gewaltige Freiräume, in denen die unteren Ebenen tun und lassen können, was sie wollen, und sogar die ganz unten Stehenden im wirtschaftlichen Bereich sehr viele Freiheiten haben.

Das Resultat dieses Systems: Undurchsichtigkeit und Ineffizienz herrschen allenthalben. Seit Jahren zum Beispiel weist der sogenannte *Opacity Index* der internationalen Wirtschaftsprüfungsgesellschaft PriceWaterhouseCoopers China als das undurchsichtigste Land der Welt aus:[48] Die Korruption grassiert, vorhandene Gesetze und Vorschriften sind bedeutungslos, das Finanzwesen ist undurchschaubar. Der im Herbst 2005 von der Bertelsmann Stiftung veröffentlichte *Transformation Index 2006* zur Qualität des Staats-Managements in Entwicklungsländern[49] stellt China (die Regierung) im Bereich *Management-Leistung* auf Platz 77 von 118 – hinter Kenia und vor Tadschikistan – und attestiert im übrigen einen Abstieg um ganze 22 Plätze im Vergleich zum Bericht 2003. Urteil: *Management mit mäßigem Erfolg*. Im von der Weltbank erstellten *Ease of Business Index*, der Auskunft über die Effizienz des Wirtschaftens in 155 Ländern der Erde gibt, belegt China nur Platz 91 – einen Rang vor Serbien/Montenegro.[50]

Das auf den ersten Blick so klare und effektive chinesische Staatssystem überläßt den Machthabern gemäß ihrer Position in der Hierachie ihren jeweiligen Bereich zur privaten Beute und resultiert in allgemeiner Verantwortungslosigkeit. Solange ein Machthaber sich nicht mit einem über ihm stehenden oder gleichrangigen anlegt, kann er tun und lassen, was er will. Eine öffentliche oder gerichtliche Kontrolle erfolgt nicht, Einblick in sein Tun und die Resultate ist erst im Nachhinein möglich, wenn alles geschehen ist.

Unmittelbares Resultat dieser Staatsorganisation sind Chaos und die endemische Korruption, die China seit je auszeichnet. Schon die ersten Berichte europäischer Kaufleute hielten dies fest, zum Beispiel der des Hieronymus Franchi, eines Jesuiten-Paters, der 1702 im Auftrag des österreichischen Kaiser in China reiste und schrieb:

> *„Es ist nicht zu glauben, wie leicht die Chinesen (die Landpfleger und Mandarine nicht ausgenommen) alles begehren, was sie bei den Europäern sehen, ja, wenn man es ihnen nicht gleich gibt, solches unter dem Vorwand, dass es ihnen anstehe oder wohl gefalle, ohne Scheu wegnehmen."*[51]

Und schon zu Beginn des 17. Jahrhunderts, als der Jesuit Matteo Ricci, der erste Europäer, der Chinesisch in Wort und Schrift beherrschte, ins Land kam, um zu missionieren, gelang ihm das nur, weil er sich mit Geschenken (Uhren und Prismen, die die Chinesen nicht kannten) die Genehmigung der lokalen Mandarine erkaufte – durch Bestechung also.

1950, kaum zur Macht gekommen, startete die Kommunistische Partei Chinas ihre erste landesweite Kampagne gegen Korruption und tut dies seither beständig, sogar mit zunehmender Härte und insgesamt Tausenden von Hinrichtungen. Ergebnis: Heute gehört China zu den korruptesten Ländern der Erde.

Seit Jahren erstellt die von dem deutschen Juristen, Professor Peter Eigen, der in zahlreichen internationalen Organisationen und an der *John F. Kennedy*

School of Governance in Harvard tätig war, gegründete Organisation *Transparency International* für die meisten Länder der Erde den mittlerweile zum internationalen Standard gewordenen *Corruption Percetion Index (CPI)*. Aufgrund von Befragungen dort engagierter Geschäftsleute zum Beispiel misst der *CPI*, als wie korrupt die Praktiken im jeweiligen Land wahrgenommen werden. Von 158 im Bericht 2005 vergebenen Plätzen belegt China Rang 78 – vor dem Libanon und hinter Laos[52] –, bezeichnenderweise auch hier ein Abstieg um sieben Ränge gegenüber 2004. Schon vor Jahren hatte *Transparency International* den chinesischen Euphemismus für Korruption – 关系 guan xi (sprich: gwan hsi) –, der eigentlich nur *Beziehung* bedeutet, als internationalen *terminus technicus* für Korruption verwendet – eines der sehr raren chinesischen Lehnwörter in anderer Sprache, und ein deutlicherer Hinweis auf den Stand der Dinge in China, als jede Beschreibung der Tatbestände, die man im übrigen (in von der Parteiführung genehmigten Fällen) Tag für Tag der chinesischen Boulevardpresse entnehmen kann. Ein Geheimnis ist Korruption in China nämlich nicht. Eher schon Allgemeinwissen, was freilich nicht bedeutet, dass sich die Presse darüber hermachen könnte. Wer bestraft wird, bestimmen immer nur die Oberen in der Partei. Erst dann werden die Fälle in der Presse und vor Gericht behandelt.

Das chinesische Herrschaftssystem, das Land und Bewohner in die persönliche Beute einer hauchdünnen Oberschicht verwandelt, ermöglicht einzelnen Machthabern den umfassenden Zugriff nicht nur auf Menschen, sondern auf alle Ressourcen ihres Bereiches. Die obige Macht-Graphik zeigt diesen Zustand im rechten Teil. Über den ihnen unterstehenden Chef der Zentralbank (*People's Bank of China*), ZK-Mitglied 周小川 Zhou Xiaochuan (sprich: Dscho Ssjautschuan), und die Chefs der vier großen Staatsbanken, die ebenfalls allesamt Parteigenossen sind, können die neun Mitglieder des *Ständigen Ausschusses des Politbüros* jederzeit und niemandem rechenschaftspflichtig in die Binnen- und Außenwirtschaft des Landes eingreifen, ja sogar einzelne Unternehmen begünstigen, die sie für bedeutsam halten oder einfach nur, weil sie ihren Söhnen oder Töchtern gehören. In ihrem jeweiligen Zuständigkeitsbereich können dies weiter unten auf der Hierarchieleiter aber auch Provinz-Gouverneure oder städtische Bürgermeister, Betriebsleiter etc. tun.

Wenn die chinesischen Banken heute auf einem unbezifferbaren Berg von sogenannten *faulen Krediten* sitzen, die sie nach allgemeiner Expertenansicht allesamt technisch bankrott machen, so liegt die Ursache dafür in der jahrelangen Kreditvergabe an Unternehmen, die gar nicht die Sicherheiten dafür bieten und das geliehene Kapital auch niemals werden zurückzahlen können. Gleichwohl erhielten (und erhalten) sie aus politischen Erwägungen ständig neues Geld, selbst wenn sie seit Jahren die alten Kredite nicht mehr bedienen. Die Kanäle für solche Entscheidungen verlaufen zwischen Parteifunktionären in den Betrieben, solchen in Ämtern und denen in Banken. Es sind informelle Genossen-Beziehungen, frei von betriebswirtschaftlichen Überlegungen und voll von persönlichen Interessen.

Schätzungen zur Höhe der so aufgehäuften Schulden reichen von 30 bis 50 Prozent des chinesischen Bruttoinlandsprodukts, also zwischen 400 und 700 Milliarden Dollar. Um frisches Kapital in die Staatsbanken zu bekommen, sollen sie derzeit in Hongkong an die Börse gebracht werden, was mit ihren faulen Krediten freilich nicht möglich wäre. Aus diesem Grunde überwies die Zentralbank aus den Devisenreserven Chinas zwei dieser Banken im Jahre 2003 insgesamt 45 Milliarden Dollar. Eine dritte Bank erhielt Anfang 2005 15 Milliarden

Dollar. Die Entscheidungen über solche riesigen Transfers fällt in einem kleinen Zirkel der obersten Machthaber - und ganz sicher nicht ohne die Zustimmung des *Ständigen Ausschusses des Politbüros*. Dessen neun Mitglieder verfügen letztlich auch über die Devisenreserven von derzeit 760 Milliarden Dollar.

Da zwei Drittel dieser Summe heute in amerikanischen Staatsanleihen angelegt, die USA also *Schuldner des Ständigen Ausschusses* sind, ist klar, dass dessen Handeln oder Nicht-Handeln inzwischen internationale Auswirkungen haben kann. Tatsächlich agieren diese Parteiführer heute mit großem Selbstbewußtsein und aus eigener Machtvollkommenheit auf vielen internationalen Gebieten, indem sie Geld in die Hand nehmen, um zum Beispiel Einfluss auf die Rohstoffpolitik von Staaten in Afrika, Südamerika oder im Mittleren und Nahen Osten zu bekommen. Kein Dollar chinesischer Investitionen im Ausland, die derzeit auf 33 Milliarden Dollar geschätzt werden, verlässt das Land ohne eine Genehmigung der Zentralregierung, das heißt gegebenenfalls sogar: der Parteiführung.[53] Auf der Generalversammlung der Vereinten Nationen im September 2005 kündigte Parteichef 胡锦涛 Hu Jintao niedrig verzinste Kredite in Höhe von 10 Milliarden Dollar, Zollvergünstigungen und die Aussetzung von Schuldendiensten für die fünfzig ärmsten Länder der Welt an.[54] Ob dies wirklich geschieht, ist schwer zu sagen. Keinem Zweifel aber unterliegt es, dass der Partei- und Staatschef dies im Zweifel mit seinen acht obersten Kollegen oder gar selbst beschließen kann. Kein Parlament, keine Opposition, kein Rechnungshof oder Verfassungsgericht redet ihm da hinein.

Ein Höhepunkt gezielter staatlicher Rohstoff-Außenwirtschaftspolitik war der im Frühjahr 2005 versuchte Kauf der amerikanischen Öl- und Gasfirma *Unocal* durch die chinesische *China National Offshore Oil Corporation* (CNOOC). Um den US-Mitbewerber *Chevron* auszustechen, bot CNOOC sage und schreibe 19 Milliarden Dollar *in bar* für die Unocal-Aktien - eine Summe, die selbstverständlich von der Partei-Regierung und nicht aus den CNOOC-Kassen gekommen wäre. Auf die sich rasch abzeichnende Intervention der US-Regierung, die Sicherheitsbedenken geltend machte, reagierte CNOOC (besser: die chinesische Staatspartei) beleidigt und zog schließlich Anfang August 2005 das Gebot zurück. Die amerikanische Seite habe *mit politischem Druck den Markt außer Kraft gesetzt*, kritisierte die offizielle *China Daily* in einem gar nicht sarkastisch gemeinten Kommentar am 8. August (den ein ausländischer Schreiber verfassen durfte). Anschließend verhinderte die Pekinger Führung weitere Berichte zu dem Thema in der Presse.[55]

Die Psychologie der chinesischen Untertanen

Nur schwer vorstellbar ist es für selbstbewusste, mit persönlichen Rechten ausgestattete europäische Bürger, die nicht zögern über Verwaltungsgerichte gegen die eigenen Behörden oder über das Verfassungsgericht sogar gegen die Regierung ihre Rechte einzufordern, wie ein Volk von 1,3 Milliarden Menschen sich mit einer so umfassenden Entrechtung, einer Unterwerfung unter so wenige Machthaber arrangieren kann. Und doch war es immer so in China und ist auch heute noch der Fall.

In den dreißiger Jahren analysierte diesen Zustand ein Vertreter der gebildeten und vor allem aufgeklärten Schicht Chinas, um ihn interessierten Ausländern begreiflich zu machen. In seinem heute auch in China wiederaufgelegten Buch 吾国与吾民 *Mein Land und mein Volk*[56] erklärte der klassische chinesische Gelehrte 林语堂 Lin Yutang (1895 bis 1976), der jedoch während langer Aufenthalte in den USA und Europa (auch Deutschland) westliches Denken studiert hatte, Ausländern den Nationalcharakter seines Volkes. Drei besondere Eigenschaften attestierte Lin seinen Landsleuten (und vermutlich auch sich selbst):

Erstens: Geduld.

Die Chinesen, so schreibt er, *haben sich mehr Gewaltherrschaft, Anarchie und Misswirtschaft gefallen lassen, als es im Westen je möglich wäre.*[56a] Warum? Weil sie bereits als Kinder in der Großfamilie lernen, sich an ihre Umgebung anzupassen. Ein Prozess, der in der Schule, in der Universität, im Beruf vertieft wird – stets gilt, dass der Vater, der Lehrer, der Professor, der Vorgesetzte ... Recht hat, Widerspruch nicht nur zwecklos, sondern sogar schädlich ist. *Das Gras beugt sich, je nachdem, wie der Wind weht* – das ist die erste Tugend des seit 2000 Jahren ohne verbriefte Rechte lebenden chinesischen Untertanen. Man mag darüber die Nase rümpfen, aber: nur diese Haltung sichert in der chinesischen Wolfsgesellschaft das Überleben.

Zweitens: Gleichgültigkeit.

Sie ergibt sich im wesentlichen aus diesem traditionellen und bis heute ungebrochenen Mangel an gesetzlichem Schutz des Einzelnen und aus der nicht vorhandenen öffentlichen Garantie persönlicher Rechte gegenüber den Vorgesetzten oder, ganz allgemein: Herrschenden. Unter diesen Bedingungen, da der einzelne nicht frei, sondern *de facto* vogelfrei ist, ist es im Interesse der eigenen Sicherheit in keinem Falle ratsam oder klug, sich für oder gegen etwas einzusetzen, das *andere* betrifft oder gar die noch ferner liegenden öffentlichen Belange des Staates, der Gemeinde oder des Betriebes. Wie schnell hat man da etwas übersehen – die Interessen von Höheren zum Beispiel – und gerät mit den Herren in Konflikt. Da der in der Hierarchie des Staates, der Gesellschaft, des Betriebes oder des Amtes über einem Stehende immer *carte blanche* hat, wartet der Untenstehende mit eigenem Handeln oder eigener Stellungnahme klugerweise solange, bis er sicher weiß, woher der Wind weht und verhält sich entsprechend. Lin Yutang schreibt:

> *„Mit anderen Worten: Gleichgültigkeit ist eine Form des Selbstschutzes und entsteht in ähnlicher Weise wie bei der Schildkröte der Panzer. Der berühmte apathische Blick der Chinesen ist auch ein Stück Selbstschutz, gezüchtet in harter Arbeit und Disziplin."*[56b]

Ein Leben lang, könnte man hinzufügen.

In dieser Gleichgültigkeit liegt auch die Ursache für die abnorm lange Dauer von Verhandlungen in China, denn jede Hierarchie-Ebene muss sich erst bei der nächst höheren Rückendeckung für eine Entscheidung holen. Umgekehrt, aber völlig system-logisch, stellt sich die Sache für denjenigen dar, der mit den Obersten in der jeweiligen Hierarchie spricht, dem Chef des Betriebes, dem Bürgermeister der Stadt oder gar dem Premier Chinas, mit jenen also, die alle Entscheidungen in der Hand haben. Je weniger Vorgesetzte sie über sich haben, desto freier sind sie in ihren Entscheidungen, desto weniger Rücksicht auf die Folgen müssen sie nehmen, desto unbekümmerter sind sie. Resultat ist dann, dass sie bisweilen schnell und rücksichtslos entscheiden, denjenigen durchaus positiv zu sehen, wer davon profitiert: In einem einzigen Jahr wurde in Shanghai der Transrapid gebaut, wird ein Staudamm oder sonstiges Großprojekt in vergleichsweise kurzen Zeiträumen umgesetzt, bei dem Millionen Menschen einfach umgesiedelt werden, in der Regel ohne gleichwertigen Ersatz für ihre Verluste zu bekommen, denn die stehen ganz unten in der Hierarchie und sind nur Manövriermasse für den Entscheider ganz oben. (Doch Vorsicht bei so schnellen Entscheidungen: Bleibt der Oberste nicht bei der abgemachten

Sache, ist er plötzlich gestürzt, oder ist seine Anweisung an die Untergebenen nicht zweifelsfrei, kümmert er sich nicht ständig um den Fortgang der Dinge, dann wandert das Projekt anschließend durch die chinesische Hierarchie nach unten auf die sogenannte *Arbeitsebene*. Und dabei stellen sich dann wieder lange Wartezeiten ein, denn die Beteiligten sind in erster Linie: gleichgültig. Aus Selbstschutz.)

Drittens: Spitzbüberei.

Lin Yutang schreibt zu diesem von ihm analysierten Zug des chinesischen Nationalcharakters:

> *„Die auffallendste Eigenschaft des chinesischen Volkes ist vielleicht das, was wir, mangels eines besseren Ausdrucks, seine tiefe Spitzbüberei nennen wollen. Keine andere chinesische Eigenschaft ist dem Westler so schwer zu erklären; keine ist aber auch so tiefgründig, denn sie führt uns geradewegs zu einer von der europäischen grundverschiedenen Lebensphilosophie".*[56c]

Gemeint ist mit dieser *Spitzbüberei* keineswegs ein Hang zur Betrügerei, die viele Ausländer in China allenthalben zu sehen meinen, sondern die abgeklärte Haltung des chinesischen Menschen, der schon sehr viel vom Leben in seiner oben beschriebenen rechtlosen Welt gesehen hat, der lässig, materialistisch und gegen allen Fortschritt skeptisch ist. Auf der Basis dieses Geistes entwerfen die Chinesen auch heute wohl umfassendste Gesetzesbücher und Regelwerke, die ihre Gesellschaft und die Beziehungen ihrer Mitglieder untereinander bestens und *en détail* ordnen sollen, wie die konfuzianische Vorstellung von der idealen Gesellschaft es verlangt. Aber alle diese Regeln sind im tatsächlichen Tagesbetrieb bedeutungslos, die *spitzbübischen* Chinesen kümmern sich überhaupt nicht darum.

Der langjährige Leiter eines deutschen Unternehmens in Shanghai bestätigte dies – ohne Lin Yutangs Analyse zu kennen – einmal so:

> *„Was Gesetze und Regeln anbelangt, so liegt ein wesentlicher Unterschied zwischen Deutschen und Chinesen darin, dass Deutsche viel Energie darauf verwenden, herauszufinden, wie sie diese befolgen können, während Chinesen erst einmal versuchen einen Weg zu finden. wie sie sie umgehen können."*[57]

Lin Yutang, der große Analyst der chinesischen Seele, fasst alle drei Charaktereigenschaften in der Formel von der *burlesken Einstellung der Chinesen dem Leben gegenüber* zusammen, wo das *Nebeneinander von Form und Inhalt* charakteristisch ist und nicht deren Übereinstimmung, so wie Europäer das gerne haben.

Geduld, Gleichgültigkeit gegenüber der Gesellschaft und diese *Spitzbüberei* sind die Grund-Charakteristika der Chinesen und damit der chinesischen Gesellschaft insgesamt. Geduld und Gleichgültigkeit laufen darauf hinaus, sich mit den gegebenen Bedingungen abzufinden, Realist zu sein und immer das Mögliche zu tun, während es die Spitzbüberei dem einzelnen erlaubt, in diesen Verhältnissen zu leben und vor allem: zu überleben, sie sogar für seine (mehr oder weniger bescheidenen Ziele) zu nutzen.

Alle drei Eigenschaften zusammen drücken der chinesischen Gesellschaft auch den festsitzenden Stempel des Konservatismus auf, kaum jemand versucht, etwas zu ändern. Und tatsächlich wird jeder, der sich eingehender mit den sozialen Abläufen darin befasst und historische Situationen mit aktuellen vergleicht, finden, dass sich an diesem Wesen der chinesischen Gesellschaft bis heute nicht sehr viel geändert hat. Die heute vielbeschriebene *Dynamik Chinas*, die angeblich *rasenden Veränderungen* sind nur äußerlich, meist am Bau von zahlreichen Hochhäusern und vielen

Autos auf den Straßen festgemachte Urteile, die in der sozialen Struktur und im Verhalten der Chinesen keine Entsprechung finden. Dort geht es immer noch zu wie früher auch. Nur die Geldbeträge und die Folgen sind heute größer.

Europa, das seit Jahrhunderten, wenn nicht gar seit 2500 Jahren, wie seit der griechischen Klassik, einen grundsätzlich anderen gesellschaftlichen Weg gegangen ist, nämlich den der ständigen Analyse der äußeren Welt und dem stetigen Fragen nach dem *Warum* auch in der Gesellschaft, steht diesem Wesen Chinas ziemlich fassungslos und unverständig gegenüber. Seit jeher haben deshalb Europäer, die mit Chinesen verkehren das Problem, mit dieser Gegenwelt zu ihrer eigenen Welt zurechtzukommen.

Geschichtlich haben Europäer ihre Interessen in China deshalb nach einer Übergangsphase des hilflosen darauf Eingehens (zum Beispiel des halben Kotaus des britischen Gesandten Macartney vor dem chinesischen Kaiser 1793) mit Gewalt zur Geltung gebracht. Wenn nichts mehr ging, rief man noch in den 30er Jahren des 20. Jahrhunderts den eigenen Konsul zu Hilfe gegen die störrischen chinesischen Beamten oder nahm ein von der eigenen Regierung entsandtes, im Hafen bereit liegendes Kanonenboot und erhielt dann, was man wollte. Seit 1949 ist dies ausgeschlossen, weshalb selbst die *eiserne* Margret Thatcher 1984 nur sehr kurzen Widerstand gegen die Rückgabe Hongkongs leistete.

Man versteht erst nach einer Weile des intensiven Zuschauens, dass die Chinesen die gesellschaftlichen Bedingungen, unter denen sie leben müssen, nur so haben aushalten können: mit Geduld, Gleichgültigkeit und Spitzbüberei. Erst recht, da sie sich als absolute Realisten auch nicht auf ein paradiesisches Jenseits vertrösten können, sondern vollkommen im Diesseits leben: Religion als Trost oder Vertröstung ist in China unbekannt, daran ändert auch die (wachsende) Zahl von heute ca. 30 Millionen Christen nichts.

Die letzte Stütze für dieses (Über-)Leben liegt in der Abschottung des Einzelnen bzw. seines engsten Clans, der Familie, die man kennt, der allein man sich zugehörig fühlt, der man vertrauen kann und vertraut. Die Gesellschaft insgesamt kann mit dieser Parzellierung bestehen, weil jeder dies für den anderen anerkennt und sich aus dessen Angelegenheiten heraushält. Auf dieser Grundlage respektiert jeder jeden, egal was der andere tut, egal, in welcher hierarchischen Stellung er sich befindet.

Du bist o.k., ich bin o.k. – dieses Konzept eines einvernehmlichen sozialen Auskommens ist auch europäisch geprägten Menschen ganz gut als tragfähiger Rahmen des Miteinander bekannt. Im Unterschied zu den Chinesen aber, die sonst keinerlei Sicherheit in ihrer Gesellschaft kennen, steht die europäische Existenzweise aber noch auf weiteren Füßen. Persönliche Rechte schützen das Individuum davor, ins Bodenlose zu fallen, wenn ein Höherstehender ihm zu verstehen gibt, dass er eben *nicht o.k.* ist.

In China aber gibt es nur das Standbein der Familie und des Clans, und es leuchtet ein, dass diese Basis des eigenen Auskommens im Rahmen ihrer gesellschaftlichen Verhältnisse überlebenswichtig ist. In der chinesischen Wirtschaft hat dies übrigens bisher stets dazu geführt, dass sich nie Großkonzerne, sondern immer nur Familienbetriebe herausgebildet haben, ein Trend, der auch heute wieder zu beobachten ist: Man traut dem anderen einfach nicht, schon gar nicht dem Staat bzw. der Macht. Freilich braucht man sie doch des öfteren – im Geschäftsleben ebenso wie aus anderen Gründen. Das Recht ist abwesend, und die Zahl der Familien- oder Clan-Mitglieder letztlich begrenzt. Der Ausweg sind die berühmten 关系 *Beziehungen – gwan hsi* gesprochen, ein Begriff, den Ausländer nicht selten als erstes chinesisches Wort lernen und immer mit einem Lächeln des Wissenden aussprechen, denn aus ihrer Sicht bedeutet es: *Korruption, Bestechung* etc.

Tatsächlich ist diese Sicht nicht falsch und die Verwendung des Wortes als *terminus technicus* für Korruption durch *Transparency International* ebenfalls nicht. *„Mer kenne uns, mer helfe uns"*, sagen die Rheinländer in Deutschland. *Gwan hsi* ist für Chinesen freilich viel mehr als das: Es ist, außerhalb der Familienbande und bei Abwesenheit des Rechts, ihr Sicherungsnetz im gesellschaftlichen wie geschäftlichen Verkehr. Wer etwas erreichen will, braucht so viele Beziehungen wie nur irgend möglich, der Vorrat sollte unbegrenzt sein, was man heute nicht braucht, könnte übermorgen jedoch entscheidend sein. Und deshalb gilt auch heute diese Definition des Lin Yutang wie zu dessen Zeit und in den Jahrhunderten davor:

> *„Durch Heirat oder Bekanntschaft kommt man immer auf einen Vetter siebenten Grades, der mit dem Lehrer des dritten Sohns des Herrn Zhang befreundet ist, jenes Herrn Zhang, dessen Schwägerin die Schwester der Gattin des hochberühmten Würdenträgers Soundso ist – und eine solche Beziehung gewinnt ihren hohen Wert, wenn man einmal mit den Gerichten zu tun bekommt."*[57a]

Mehr muss man dazu gar nicht sagen, außer vielleicht, dass heute, im *geöffneten China,* auch Ausländer gerne in das persönliche Beziehungsgeflecht einbezogen werden – zum Geschäftemachen, aber auch, wenn man einmal etwas zum Beispiel in Deutschland für sich selbst oder seine Kinder oder Verwandten braucht.

Legitimität und Stabilität des Systems

Ihr in zweitausend Jahren antrainierter dicker Panzer aus Geduld, Gleichgültigkeit, gepaart mit Spitzbüberei (= Pragmatismus) und *apathischem Gesichtsausdruck* (Lin Yutang) sowie ihre stetige Absicherung in Familie und Beziehungsgeflecht, haben dazu geführt, dass die Chinesen selbst in einer despotischen Diktatur wie jener der Volksrepublik kaum Widerstand gegen die teils grotesken Kampagnen der Machthaber geleistet haben. Bis zum Frühjahr 1989 gelang es den Parteimachthabern im Gegenteil, die *Massen*, wie sie das Volk bis heute bezeichnen, in der Regel zum Mittun zu bewegen – in den 50er und 60er Jahren sogar zum begeisterten Mittun und im vollen Wissen darum, dass Tausende und Abertausende aufgrund ihres Mittuns und meist aus nichtigen Gründen in jahrelange, ja jahrzehntelange Zwangsarbeit auf dem kargen chinesischen Land verbannt wurden. Nicht einmal die gigantische Hungersnot der Jahre 1959 bis 1962 – ausgelöst durch das begeisterte Mitmachen von Millionen bei einer absurden Wirtschaftspolitik der Parteiführung –, die

Bauern versuchen Stahl zu erzeugen. Quelle: Ullstein

20 Millionen Tote gefordert haben soll, änderte daran etwas: Nur vier Jahre später waren die chinesischen *Massen* wieder begeistert dabei, die totalitäre Kulturrevolution, Maos Machtkampf gegen seine einstigen Genossen, gewissenhaft umzusetzen und damit das Lebensglück Hunderttausender, oft der eigenen Kollegen, zu zerstören. Verantwortlich dafür sollen aber nur Mao und ein paar seiner Satrapen gewesen sein. Die Millionen der damals begeistert Mittuenden fühlen sich heute unschuldig, gar selbst als Opfer und sind durchaus einverstanden mit der Linie der Nach-Mao-Machthaber, dieses Kapitel zu schließen und einfach nicht mehr darüber zu reden.

Begeisterte Massen zu Beginn der Großen Kulturrevolution, die mit allen chinesischen Traditionen aufräumen sollte. Quelle: Picture Alliance

Einen tiefen und auch für die aktuellen Machthaber noch bedrohlichen Einschnitt erfuhr dieser Zustand erst im Frühjahr 1989, zu einem Zeitpunkt, als einige kleine Fenster zur westlichen Gesellschaft bereits geöffnet waren. Und das kam so:

Die führenden Funktionäre wie 邓小平 Deng Xiaoping (sprich: Döng Ssjauping), die unter Mao Tse-tung während der Kulturrevolution zum Opfer der von ihnen zuvor selbst organisierten Despotie geworden waren, aber den Tod des *Großen Vorsitzenden* (September 1976) überlebt hatten und ein Jahr später sogar wieder an die Macht zurückgekehrt waren, wollten und konnten wohl auch nicht so weitermachen wie bis zu dem Zeitpunkt. Ihre Beute, China, war zwar riesengroß, aber bitterarm und in der internationalen Wahrnehmung bedeutungslos, trotz Sitz im Sicherheitsrat der Vereinten Nationen und im Besitz von Atombomben weltpolitisch nur insoweit von Belang, als es in einem mittlerweile unversöhnlich erscheinenden Widerspruch zur Sowjetunion stand.

Nach 25 Jahren an der Macht, wollten sie endlich auch international die Früchte ihres Sieges von 1949 genießen und ihr riesiges China eine große Rolle in der Welt spielen sehen. Mao selbst hatte die Tür dazu mit der Einladung des amerikanischen Präsidenten Nixon aufgestoßen. Ihr folgte im Herbst 1971 die Aufnahme der Volksrepublik China in die Vereinten Nationen, sogar als Ständiges Mitglied im Sicherheitsrat. Im Februar 1972 kam Nixon selbst und besiegelte per Handschlag mit Mao ein *de* facto Bündnis Amerikas mit China. Gegen die Sowjetunion.

Das schmeckte bereits nach Weltmacht. Freilich wusste die Nach-Mao-

Vom 21. bis 28. Februar 1972 besucht US-Präsident Richard M. Nixon China und trifft Mao Tse-tung. Quelle: Picture Alliance

Führung um Deng selbst am besten, dass ihr China weder wirtschaftlich noch militärisch einen Faktor auf der Weltbühne darstellte und dass nur die ökonomische Entwicklung des Landes diesen Zustand ändern konnte.

Ihr einziges weltpolitisches Kapital bestand in den 70er Jahren darin, Feind des Feindes der NATO zu sein, der Sowjetunion, und Atombomben zu besitzen. Dafür immerhin hatte Mao gesorgt. *Der Feind meines Feindes ist mein Freund* lautete die einfache Formel Maos und später Dengs, die auch der Westen verstand und befolgte. Das kommunistische China, der bis dato radikalste Advokat der Weltrevolution gegen den *Imperialismus,* wurde auf Grund dieser pragmatischen Wahrheit zum *Darling* des Westens, erst recht, als Deng im Februar 1979 seine Armee in Vietnam einmarschieren ließ, von wo die Amerikaner vier Jahre zuvor unter demütigenden Bedingungen geflohen waren. Auf diese Allianz baute Deng, der Ende der 70er Jahre zur unumstrittenen No. 1 des Landes geworden war, zu einem Herrscher, der wie die Kaiser über alles bestimmte – das Große und das Kleine.

Das Ziel der Nach-Mao-Führung war die wirtschaftliche Stärkung ihres Landes. Sie schrieb sich die 四个现代化 *Vier Modernisierungen* auf die programatische Fahne: Modernisierung der rückständigen Landwirtschaft, der Industrie, der Wissenschaft und Forschung und: ihres Militärs. Die Mittel, dieses Ziel zu erreichen, waren beliebig: Im Westen sagt man eher abstrakt: *Nichts ist erfolgreicher als der Erfolg*. Deng sagte auf chinesisch praktische Art: 不管白猫黑猫, 会捉老鼠就是好猫 *Egal, ob die Katze schwarz oder weiß ist – solange sie Mäuse fängt, ist es eine gute Katze*. So lautet seither das hundertprozentig chinesische Glaubensbekenntnis.

Dieses Credo, die aus der Feindschaft zu Moskau erwachsende Sympathie des Westen sowie dessen seit Marco Polo die China-Phantasien beflügelnden Vorstellungen vom unbegrenzten Riesenmarkt, taten sofort ihre Wirkung, als Peking Anfang der 80er Jahre den *Imperialisten* verkündete, sie dürften jetzt in China investieren. Diese Schnittstelle China zum Westen war so perfekt, dass es kaum Reibungsverluste beim Einströmen ausländischen Geldes gab. Selbst in der Modernisierung der immerhin von der Kommunistischen Partei kontrollierten Armee sah zunächst kaum jemand im Westen ein Problem. Vor dem Hintergrund des bis dahin völlig isolierten Landes, in dem überdies alles verboten war, was die Machthaber nicht ausdrücklich erlaubt hatten, wurde jede noch so kleine 改革开放 *Reform und Öffnung*, wie die Parteiführung das neue Zeitalter nannte, zur Sensation, die die westlichen Medien umgehend nach Europa und Amerika in die Köpfe der Politiker und Wirtschaftsführer transportierten. So entstand, durch stets neue frohe Botschaften angefacht, das nachhaltige Interesse am *größten Markt der Welt*, das in den 80er Jahren Wirtschaftsdelegation um Wirtschaftsdelegation nach Peking aufbrechen ließ.

Allerdings strömte nicht nur Kapital nach China, sondern auch allerlei Anderes, das die Machthaber bis heute als *ungesund* oder gar *dekadent* bezeichnen, ablehnen und keineswegs im Lande haben wollen: So gab es bereits in den frühen 80er Jahren Kampagnen gegen Jeans und modische Sonnenbrillen, gegen Bars, Discotheken, Popmusik und dergleichen mehr. Zu Beginn des Jahres 1982 trat der chinesische Premierminister 赵紫阳 Zhao Ziyang (sprich: Dschau Dsö-yang) persönlich vor die Fernsehkameras und leitete mit einer Ansprache an die Chinesen den 文明礼貌月 *Monat der Kultur und Höflichkeit* ein, eine Kampagne gegen westliches Verhalten.

So absurd diese Ansprache erscheinen mag, sie war selbst bereits etwas Westliches: Erstmals trat hier ein oberster Machthaber vor sein Volk, um zu ihm zu sprechen. So etwas hatte es bis dahin noch nie in China gegeben! Es ist sogar immer noch eine große Seltenheit. Die letzte derartige Ansprache hielt der heutige Partei- und Staatschef Hu Jintao, damals Vize-Präsident, im Frühjahr 1999, nach der Bombardierung der chinesischen Botschaft in Belgrad während des Kosovokrieges.

Die Wirtschaftsreformen ließen zunächst ein wenig, dann immer mehr Spielraum für die bis dahin total der politischen Macht unterstellte Ökonomie, die sofort aufzuleben begann. Die in den Betrieben bestimmenden Parteikader nutzten die ihnen gewährte relative Freiheit der so genannten *Selbstverantwortlichkeit* freilich auch sogleich (*spitzbübisch*) für eigene Geschäfte nach dem Prinzip: Gewinne in die eigene Tasche, Verluste für den Staat. Als korrupt wahrgenommene Praktiken begannen sich auszubreiten. Aber – und dies war ebenfalls neu – es gab Ende der 80er Jahre erstmals seit den Tagen der Republik China unter Tschiang Kai-schek (1927 bis 1949) wieder eine Öffentlichkeit, die das wahrzunehmen und schließlich im Frühjahr 1989 auch laut und deutlich zu thematisieren begann: In der Hauptstadt Peking gingen damals Hunderttausende, ja Millionen auf die Straße und forderten ein Ende der Korruption, Rechenschaftspflicht der Machthaber, öffentliche Kontrolle, freie Presse und schließlich sogar: Demokratie. Die Untertanen wollten mitreden! Der Zusammenbruch des Sowjet-Systems ließ die Geduldigen und Gleichgültigen mutig werden: Sie wollten sich sogar um die öffentlichen Dinge kümmern.

Die Bewegung war so machtvoll und gesellschaftlich abgesichert – selbst Redakteure des Parteiblattes 人民日报 *Volkszeitung* nahmen mit der Forderung nach Pressefreiheit (!) in ganzen Abteilungen und offen an den Demonstrationen teil –, dass die hilflosen Machthaber eine Zeitlang sogar darauf eingingen: Es kam zu einem unerhörten Treffen des seinerzeitigen chinesischen Regierungschefs 李鹏 Li Peng mit den studentischen Führern der Demokratiebewegung – naseweisen Jugendlichen, die seine Belehrungen keineswegs annahmen, und statt Kotau vor dem dritthöchsten Machthaber zu machen, gar Widerworte gaben.

In der gesamten 2200-jährigen Geschichte Chinas seit dem *Ersten Kaiser* hatte es so etwas noch nicht gegeben, dass ein Herrscher nicht nur direkt mit Untertanen sprach, sondern sogar mit solchen, die gegen ihn eingestellt waren. Und das alles konnten die Chinesen auch noch im Fernsehen sehen: freche Studenten bieten der No. 3 in der Machthierarchie die Stirn, statt ihm in *kindlicher Pietät*, mit Blick auf ein 禄 *Beamtengehalt* Gehorsam zu erweisen. Unerhört!

Unerhört fanden dies auch die anderen Parteiführer um den *Reformer* Deng Xiaoping (und – nach dem Gespräch – vermutlich auch Premier Li Peng). Der Rest ist Geschichte: Die Machthaber ließen ein paar Tausend unbewaffnete junge Leute, die *Zukunft Chinas*, wie sie oft genannt wurden, in der Nacht vom 3. auf den 4. Juni 1989 mit Panzern und Tausenden bewaffneter und schießender Soldaten zum Schweigen bringen. Denunziert als *Konterrevolutionäre* und *Abschaum der Gesellschaft*, im ganzen Land gejagt, verhaftet (soweit sie nicht ins Ausland entkamen) und in demütigender Weise (vom Fernsehen gezeigt) verhört, suchten die Machthaber ihr Regime zu bewahren. Die brav-schießende Soldateska erhielt zur Belohnung und Erinnerung an ihren großartigen Sieg Armbanduhren mit dem Triumph-Datum 4. Juni 1989 überreicht. Die Zahl der Toten aber halten auch die Nachfolger bis in die Gegenwart ebenso geheim, wie sie das Vorgehen glorifizieren.

Nach nicht einmal einem Jahrzehnt der im Vergleich zu heute sehr vorsichtigen *Reform und Öffnung* sah sich das chinesische Parteiregime 1989 innerhalb weniger Wochen, aus heiterem Himmel, mit einer lebensbedrohenden Legitimätskrise konfrontiert, aus der die Führung nur durch Einsatz der allerbrutalsten und gemeinsten Gewaltmittel herauskam. Ein größeres Fiasko war kaum denkbar, zumal die Geschehnisse über die Kameras des noch neuen Nachrichtensenders CNN tage- und wochenlang vor den Augen der Weltöffentlichkeit stattfanden.

Was war 1989 so anders in China als in den vier Jahrzehnten der Weltabgeschiedenheit zuvor? Entscheidend war: Das Regime hatte das westliche Ausland hereingelassen, das Kapital, aber auch den offenen und selbstbewussten Geist Europas und vor allem Amerikas. Erst ein paar Tausend Studenten gab es 1989 (heute sind es allein in Deutschland 30.000), und einige TV-Programme aus den USA und Europa präsentierten der chinesischen Wahrnehmung Lebensweise und Umgangsformen von Menschen, die Rechte haben und selbstbewusst miteinander umgehen. Der Blick der städtischen Chinesen fiel so auf eine meist grotesk überzeichnete und verballhornte Welt, aber es genügte bereits, den Wunsch zu wecken, die totalitäre Vormundschaft des Parteiregimes, ja die ganzen paternalistischen Zwangsgemeinschaft des Konfuzianismus los zu werden. Der Wunsch nach Freiheit war ja Chinesen niemals fremd, nur kannten sie in ihrer Abgeschiedenheit, ohne Vorbilder, keinen anderen Weg, als ihn zu träumen und allenfalls im Rahmen der Lektüre romantischer Räuber- und Schelmenromane der großen Freiheit auszuleben, wie 西游记 *Die Reise in den Westen* mit dem anarchischen Affenkönig 孙悟空 Sun Wukung als Hauptfigur, der im Paradies sogar gegen den *Gelben Kaiser* rebelliert, oder das Heldenepos 三国演义 *Die Drei Reiche und* 水湖传 *Die Räuber vom Liangshan Moor (Outlaws of the Marsh).* Diese Bücher waren (und sind) gerade deshalb so beliebt bei den Chinesen, weil ihre Protagonisten sämtliche Zwänge der konfuzianischen Gesellschaft beiseite schieben.

Für die Eigentümer Chinas, die KP-Funktionäre, war die Demokratiebewegung des Frühjahrs und Sommers 1989 ein tiefer Einschnitt, eine Lektion, deren Lehre sie bei Strafe ihres Untergangs niemals vergessen dürfen. Es war die Erkenntnis, dass sie keinerlei Legitimation beim Volk besaßen – außer die der Gewaltanwendung gegen Unbewaffnete. Ohne den rücksichtslosen Einsatz wäre das Regime 1989 gestürzt wie in Osteuropa oder 2005 in der Ukraine, das von einer amorphen, wenig organisierten, aber zahlenmäßig sehr umfangreichen Bewegung gestürzt wurde. Das Peking-er Regime stand nach vierzig Jahren an der Macht auf tönernen Füßen, war ohne Legitimität, ohne 天命 *Mandat des Himmels.*

Noch etwas anderes, sehr Schwerwiegendes hatten die turbulenten und schließlich blutig endenden Wochen gezeigt: Das auf den ersten Blick so einfache und effiziente Herrschaftsprinzip der Staatspartei, ihr Land zentralistisch, in strenger, dem militärischen Prinzip von Befehl und Gehorsam folgender Hierarchie im Griff zu behalten, konnte unter bestimmten Umständen von einem Tag auf den anderen zu dem werden, was Mao einst als *Papiertiger* bezeichnet hatte. Dann nämlich, wenn das oberste Machtgremium, der *Ständige Ausschuss des Politbüros* der Partei (der 1989 nur fünf Mitglieder hatte) sich nicht einig ist, wenn Differenzen in der Führung auftreten oder es gar wie im Frühjahr 1989 zu einer Spaltung kommt.

Genau dies war angesichts der breiten Demokratiebewegung geschehen: Man war sich nicht einig, wie damit umzugehen sei. Und es war nicht irgendeiner, der ausscherte, sondern sogar der Chef selbst, der Generalsekretär 赵紫阳 Zhao Ziyang! Er nämlich lehnte es ab, was andere vorschlugen, nämlich mit Waffengewalt gegen die Jugendlichen vorzugehen. Zhao meinte damals, die Demonstrationen seien nicht so schlimm, die Parolen gegen die Partei könne man verkraften, der Westen funktioniere auch mit Opposition und freier Presse. Es sei möglich, durch Gespräche und punktuelles Nachgeben die Situation wieder zu beruhigen. Damit jedoch stand er in dem kleinen Spitzengremium allein, die anderen waren sich sicher, dass sie unter solchen Bedingungen nicht lange an der Macht bleiben würden. Insbesondere ein anderes Mitglied, der damalige Regierungschef Li Peng, war dieser Ansicht und intrigierte aktiv gegen seinen eigenen Parteichef, begünstigt durch Fehler des Zhao Ziyang auch erfolgreich: Der Schießbefehl an die Soldaten wurde von Deng auf Betreiben des Li Peng gegeben und anschließend von der *Volksarmee* gehorsam exekutiert.

Die ganz schön hierarchisch geordnete Struktur des Apparates fiel damals innerhalb kürzester Zeit auseinander (und wird in vergleichbarer Situation auch in Zukunft immer wieder auseinanderfallen), nur weil ein einziger nicht mitmachen wollte. Hier zeigte sich eine fatale System-immanente Schwäche dieser Art Herrschafts-Organisation, die den chinesischen Untertanen wohlbewusst ist. Sie demonstrieren das gerne an zwei ihrer Schriftzeichen, nämlich dem für Loyalität und dem für Katastrophe: *Loyalität*, so argumentieren sie dann mit verschmitztem Blick, schreibe man doch mit zwei Komponenten: oben ein 中 *(Zentrum)* und darunter ein 心 *(Herz)*: 忠. Daraus folge: *Wenn es ein Zentrum gibt und sich die Herzen ihm unterstellen, herrscht Ordnung.* Das Zeichen für Katastrophe aber bestehe aus zwei 中 Zentren über dem Herzen: 患, woraus natürlich folge: *Wenn die Herzen zwei Zentren unterstellt werden, ist es eine Katastrophe.*[58] Die Herzen wissen nämlich nicht mehr, welchem *Zentrum* sie treu sein sollen.

Die im innersten Kreis der chinesischen Macht in jenem denkwürdigen Frühjahr 1989 abfolgenden gegenläufigen Bewegungen der einzelnen Fraktionen sind heute weitgehend aufgeklärt, zuletzt vom seinerzeitigen Parteichef Zhao Ziyang selbst.[59] Die Rettung des Regimes lag demnach darin, dass der damalige *Ständige Ausschuss* in Wahrheit gar nicht das höchste Macht-Gremium Chinas war. Über ihm stand noch ein informeller Machtzirkel aus offiziell pensionierten, tatsächlich aber die Fäden weiter in der Hand haltenden Ex-Funktionären um Deng Xiaoping – Teilnehmer des *Langen Marsches*, Unsterbliche des Regimes. Diese hatten zwar keine Ämter mehr, gleichwohl alle Autorität. Sie trafen sich zum Bridge-Spielen beim alten Deng zu Hause, besprachen die Zustände in ihrem China und entschieden dabei über vieles, was sie interessierte und der Parteichef anschließend ausführte.

Angesichts der Spaltung des *Ständigen Ausschusses* nahmen sie das Heft ganz und gar in die Hand und setzten den widerspenstigen Parteichef Zhao einfach ab (und veranlassten dessen Inhaftierung, die bis zu seinem Tod im Januar 2005 dauerte). Sie entschieden weiter, dass der bis dahin weitgehend unbekannte Parteisekretär Shanghais, ein Genosse namens 江泽民 Jiang Zemin (sprich: Djang Dsö-min) Nachfolger des Zhao Ziyang werde. All diese Entscheidungen widersprachen jeglichen Festlegungen des geltenden Parteistatuts, waren eben *spitzbübisch*. Weil aber die Alten sich einig waren und auch das *de facto* höchste Machtgremium darstellten, gingen ihre Beschlüsse durch, und es blieb die Spaltung des *Ständigen Ausschusses* folgenlos für das Regime als Ganzes. Andernfalls wäre es über seine größte Konstruktionsschwäche gestürzt: Es funktioniert nur so lange, wie sich die obersten Herrscher einig sind. Heute gibt es übrigens kein über dem *Ständigen Ausschuss* stehendes informelles Gremium von Unsterblichen.

In den seit 1989 vergangenen 15 Jahren hat sich in China zweifellos viel verändert – nicht zuletzt durch die Politik des auf den gestürzten Zhao folgenden obersten Machthabers Jiang Zemin, der erst im Frühjahr 2004 sein letztes Amt an

Hu Jintao abgab. Die Tore des Landes gingen in den Jahren seiner Herrschaft für ausländisches Kapital wie andere ausländische Einflüsse immer weiter auf. Der Zuschlag für die Olympischen Spiele 2008 in Peking und der Beitritt Chinas zur Welthandelsorganisation (WTO) sind wichtige Wegmarken für den heute erfolgten Eintritt des so lange isolierten chinesischen Viertels der Menschheit in eine Welt, die sich nun langsam damit befassen muss. Denn, so sieht es aus, es wird nichts bleiben, wie es bisher war.

Der materielle Wohlstand zumindest der städtischen Bevölkerung stieg in den 90er Jahren auf der Basis des unablässig hereinströmenden ausländischen Kapitals und der damit betriebenen ca. 500.000 Fabriken deutlich. Die Lebensweise der jungen Leute in Peking und Shanghai ist für oberflächlich betrachtende ausländische Beobachter heute fast schon westlich (in Wahrheit aber sehr chinesisch). Hundert Millionen Chinesen sollen einen Internet-Zugang besitzen, Millionen reisen als Touristen ins Ausland, fast 600.000 chinesische Studenten haben seit 1984 im Ausland studiert[60] und Zehntausende betreiben Handelsgeschäfte im Ausland. Sie alle sehen in Europa, Amerika, Japan und vielen anderen demokratischen Ländern eine Welt, die sie zu Hause immer noch nicht kennen. Denn in Peking haben die Machthaber 1989 nicht nur eine überlebenswichtige Lektion gelernt, sondern sie auch bis heute, trotz aller, im Vergleich zu damals geradezu revolutionären Änderungen, nicht vergessen: Niemals solche Zugeständnisse machen, die zu einer organisierten Opposition im Lande führen könnten! Ihr Euphemismus dafür lautet: Bewahrung der *Stabilität und Einheit*. Und: Die einzigen, die das schaffen können, sind wir, die Führer der Kommunistsischen Partei.

Auch unterhalb der Schwelle, eine Oppositionspartei zu organisieren, ist heute in China noch sehr vieles verboten – gleichwohl findet es täglich, auch ganz offen auf den Straßen der großen Städte statt. Zahlreiche chinesisch sprachige Bücher aus Hongkong oder Taiwan dürfen im Lande nicht erscheinen, einige davon, wie eine vernichtende Biographie des einstigen Premiers und Mao-Satrapen 周恩来 Zhou Enlai – bis heute als der *gute Premier* des Volkes eine heilige Ikone des Regimes – oder die jüngste Mao-Biographie der in England lebenden chinesischen Autorin Jung Chang (张戎 – Zhang Rong, sprich: Dschang Rung, mit englischem *r* wie in *right*), aber auch die erwähnten Bücher über Zhao Ziyang mit dessen Schilderung der parteiinternen Intrigen, die 1989 zu seinem Sturz führten, gehören dazu. Wer sie im Gepäck hereinbringt, bekommt sie weggenommen, wenn der Zoll kontrolliert.

Indes: Alle diese Bücher bieten zur gleichen Zeit Straßen-Höker in billigen Kopien an. In China noch einmal abgeschrieben oder eingescannt, dann gedruckt und unter Phantasie-Verlagsnamen mit gefälschten Lizenz-Nummern versehen, liegen sie für umgerechnet ein bis zwei Euro auf den Bürgersteigen der Städte oder auf den Pritschenwagen der Höker zum Verkauf aus. Trotz der mit unermesslichem Geld- und Personalaufwand (und komplett westlicher Technik!) installierten Kontrollen und der beständigen Zensur des chinesischen Internet tauchen immer wieder unliebsame Texte auf, finden Nutzer Wege, die Blockaden zu umgehen und Unerwünschtes zu verbreiten.

Selbst die chinesische Presse ist heute lesbarer als den Machthabern manchmal lieb ist. Zum einen, weil sie die Grenzen etwas weiter gezogen haben, zum anderen aber, weil einfach vieles durchrutscht. Zensiert und kontrolliert sind sämtliche Medien; aber es sind im Druckbereich heute so zahlreiche Titel auf dem Markt, dass eine zentralisierte Vorab-Kontrolle allein wegen der Masse gar nicht mehr möglich ist. Das dafür zuständige 中宣部 Propagandaministerium der KP (die Partei hat wirklich ein eigenes Ministerium, es untersteht nicht der Regierung) und die Zensurbehörde, das 新闻出版总署 *Staatliche Hauptamt für Presse- und Verlagswesen*, können die Textmengen gar nicht mehr bewältigen. Erst hinterher, wenn unliebsame Berichte bereits erschienen und gelesen sind, greifen sie zu, entlassen Redakteure, sorgen dafür, dass sie zu hohen Gefängnisstrafen verurteilt werden oder schließen die Zeitungen für einige Wochen oder für immer. Dies geschah im September 2004 der Zweimonats-Zeitschrift 战略与管理 *Strategy & Management*, einem angesehenen Diskussionsforum von die Regierung beratenden Intellektuellen. Begründung: Die Redaktion hatte einen (vor allem im Ausland) aufsehenerregenden kritischen Artikel über das nordkoreanische Regime abgedruckt, mit dem die Pekinger Führung sich in enger Freundschaft verbunden fühlt. Der Artikel war freilich bereits erschienen.

Seit seiner Machtübernahme 2003 ließ der heutige Partei- und Staatschef Hu Jintao vermutlich mehr Journalisten und Internet-Kommentatoren verhaften und Zeitungen schließen als sein Vorgänger in seiner gesamten 15-jährigen Amtszeit. Die Ursache dafür ist freilich nicht eine verschärfte Unterdrückung, auch wenn es so scheinen mag, sondern die Tatsache, dass sich mehr Chinesen heute mehr trauen als noch vor zehn Jahren. Der Untertanengeist nimmt ab.

So enthüllte zum Beispiel das Provinzblatt 湖南商报 *Hunan* [Provinz im Süden Chinas] *Handelszeitung* im August 2005, wie lokale Behörden der Provinz 河南 Henan Bergwerksunglücke dadurch vertuscht hatten, dass sie zur Recherche angereiste Journalisten mit Geldbeträgen bestachen (das gibt es), so dass diese *nicht* darüber berichteten. *Wofür Journalisten in Henan sich bestechen ließen*, überschrieb das Blatt seinen Bericht und enthüllte alle Details, die der Redakteur herausbekommen hatte, inclusive der Information, wieviel Geld jeder bekommen und dass die Behörde für die Aktion insgesamt 200.000 Yuan (20.000 Euro) ausgegeben hatte. Erst nach der Veröffentlichung des Artikels erfuhren die Zensoren davon und zogen die Bremse: Sie schlossen die Handelszeitung.[61]

Nicht ganz so glimpflich für die Redakteure ging es in der Südprovinz 广东 Guangdong aus. Eine der vielen dortigen Tageszeitungen, die 南方都市报 *Southern Metropolis News* hatte sich seit dem Frühjahr 2003 einen Namen in ganz China durch Enthüllungen im Zusammenhang mit der von den Behörden gerade dieser Provinz (aber auch der Zentralregierung) vertuschten Ausbreitung der Lungenseuche Sars gemacht. Im gleichen Jahr hatte das Blatt auch aufgedeckt, wie der Student 孙志刚 Sun Zhigang von der Polizei der Stadt 广州 Kanton willkürlich verhaftet und anschließend in seiner Zelle erschlagen worden war. Und im Frühjahr 2004 berichtete *Southern Metropolis* von erneut geheim gehaltenen Ausbrüchen der Sars-Seuche in Guangdong. Das war zuviel. Die Parteiführung Guangdongs ließ drei leitende Redakteure wegen angeblicher *Korruption* verhaften und zwei in einem verlogenen Prozess zunächst zu zwölf, später zu acht und sechs Jahren Haft verurteilen – für nichts, aber als Warnung für alle anderen.

Nicht sicher fühlen können sich auch ausländische chinesisch sprachige Journalisten und Wissenschaftler im Polizeistaat China. Es gehört nicht viel dazu, um als *Spion* oder Verbreiter von *Staatsgeheimnissen* verhaftet und zu langjährigen Freiheitsstrafen verurteilt zu werden. Zahlreich sind die Fälle, wo chinesische Mitarbeiter ausländischer Zeitungen, wie zum Beispiel 赵燕 Zhao Yan, ein Mitarbeiter der *New York Times* in Peking, in dieses erbarmungslose Partei-Räderwerk gerieten. Er wurde im September 2004 verhaftet und sitzt seither unter der Beschuldigung, *Staatsgeheimnisse* verraten zu haben, an unbekanntem Ort fest. Das (von der *New York Times* vermutete) *Staatsgeheimnis*: Zhao Yan soll sein Wissen um den bevorstehenden Rückzug des einstigen mächtigsten Mannes Chinas, Jiang Zemin, vom Amt des Vorsitzenden der Militärkommission verbreitet haben – ein paar Tage, bevor dies die staatliche Nachrichtenagentur tat, es also noch ein *Staatsgeheimnis* war.

Die Ursache für solche, 2004 und 2005 deutlich vermehrt aufgetretenen Unterdrückungsmaßnahmen liegt im stetig zunehmenden Mut von immer mehr Intellektuellen, die die Gängelung und die Ungerechtigkeit der chinesischen Klassengesellschaft nicht mehr ertragen.

Zu diesen Menschen gehören auch viele Anwälte. Es waren sogar Pekinger Rechtsvertreter, die im Winter 2004/2005 in Offenen Briefen gegen die Verhaftung der beiden *Southern Metropolis*-Redakteure protestierten. Sie analysierten darin das von der Parteiführung Guangdong beim Gericht bestellte Urteil und ließen kein gutes juristisches Haar daran. Selbst ein ehemaliger Gouverneur der Provinz Guangdong protestierte öffentlich gegen das Urteil. Alle diese Chinesen stellten sich damit ganz offen gegen den Provinzchef von Guangdong, 张德江 Zhang Dejiang, der seit zehn Jahren im Zentralkomitee der Staatspartei sitzt und im Falle der *Southern Metropolis* seinen ganz persönlichen Rachegelüsten gegen die zwei Redakteure nachgeht. Im Sommer 2005 erreichte die Kampagne zur Wiederaufnahme des Prozesses und Aufhebung des Unrechtsurteils einen neuen Höhepunkt: 2.300 chinesische Journalisten unterschrieben Anfang Juni einen Offenen Brief an das Gericht und forderten Gerechtigkeit – in deutlichen Worten:

> *„Dass wir uns heute mit diesem Brief an Sie wenden, beruht auf folgenden Tatsachen und unseren Überzeugungen:*
>
> *... Der Fall Southern Metropolis ist eine Rechtsbeugung! 喻华峰 Yu Huafeng und 李民英 Li Minying [die beiden zu acht Jahren Haft verurteilten Chefredakteure] sind unschuldig! Wir werden im Auftrag unserer Kollegen daran festhalten und weiterhin dafür eintreten, ja unaufhörlich und laut schreien, dass der Rechtsbeugung namens Southern Metropolis Gerechtigkeit widerfährt. Diesen Weg werden wir bis zum Ende gehen. Wir sind überzeugt, dass der Fall Southern Metropolis sowieso früher oder später geklärt wird. Wir meinen aber: Je früher desto besser. Noch haben wir unser Vertrauen nicht ganz verloren, dass auch der Staat für Recht und juristische Fairness eintritt ... Warum erfährt das Schicksal der direkt Betroffenen dieses Falles eine so tiefe Anteilnahme? Der Grund ist sehr einfach: Weil Yu Huafeng und Li Minying für die Verbreitung einer modernen Zivilisiertheit eintreten und dafür ungerecht, unfair, gefühllos, unvernünftig und illegal bestraft wurden. Die Menschen sehen diese Ungerechtigkeit und akzeptieren sie nicht. Sie erheben laut ihre Stimmen ... Macht kann vielleicht die Wahrheit eine Weile niederdrücken, aber die Stimmen der Gerechtigkeit werden zu einem Ozean zusammenfließen! ... Seit dem 17. Dezember 2003 haben wir alle jede Minute auf die Gerechtigkeit gewartet und waren immer sicher, dass sie kommen wird. Wir erwarten vom Obersten Gericht der Provinz Guangdong, dass es sich aktiv und mit Ergebnissen für die Würde des Rechts einsetzt.“*[62]

Viel Mut gehört zu solchem öffentlichen Aufstehen gegen die absolute Macht. Er ist in China heute vorhanden.

Offensichtlich sind Chinesen dabei, erstmals ihren uralten, scheinbar ehernen konfuzianischen Grundsatz zu verlassen: 不要管闲事 – *kümmere dich bloß nicht um Sachen, die dich nichts angehen!* Das gleiche tun seit ein, zwei Jahren jene Anwälte, die in den Provinzen Bauern unterstützen, die sich ihrerseits zu Zehntausenden gegen die Willkür der lokalen Parteifunktionäre wehren, die ihr Land konfiszieren, um Villenanlagen, Golfplätze, Industriegebiete oder Autobahnen darauf zu bauen (woran sie persönlich gut verdienen) –, ohne den Enteigneten, ihrer Lebensgrundlage beraubten, auch nur eine Entschädigung auszuzahlen. Einige Anwälte helfen ihnen, Petitionen und Eingaben zu verfassen, die manchmal sogar die Absetzung solcher Machthaber fordern. Andere vertreten städtische Bewohner in Shanghai, die von Immobilien-Spekulanten zum Beispiel mit Hilfe von Schlägerbanden aus ihren Wohnungen vertrieben werden. Wieder andere in der Provinz 陕西 Shaanxi (sprich: Schaan-hsi) kleine Anteilseigner an Ölquellen, die die lokalen Funktionäre, als sie erkannten, dass dort Geld zu machen ist, einfach enteigneten.

Das Leben solcher Berater ist allerdings sehr gefährlich, denn sie betreten ein Gebiet ohne Wiederkehr: Sie organisieren eine Opposition zur allmächtigen Staatspartei. Hier hört die Nachsicht definitiv auf, hier gilt das Gesetz der *Stabilität*, das heißt der Machterhaltung. In der Regel werden sie eines Tages verhaftet, ihre Büros durchsucht, die Computer und Akten beschlagnahmt. Dann hört man lange nichts mehr von ihnen bzw. nur noch in Pressemitteilungen von *amnesty international* oder Organsiationen wie *Human Rights in China*. In die europäische Tagespresse schaffen sie es schon lange nicht mehr.

Der mutigste Mann aus diesen Reihen und vermutlich auch ein Vorbild für viele andere ist der Arzt 蒋彦永 Jiang Yanyong (sprich: Djang Yän-yung), der im Frühjahr 2003 öffentlich gegen die gesamte Herrschaftselite Chinas aufstand – und dabei auch noch erfolgreich war.

Nachdem schon Ende 2002 in Südchina Menschen an einer zunächst unbekannten, später Sars (*severe acute respiration syndrome*) genannten, sich wie eine Seuche verbreitenden, tödlichen Krankheit gestorben waren, hatten die Provinz- und zentralen Behörden Chinas ihre Hauptanstrengungen darin gesetzt, dies nicht bekannt werden zu lassen. Sie nahmen ganz pragmatisch an, dass sich andernfalls Investoren und ausländische Touristen aus Angst vor Ansteckung nicht mehr nach China aufmachen würden und ihnen so Geld- und Kapitalzuflüsse entgingen.

Ihre Vertuschungspolitik war ein gefährliches Spiel mit dem Feuer – nicht nur für China, sondern sogar für die Welt, denn Träger des Krankheitserregers waren so außer Landes gekommen und hatten ihn (unwissentlich) auf Menschen in Hongkong und Kanada übertragen. Als der Gesundheitsminister sich im April 2003 vor die erst nach Monaten aufmerksam gewordene internationale Presse stellte und berichtete, dass alles

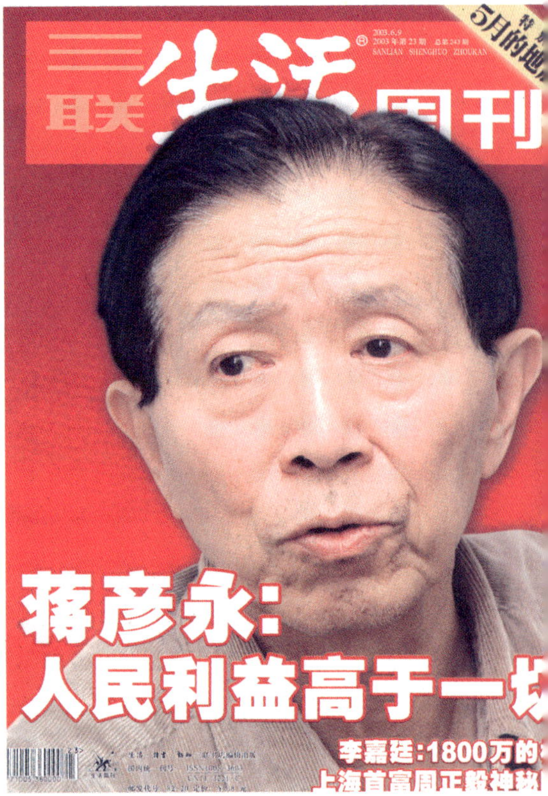

Pekinger Wochenmagazin „Life Weekly" mit dem Porträt des 蒋彦永 Dr. Jiang Yanyong. Text: Den Nutzen des Volkes über alles stellen. Quelle: Johnny Erling

unter Kontrolle sei, es nur wenige Tote gebe, schrieb Dr. Jiang einen Bericht an das chinesische Fernsehen. Darin machte er darauf aufmerksam, dass in seinem Krankenhaus allein bereits mehr Menschen an Sars gestorben waren, als der Minister für das gesamte Land angegeben hatte. Doch nichts geschah, die *gleichgültigen* Untertanen beim Fernsehen unterdrückten die Nachricht.

So wendete sich Dr. Jiang mit seinem Wissen an ausländische Korrespondenten, und das verantwortungslose Handeln der Machthaber kam in die Öffentlichkeit. Der Partei blieb nichts anderes übrig, als die Flucht nach vorne zu ergreifen. Sie entließ den Gesundheitsminister, einen persönlichen Freund der ehemaligen No. 1, Jiang Zemin, und einen Pekinger Bürgermeister und begann, die Verbreitung der Krankheit zu bekämpfen. Am Ende hatte sie rund 600 Tote gefordert.

Die chinesischen Medien feierten Dr. Jiang als *mutigen Helden des Volkes*, sein Bild erschien groß auf den Titelseiten. Und es geschah ihm nichts, denn die Machthaber kämpften, erstmals seit 1989 wieder ums Überleben. Eine Bestrafung des Jiang Yanyong für seine ungeheuerliche Tat hätte einen Proteststurm ausgelöst. Die Berichte über ihn verschwanden allerdings bald aus der Presse, und er geriet in Vergessenheit.

Ein Jahr später aber schrieb er erneut einen Offenen Brief, diesmal an den Nationalen Volkskongress, das so genannte Parlament, und forderte darin die Rehabilitierung der Demonstranten des 4. Juni 1989. In bewegenden Worten schilderte er, wie er selbst damals als Arzt Zeuge der Niederschlagung der Jugendlichen geworden war, und daß sie recht gehabt hätten.[63] Zu diesem Zeitpunkt freilich saßen die Machthaber wieder fester im Sattel, und die Folgen für Dr. Jiang waren sehr ernst: Er verschwand, mitsamt seiner Frau verhaftet, für Monate von der Bildfläche. Inzwischen ist er wieder zu Hause – überwacht und von der Öffentlichkeit abgeschnitten.

Das Bild des Herrschaftssystems in China ist heute das eines schizophrenen Landes. Es steht offen zur freien Welt der selbstbewußten und reichen Bürger des *Westens*, alle Ideen und Moden, vor allem die verrücktesten, saugen die urbanen Chinesen auf: Im Herbst 2005 erschütterte der TV-Wettbewerb des Provinzsenders in Hunan namens *Super Girl* – eine Adaption von Sendungen wie *Deutschland sucht den Superstar* – das ganze Land, selbst die Einschaltquoten des Zentralfernsehens fielen hinter die von *Hunan TV* zurück. Auch Ernsthaftes, was Intellektuelle im Westen diskutieren, bewegt Chinesen dieser Schicht. Gleichzeitig jedoch ist den Machthabern westliche Kultur immer noch (und sicher zurecht) als subversiv höchst verdächtig. Einerseits ist alles verboten, was Licht in das dunkle System des Geheimbundes namens Kommunistische Partei Chinas bringen würde, aber andererseits liegen entsprechende Publikationen aus Hongkong und Taiwan als Kopien öffentlich auf den Straßen zum Verkauf. Eine sehr kritische und größtes Aufsehen erregende Untersuchung zur verzweifelten Lage der Bauern, die 2002 erschien (und die Namen der sie ausplündernden und schuriegelnden lokalen Funktionäre im Klartext benannte), wurde verboten, die Verfasser blieben jedoch unbehelligt – abgesehen von einem im Buch genannten Funktionär, der seinen guten Namen verunglimpft sah und die Autoren vor Gericht verklagte.[64] Doch der Bericht war weiter in den Buchhandlungen erhältlich und im Sommer 2004 lag das Buch stapelweise (als Nachdruck) erneut in einer Pekinger Buchhandlung. Der Text ist auch im chinesischen Internet allenthalben verfügbar.

Mittlerweile hat das Regime selbst die gewalttätigen Demonstrationen der Bauern in den Provinzen, die um ihr Überleben kämpfen, quasi legalisiert: es handele sich um *Widersprüche im Volk*, heißt es, was bedeutet, dass die Bauernaktionen nicht als gegen die Partei gerichtet gesehen werden, sondern nur gegen gewisse negative Auswirkungen der Modernisierung. Sie dürfen also weiter kämpfen.

Die Linie, jenseits derer diese Schizophrenie aufhört und die *Widersprüche zwischen uns und dem Feind* beginnen, verläuft heute dort, wo Gebildete, die eigentlich der Oberschicht angehören, sich mit dem gemeinen Volk verbinden, wo Anwälte Bauern oder aus ihren Wohnräumen vertriebene Städter organisieren und erst recht dort, wo Intellektuelle eine politische Organisation gründen, und sei es auch nur eine Gruppe, die gegen die unerträgliche Umweltverschmutzung vorgehen will – wie im Oktober in der Stadt 杭州 Hangzhou (sprich: Hang-dscho). Dann schlägt die Staatspartei erbarmungslos zu, die Initiatoren gehen manchmal für Jahre in die Gefängnisse.

Die Furcht vor einer unkontrollierbaren Organisation ist so groß bei den Machthabern, dass selbst unpolitische, nur dem seelischen Wohl ihrer Mitglieder verpflichtete Gruppen wie christliche Kirchen – protestantische und katholische – strenger Überwachung unterliegen. Es ist ihnen, wie überhaupt jeglicher Organisation in China, zum Beispiel auch den Handelskammern der ausländischen Kaufleute im Land, strikt verboten, organisatorische Verbindungen außerhalb Chinas zu unterhalten oder gar ein Oberhaupt wie den Papst in Rom anzuerkennen. Nur unter dieser Bedingung können die Kirchenmitglieder ihren Glauben einigermaßen frei von staatlich-parteilicher Einmischung als 爱国基督教 *patriotische katholische Kirche* (5,3 Millionen Mitglieder) bzw. 爱国天主教 *patriotische protestantische Kirche* (17 Millionen Mitglieder) ausüben. Die so genannte Untergrundkirche der Katholiken oder die sich selbst organisierenden Hauskirchen der Protestanten unterliegen derweil scharfer Verfolgung, weil sie sich dem Einfluss des Parteistaates zu entziehen suchen. Dies trifft insbesondere auf die den *ausländischen* Papst als Oberhaupt anerkennende katholische *Untergrundkirche* zu, denn die Pekinger Führung weiß genau um den Einfluss, den Papst Johannes Paul II auf die Entwicklung der unabhängigen Gewerkschaftsbewegung in Polen hatte, die den Anfang vom Ende der kommunistischen Parteiherrschaft dort und letztlich im gesamten Ostblock bewirkt hatte.

Sogar offensichtlichen Unsinn glaubende, ansonsten aber völlig harmlose Menschen wie die Mitglieder der 法轮大法 *Falungong* (sprich: Fa-lun-gung)-Bewegung unterliegen gnadenloser Verfolgung, seitdem die Machthaber erkannten, dass sie sich unter den allgegenwärtigen Augen ihres Geheimdienstes in den neunziger Jahren zu einer eigenständigen Organisation entwickelt hatten. Der Gründer, ein ehemaliger chinesischer Beamter, hatte Elemente des Buddhismus, des traditionellen chinesischen Volksaberglaubens Daoismus sowie des 气功 Qigong (sprich: tji-gung), einer mystizistischen Bewegungstherapie, zusammengemischt und damit Millionen von Anhängern in ganz China gefunden. Bis zum Frühjahr 1999 praktizierten die Mitglieder in Gruppen in aller Öffentlichkeit, an der Straße und in Parks ihre Übungen, von denen sie sich Gesundheit, Glück und langes Leben versprachen.

Als sie Ende 1998 lokal ersten Behinderungen ausgesetzt waren, organisierte die Falungong-Führung am 25. April 1999 eine Demonstration von 15.000 Anhängern in Peking. Die Demonstranten umstellten das Bürogebiet 中南海 Zhongnanhai (sprich: dschung-nan-hai) der Partei- und Staatsführung westlich des Kaiserpalastes und blieben schweigend, ohne Protestplakate, mehrere Stunden vor den Toren und Mauern des obersten Machtzentrums stehen. Die Herrscher drinnen waren entsetzt zu erkennen, dass der gewaltige organisatorische Aufwand, mit dem 15.000 Menschen aus ganz China in die Hauptstadt gebracht worden waren, ihrem Überwachungssystem offenbar entgangen war. Nach kurzem Zögern und mehrwöchiger Vorbereitung ging dann im Sommer 1999 eine gewaltige Propaganda-Kampagne im Stil der 60er Jahre über Falungong nieder, begleitet von zahllosen Verhaftungen der politisch gänzlich harmlosen Mitglieder (zu denen freilich auch hohe und sehr hohe Parteikader gehörten, auch diese glauben an die traditionell-chinesischen Elixiere des Glücks und langen Lebens). Wer nicht abschwor, verschwand im Gefängnis, wo nicht wenige umkamen: Falungong ist bis heute in China Freiwild, gleichwohl ist die Bewegung immer noch vorhanden.

Andere, an traditionelle chinesische Geheimgesellschaften anknüpfende Organisationen gibt es noch zahlreiche, ihre Mitglieder zählen Millionen. Und selbst die christlichen Kirchen, die jahrhundertelang keine Chance in China hatten, weil ihre Ideologie dem traditionellen Denken völlig fremd war, haben seit einigen Jahren Zulauf. Die Gesamtzahl der Mitglieder ist freilich mit etwa 30 Millionen verschwindend gering und macht nur zwei Prozent der chinesischen Bevölkerung aus. Das Volk hat genug von der Parteipropaganda, die heute niemand mehr in China glaubt. Es sucht geistigen Freiraum, den es im politischen Bereich nicht oder nur unter persönlicher Gefahr findet. Für den Zusammenhalt des politischen Systems ist das eine gefährliche Mischung, auf die der Propagandaapparat mit einem neuen, auch für die Außenwelt nicht ganz ungefährlichen Angebot reagiert.

Nationalismus

Die Führung weiß, dass ihre Herrschaft keine Legitimität besitzt und stürzt, sobald sich oppositionelle Kräfte frei organisieren dürfen. Sie weiß auch, woher die aufsässigen Verhaltensweisen kommen: aus dem Westen, und sie fürchten eine *Solidarnosc* ebenso wie die moderneren, in China als *Farben-Revolutionen* bezeichneten Bewegungen, die in Georgien (Samt), der Ukraine (Orange) und im benachbarten Kirgistan (Tulpen) 2003 bis 2005 die alten Diktatoren stürzten. Sie sucht solche Bewegungen deshalb schon im Keim zu ersticken. Partei- und Staatschef Hu Jintao sprach im Herbst 2004 vor dem versammelten Zentralkomitee darüber, als er das Amt des Vorsitzenden der Militärkommission der Partei gerade übernommen hatte und sozusagen seine Antrittsrede als Chef der bewaffneten Verbände der Partei hielt:

> *„Seit einiger Zeit attackieren feindliche Kräfte im Ausland ohne jede Rücksichtnahme die Führer unseres Staates und unser politisches System. Und hier im Inland? Da posaunen die Medien etwas von einer Reform des politischen Systems und propagieren die parlamentarische Demokratie der westlichen Kapitalistenklasse, hissen die Fahne der Menschenrechte, der Pressefreiheit, verbreiten bürgerlich-liberalistische Standpunkte ... Gegen diese Abirrungen dürfen wir keinesfalls mit leichter Hand vorgehen. Vielmehr müssen wir die Kontrolle der Presse und Meinungen verstärken. Wir werden dem falschen Denken und den irrigen Standpunkten keine Kanäle schaffen. Wenn politische Probleme auftreten, müssen wir sie hart angehen, nicht nur kurz anbraten. Das macht uns ja sonst zum Gespött der Leute ... Das von Amerika angeführte internationale Monopolkapital hat die Sowjetunion und die KPdSU gestürzt. Sein Hauptwerkzeug dazu war das*

öffentliche Bewusstsein, durch das sie ihre Hände hereinbekamen. Die Auflösung der Sowjetunion, der Sturz der KPdSU sind keineswegs Ergebnisse des Scheiterns von Marxismus und Sozialismus. Das Grundübel lag vielmehr in der erst schrittweisen Abkehr, dann dem Verlassen von und schließlich dem Verrat an Marxismus und Sozialismus .... Gorbatschow heißt der Erzverbrecher, der den Umsturz in der Sowjetunion und in Osteuropa herbeiführte. Er ist ein Verräter am Sozialismus und keineswegs ein verdienstvoller Mann. ... Gerade Gorbatschow war es doch, der mit Glasnost und Perestroika die sowjetische Partei und das sowjetische Volk ins gedankliche Chaos stürzte. Unter dem Angriff seiner Verwestlichung und bourgeoisen Liberalisierung lösten sich sowjetischer Staat und sowjetische Partei auf. Genau das war die letztliche Ursache für die inneren Probleme der KPdSU."

Nur wenige Tage nach dieser (internen) Antrittsrede sprach die neue No. 1 Chinas vor den Teilnehmern einer Konferenz des parteieigenen Propagandaministeriums, bei der es um die Ausrichtung der Medien im Sinne der Führung ging. Hier wurde Hu Jintao sehr direkt:

„Bei der Kontrolle des ideologischen Bewusstseins wollen wir von Kuba lernen und von Nordkorea. Die Wirtschaft in Nordkorea steht zwar vor einigen vorübergehenden Problemen, aber politisch sind die Genossen immer korrekt gewesen."[65]

Freilich weiß sicher auch die Führung der Staatspartei, dass Verhaftungen allein das Problem ihrer nicht vorhandenen Legitimität, chinesisch besser: ihres *Mandats des Himmels*, lösen kann. So sucht sie seit Jahren nach erleuchtenden Gründen, warum sie allein die Macht behalten sollte, obwohl sie das Land doch nicht nur aus Sicht seiner Bewohner, sondern auch aus Sicht ausländischer Beobachter, wie der oben angeführten unabhängigen Experten der Bertelsmann Stiftung, der Weltbank und der Wirtschaftsprüfer von PriceWaterhouse-Coopers nicht besonders gut regiert. In der Rede des Staats- und Parteichefs ist die Verteidigungslinie der KP-Führung jedoch bereits deutlich dargelegt: Da es *feindliche Kräfte im Ausland* gebe, *anti-chinesische Kräfte* genauer gesagt, müsse die Nation hinter ihr zusammenstehen. China muss sich ständig gegen das Ausland – Europa, Amerika, Japan – wehren. Seit den Opiumkriegen des 19. Jahrhunderts ziele das Ausland auf die Unterwerfung des Landes.

Tatsächlich können sich die Machthaber auf dem Gebiet des chinesischen Nationalismus immer noch sicher fühlen. Wenn sie diese Klaviatur betätigen, müssen sie nicht einmal besondere Strategien entwickeln, denn die Überzeugung, Opfer des Auslands zu sein, ist eine Weltsicht, die sie mit fast allen Chinesen teilen. Statt zu sagen, wie der Taiwan-Chinese 柏杨杨 Bo Yang in seinem bekannten Buch 丑陋的中国人 *The Ugly Chinaman*, dass der Einbruch Europas in China durch die Opiumkriege ein *Glück* für das Land war, dessen männliche Bewohner sonst womöglich noch die Mandschu-Zöpfe trügen, die Frauen ihre Füße verkrüppelten und alle die beschränkt-arrogante Weltsicht jener Zeit hätten, nicht einmal wüssten, wo England liegt, pflegen die immer noch beleidigten Chinesen lieber die Opferrolle: China wurde und wird vom Ausland immer ungerecht behandelt, weshalb es stark, stets auf der Hut sein und sich wehren müsse.

Dieses Denken ist auch dem größten Teil der intellektuellen Bevölkerung inzwischen in Fleisch und Blut übergegangen. Eines ihrer nicht nur kommerziell erfolgreichen, sondern eine bis heute aktive Schule begründenden Bücher erschien 1996. Es ist noch heute im chinesischen Internet präsent. Und wie: Eine google-Suche brachte Anfang November 2005 beeindruckende 28.700 Treffer.

Der Buchtitel: 中国可以说不 – *China kann Nein sagen.* Zu wem? Zur ganzen Welt.

An diese Geisteshaltung knüpft Hu Jintao in seiner Rede an. Er stützt sich dabei auch darauf, dass die chinesische Welt tatsächlich bis heute, trotz ihrer weiten Öffnung zur europäischen Kultur, ein Planet für sich ist, kaum kompatibel mit dem europäischen. Und nichts zeigt uns so gut Chinas Fremdheit wie die Schriftzeichen, mit denen seine Bewohner ihre Kommunikation betreiben. Die rätselhaften Symbole verbergen Außenstehenden vollkommen das Denken und die Kultur dieser Gesellschaft, die sich gänzlich unabhängig von Europa über die Jahrhunderte einschliffen, so dass es unmöglich ist, außer in den Naturgesetzen Gemeinsamkeiten zu finden – eher schon das Gegenteil der alltäglichen Dinge, die uns vertraut sind und europäische Kultur ausmachen.

Dies trifft keineswegs nur auf die Musik zu, deren chinesische Fünf-Ton-Variante sie für europäische Ohren schnell langweilig oder als *Peking-Oper* unerträglich werden lässt. Auch banale Dinge sind in China geradewegs anders herum: Chinesen finden nicht, dass sie wie Europäer *auf der Erde* leben, sondern sehen es aus der entgegengesetzten Perspektive: 天下 *unter dem Himmel.* Sie schrieben ursprünglich (die Partei hat es in den fünfziger Jahren verboten) von rechts nach links und überdies vertikal, von oben nach unten, so dass ihre Bücher aufhörten, wo europäische anfingen. Sie zählen mit den Fingern, indem sie sie wegkrümmen, anstatt sie wie Europäer auszustrecken. Sie setzen den Ehrengast links vom Gastgeber, nicht rechts. Ganz im Sinne des Konfuzius sagen sie 铜臭 – *Geld stinkt*, was römische Kaiser gerade nicht fanden. Ihre Philosophien waren pragmatisch nur auf die Bewältigung des Lebens ausgerichtet, nicht wie die griechischen auf die Erkenntnis der Welt. Ein Gemeinplatz der inter-kulturellen China-Beratung in Deutschland lautet: Chinesen könnten nicht *Nein* sagen. Stimmt aber gar nicht: Chinesen lieben es geradezu, in der Negation zu sprechen und lieber eine doppelte Verneinung zu benutzen, wenn sie etwas stark bejahen: 我不得不 sagen sie: *Ich muss* – wörtlich jedoch: *Ich kann nicht nicht* ... Das Denken ist grundlegend anders in jener Welt.

Bis heute leben Chinesen auf diesem nur ihnen zugänglichen Planeten und kümmern sich wenig um das, was um sie herum vorgeht. Nirgends kommt dies so überzeugend zum Ausdruck wie in der Bezeichnung, die sie, in Paris, London oder Berlin lebend, für die Franzosen, Briten oder Deutschen dort verwenden: *Ausländer* sagen sie zu den Einheimischen und zeigen so, dass überall dort, wo sie sind, *China* ist – selbst da, wo doch sie die Ausländer sind. Dahinter steht nichts anderes als die alte Auffassung des 天下 *Alles unter dem Himmel* … ist China.

Chinesen sind auch sehr stolz auf ihre *alte Kultur*, die in Wirklichkeit jünger ist als die griechisch-europäische. Tief in ihren Herzen sitzt auch weiter die feste Überzeugung aller *Söhne des Himmels*, dass ihre Welt, ihre Kultur nicht nur älter ist als die Europas, sondern dieser letztlich sogar überlegen. Leider mangelt es, wie die verlorenen Opiumkriege und das ganze Jahrhundert danach auch ihnen bewiesen, an den Mitteln, dies der Welt auch zu zeigen. So jagte und jagt die herrschende Schicht ständig dem ersten Rang in der Welt nach, den sie paradoxerweise aber im westlichen Fortschritt sieht. Mao rief Ende der fünfziger Jahre dazu auf, Amerika und England in der Stahlherstellung *einzuholen*, und heute ist man immer noch versessen darauf, es der Welt zu zeigen: bei den olympischen Goldmedaillen, bei sportlichen Weltrekorden, bei der Zahl der Mobiltelephone (377 Millionen), beim Wirtschaftswachstum von neun Prozent, bei Erdumkreisungen chinesischer Astronauten und der für etwa 2020 vom Chefingenieur der Raketen, 姜景山 Jiang

Jingshan, ernsthaft angekündigten Mondlandung.[66]

Und wehe, ein Außenstehender vergreift sich an diesem *China*! Dann schlägt die freundliche Stimmung umgehend in Zorn, ja irrationalen Hass um. Diese Erfahrung machten im Frühjahr 1999 alle Europäer und Amerikaner in Peking, Shanghai oder Kanton, als Nato-Raketen im Kosovokrieg versehentlich die chinesische Botschaft in Belgrad zerstörten und drei Chinesen töteten. Ein Versehen? Das glaubt kein einziger Chinese. Eine anti-chinesische Verschwörung zum Niederhalten Chinas? Das glauben, nein: das wissen alle. Eine aufgebrachte Menge warf Pflastersteine auf die US-Botschaft in Peking, eine andere stürmte das deutsche Generalkonsulat in Kanton. Taxifahrer fixierten den Verfasser durch den Rückspiegel mit böse blickenden Augen und fragten: *Bist Du Amerikaner? Du bist besser kein Amerikaner.* In den Büros der ausländischen Firmen fror die sonst liebenswürdige Stimmung zwischen *Expat* und fügsamen chinesischen Mitarbeitern ein. Von heute auf morgen zerriß das Tuch des jahrelangen freundlichen Umgangs, und wenn nicht die Partei selbst die Emotionen gebremst hätte, wenn China eine freie Gesellschaft gewesen wäre, wo sich auch chauvinistische Organisationen betätigen könnten, dann wäre es sehr ernst für die Ausländer geworden.

Die Kehrseite dieser sehr leicht aufflammenden heftigen Erregung ist freilich die ebenso leicht einsetzende Enttäuschung, weil wieder mal etwas nicht geklappt hat, zum Beispiel, dass die Fußball-Nationalmannschaft die Qualifikation zur Weltmeisterschaft in Deutschland verpasst hat. Dann seufzen sie aus tiefstem Herzen den Satz: 哎啊, 中国不行 – *Oh je, China schafft es einfach nicht* ... und lassen dabei das sonst übliche, besonders starke Gemeinschaft betonende 咱们 *unser* [China]... weg.

Den Nationalismus kultivierten chinesische Intellektuelle erst spät, im Jahre 1919, als die chinesische Siegermacht des Ersten Weltkrieges von den europäischen Mächten in Versailles um ihre Früchte des Sieges betrogen wurde.[67] Seine Quelle war das Empfinden einer tiefen Ungerechtigkeit, die eine so große Kultur wie China nicht verdient hat. (Sie übersehen, dass diese *große Kultur* nichts hervorgebracht hatte, was den sehr wenigen europäischen Soldaten im Land etwas Wirkungsvolles entgegensetzen konnte.) Seither ist ein chinesischer Nationalismus in der Welt, der sich aus dem Gefühl speist, keine Anerkennung zu finden, ja von Feinden umgeben zu sein. Das schlägt leicht in irrationale Fremdenfeidlichkeit um.

Die totalitäre Bewegung der Kulturrevolution fußte zu Teilen darauf. Zahllose Ausländer, die damals schon seit Jahrzehnten in China lebend, zum Teil sogar mit chinesischer Staatsbürgerschaft ausgestattet immer zur Kommunistischen Partei gehalten hatten, waren plötzlich verdächtig, galten als *Spione* und saßen jahrelang – ohne Urteil natürlich – in schlimmsten Gefängnissen. Das machte aber nichts, es waren verdächtige Ausländer.

Der so genannte *Verrat von Staatsgeheimnissen* ist bis heute das schlimmste Verbrechen, und ein *Staatsgeheimnis* ist alles, was Einblick in die innere Welt der Chinesen gewährt, vor allem in die Aktivitäten der herrschenden Partei, und seien sie noch so lange her: vierzig Jahre alte, als *intern* deklarierte Schriftstücke aus der Kulturrevolution zum Beispiel, für deren Erwerb zu Studienzwecken der Forscher und Bibliothekar 宋永毅 Song Yongyi, ein US-Bürger chinesischer Abstammung, im August 2000 verhaftet, monatelang festgehalten und erst nach erheblichen Protesten vieler ausländischer Professoren abgeschoben wurde. Man kann es kaum glauben, wenn man hört, dass im Oktober 2000 ein Hongkonger Akademiker namens

徐泽荣 Xu Zerong (sprich: Hsü Dsö-rung, englisches *r* wie in *right*) verhaftet und anschließend zu 13 Jahren Gefängnis verurteilt wurde, weil er in Artikeln für ein Hongkonger Magazin über den Koreakrieg (1950) und kommunistische Aufständische in Malaysia (60er Jahre) Staatsgeheimnisse verbreitet habe.[68] Und doch ist es so.

Diese Haltung gegenüber der Außenwelt ist nichts Neues, schon Lin Yutang macht sich in seiner Chinesen-Studie *Mein Land und mein Volk* über diesen Zug seiner Landsleute lustig, zumal dieser bisweilen bizarr-komische Züge annimmt. Machthaber – große wie kleine – nutzen diese Polung der Menschen deshalb schon immer gerne, um sich und ihre Untertanen in Fahrt zu bringen. Auch die heutigen. Sie hoffen, wenn schon nicht mit den Ergebnissen ihrer Politik, dann jedenfalls damit die *Massen* hinter sich zu bringen.

Im Frühjahr 2005 kam es in ganz China erneut zu sehr hässlichen und unappetitlichen anti-japanischen Ausbrüchen, die vor keiner noch so billigen Sottise zurückschreckten – über das Internet vor der ganzen Welt ausgebreitet.

小日本 – *hsjau rö-ben* sagen die Chinesen dann verächtlich – *kleines Japan*.

Verhöhnung des japanischen Ministerpräsidenten Koizumi, Frühjahr 2005 im chinesischen Internet. Der Text setzt für seinen Familiennamen (小泉 = Kleine Quelle) die gleich ausgesprochenen Schriftzeichen 小犬 ein: Kleiner Hund. Quelle: Rudolph

Das Land, das einst seine gesamte Kultur, sein Staatswesen, seine Philosophie und, *notabene*, die Schriftzeichen aus China importiert hatte und zufrieden gewesen war, Tribut-Staat des chinesischen *Himmelssohnes* zu sein, ist heute zweitstärkste Wirtschaftsmacht der Welt – sein Pro-Kopf-Einkommen liegt 30mal über dem chinesischen. Und das *kleine Japan* besiegte das *große China* schon beim ersten militärischen Konflikt 1894/95 innerhalb weniger Tage, was Chinesen bis heute nicht verwinden können. Erst recht natürlich nicht die grausame (aber ziemlich problemlose) Besetzung des chinesischen Kernlandes ab dem Ende der 30er Jahre. All das empfinden die *großen Chinesen* bis heute als unerträgliche Demütigung. Mao hatte sich zwar bei der Aufnahme diplomatischer Beziehungen 1972 für diese Besetzung beim damaligen japanischen Premier Tanaka verschmitzt bedankt: *Ohne Euch wären wir* [die KP] *heute nicht an der Macht*, sagte er wörtlich und verzichtete deshalb auf jegliche Wiedergutmachung – Japan zahlte trotzdem: bis heute mehr als 30 Milliarden Dollar. Sein Nachfolger und Vollender Deng Xiaoping besuchte Japan 1978 und war tief beeindruckt von dem, was er sah.

Doch den heutigen Machthabern ist die solide Legitimität der beiden Kaisergleichen Herrscher Mao und Deng abhanden gekommen. Sie suchen deshalb immer öfter, ihre Untertanen-*Massen* mit dem Schreckgespenst Japan hinter sich und in Gegenstellung zu den unabhängiger denkenden, potentiell gefährlichen Intellektuellen zu bringen.[69] Das ist nicht ganz unproblematisch für die Machthaber selbst, denn gefährlich ist es auch, den chinesischen *Leu* zu wecken. Sie wissen das. Wenn sie trotzdem mit diesem Feuer spielen, zeigt das nur die schwache Position ihrer Herrschaft.

China als Teil der Weltwirtschaft

China als Teil der Weltwirtschaft

Ökonomisches Potenzial

In der gegenwärtigen Wahrnehmung Chinas als der kommenden *Wirtschaftsmacht des 21. Jahrhunderts* greifen die Protagonisten gerne auf Forschungsergebnisse des Genfer Wirtschaftshistorikers Paul Bairoch zurück, der ausrechnete, daß die chinesische Wirtschaftsleistung im 18. Jahrhundert (zur Zeit der Jesuiten) bei einem Drittel der damaligen Weltproduktion gelegen habe. Europa hingegen trug damals nur 23 Prozent bei, allerdings mit erheblich geringerer Bevölkerungszahl (130 Millionen Europäer gegenüber 207 Millionen Chinesen).

Das China jener Jahre figuriert in diesen Betrachtungen als der *weltweit wichtigste und profitabelste Wirtschaftsraum.*[70] Bairoch stellte eine Tabelle zusammen, die die *regionale Verteilung der Güterproduktion der Welt* zeigen soll. Darin figuriert Chinas Anteil bis 1980 wie folgt:[70a]

Regionale Verteilung der Weltgüterproduktion, Anteile in Prozent

hr	China	Japan	Großbrit.	USA
50	33	4	2	>0
00	33	4	4	1
30	30	3	10	2
60	20	3	20	7
80	13	2	23	15
00	6	2	19	24

Zahlreiche Medienberichte und Bücher, die sich heute mit der kommenden Rolle Chinas in der Welt befassen, verweisen darauf, dass das Land im 15. Jahrundert technisch und wirtschaftlich wesentlich weiter entwickelt war als Europa. Die riesigen Überseeschiffe des Admirals 郑和 Zheng He, der zwischen 1405 und 1433 mit mehreren Groß-Expeditionen Hunderter Schiffe bis an die afrikanischen und arabischen Küsten vorgestoßen war, dienen hier als handfester Beleg für angebrachte Demut der Europäer, deren Schiffe damals viel kleiner waren und längst nicht so weit in die Welt hinaus segelten.

War China also nicht die *geschichtslose,* sich nicht entwickelnde *Mumie,* die Hegel und viele andere Zeitgenossen in China sahen? Dafür und für eine beeindruckende chinesische Kreativität und Erfindungsgabe gibt es, neben den obigen Zahlen, die das vermuten lassen, tatsächlich viele weitere Hinweise.

Teilansicht aus der Bildrolle 清明上河图 Helles Licht am Fluss (steht für einen bis heute wichtigen Totengedenktag in China, am 4. oder 5. April des Jahres) des berühmten Malers 张择端 Zhang Zeduan (sprich: Dschang Dsö-dwan, Lebenszeit unklar). Die 25 x 528 cm große Seidenmalerei zeigt in sehr detaillierter Weise das Leben am Fluss 汴 Bian (sprich: bjän) in der Hauptstadt 开封 Kaifeng der 北宋 Nördlichen Song-Dynastie (960 bis 1127). Der hier abgebildete rechte Teil zeigt das überbordende Wirtschaftsleben an einer Brücke. Auf dem Fluss große Lasten-Transportschiffe. Quelle: Rudolph.

China als Teil der Weltwirtschaft

Schon die Hochkultur der 宋 Song-Zeit (960 bis 1279) hatte eine starke wirtschaftliche Entwicklung und viele neue Gewerbe hervorgebracht, die es in Europa so noch nicht gab, wie Makler und Lagerhaus-Vermieter, und zu in Europa ebenfalls unbekannten Unternehmensformen geführt, wie zum Beispiel Partnerschaften oder gar die Trennung zwischen Eigentümer und Firmen-Management. Das Kreditgewerbe wuchs so mächtig, dass ein schon zu 唐 Tang-Zeiten (618 bis 907) bestehendes Zertifikat-System, das ein Herumtragen schwerer Metallmünzen durch Quasi-Papiergeld überflüssig machte, unter den Song weiter entwickelt werden konnte:

Die „Vier Großen Erfindungen" als Denkmäler in heutigen chinesischen Städten. Quelle: Rudolph

Zunächst erhielten einige Geschäfte ein Monopol zur systematischen Herausgabe solcher Münzersatz-Zertifikate, für die jeweils Metallgeld hinterlegt werden musste. Im Jahre 1120 übernahm der chinesische Staat diese Garantie und begann mit der weltweit ersten Ausgabe von Papiergeld.

Was die technische Entwicklungen anbelangt, so beschäftigt sich seit fast einem halben Jahrhundert das *Needham Research Institute* in Cambridge (Großbritannien) mit der Führung des Nachweises, dass Chinesen eigentlich alles früher erfanden als irgend jemand sonst auf der Welt – von technischen Erfindungen über naturwissenschaftliche, mathematische Erkenntnisse bis zu medizinischen Behandlungen.[71] Heute gehört es selbst außerhalb Chinas fast zum Allgemeinwissen, dass Papier, Kompass, Buchdruck und Schießpulver *chinesische* Erfindungen sind. Chinesen selbst sind sehr stolz darauf, und bauen ihren *Vier Großen Erfindungen* allenthalben überdimensionale Denkmäler.

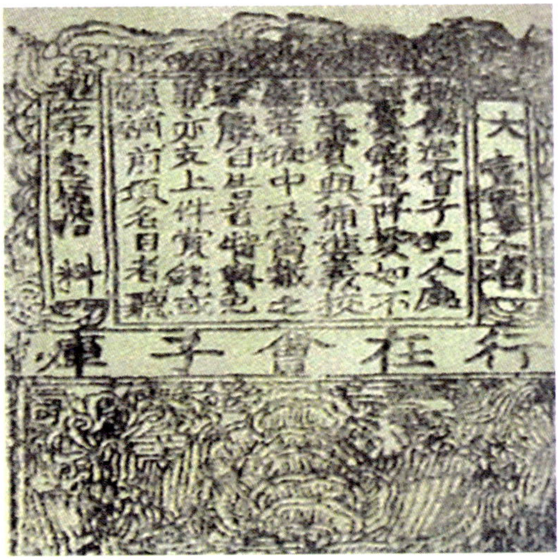

Papiergeld-Zertifikat der 南宋 Südlichen Song – 12. Jahrhundert. Quelle: Rudolph

Dies alles ist wahr und beweist auch chinesische Findigkeit und Produktivität. Tatsächlich waren so gesehen schon vor tausend Jahren in China alle Ingredienzen beisammen, die eine Explosion chinesischer Kreativität und Produktivität, also eine nachhaltige Entwicklung hätten bewirken müssen. Ganz im Gegensatz dazu jedoch berichteten die ersten europäischen Besucher des Landes im 19. Jahrhundert *unisono* von allgemeinem Verfall, Schmutz, Gestank und völliger Unfähigkeit der herrschenden Klasse, was die Organisation dieser Gesellschaft anbelangte.

Joseph Maria von Radowitz, Teilnehmer der preußischen Ostasienexpedition, die 1860–1862 u.a. nach China führte, um Handels- und diplomatische Beziehungen aufzunehmen, berichtete 1862 nach Hause:

„... *die chinesische Stadt* [von Shanghai, die abgetrennt vom europäisch verwalteten Teil lag] ... *ist eng und von unerträglichen Gerüchen durchzogen, deshalb von Europäern, die nicht direkte Geschäfte da haben, gemieden. ... Die Straßen oder vielmehr Rinnen sind gerade breit genug, um eineinhalb Menschen nebeneinander gehen zu lassen ... Unbegreiflich wie hier menschliche Geschöpfe nicht nebeneinander, sondern auf- und untereinander vegetieren.*"[72]

Radowitz erschien *dieses hiesige Stück Erde* – China – *von ausgesuchter Gemeinheit.*

Auch das Bild der bisher hochgeachteten, gelehrten Literatenbeamten ging beim ersten persönlichen Kontakt zu Bruch.

Die preußische Delegation wollte in Shanghai einen Handelsvertrag mit China ratifizieren lassen. Das Warten auf eine Antwort der Chinesen dauerte monatelang, die Deutschen starben fast in ihren Kammern, wegen der Shanghaier Hitze, dem Gestank und der Langeweile. Dann empfangen Sie einen ihrem Vorhaben wichtigen lokalen Mandarin:

„Wir waren in großer Uniform, Waldheim frisch gewaschen, das Haus festlich abgeputzt. Der Mandarin erschien mit etwa 50 Begleitern, die sich harmlos im Salon und vor dessen Fenstern gruppierten und uns beinahe auf den Schößen saßen. Nach allgemeinen Redensarten, worin er wiederholt versicherte, unsere Vertragssache werde in Peking mit wunderähnlicher Schnelligkeit besorgt, wurde er ins Nebenzimmer bugsiert und ihm dort à l'Européenne serviert. Die dicke Excellenz aß entsetzlich viel, fragte bei allem woher? und aus was? und steckte sich fast das ganze Dessert in die Tasche. Neben ihm auf dem Tische stand ein mächtiger Spucknapf aus Messing, den er oft handhabte, zugleich mit einer nie ausgehenden Messingpfeife. Auch hier umstand sein ganzes Gefolge, vermehrt durch zahlreiche nicht berufene andere Chinesen, den Tisch und schaute uns tief in den Magen. ... Nach vielen Tassen Tee und kleinen Likören, welche die Chinesen besonders hochachten – und von denen sich der treffliche Mandarin je eine ganze Flasche zum Andenken ausbat – und nach unzähligen Verbeugungen, ... wälzte sich der Staatsmann des Himmlischen Reiches (dessen offizieller Titel lautete: ‚Exzellenz von ruhmvollem Rufe') in den Palankin [Sänfte] *und zog mit seiner spektakulären Trosse, von dem die Mehrzahl lange Lanzen mit bunten Fahnen trug, wieder ab."*[73]

Chinesische Beamte in Europa (1905). Quelle: Rudolph

Elisabeth von Heyking, die Frau des deutschen China-Gesandten zur Zeit der Kolonienahme in 山东 Shandong, Edmund Freiherr von Heyking (1896 bis 1897 in Peking), beschreibt dreißig Jahre später ihr Eintreffen in der völlig heruntergekommenen Hauptstadt des Himmlischen Reiches mit diesen Worten:

„... *Zuerst passierten wir Tungchau* [通州 Tongzhou, ein westlicher Vorort Pekings], *und um durch die entsetzliche Stadt hindurchzukommen, brauchten wir eine Stunde. Wir kamen durch so enge Gäßchen, daß die Tragstühle beinahe auf beiden Seiten die Häuser streiften, und die Träger versanken im Kot bis an die Waden. Jeder denkbare Schmutz und Abfall liegt auf den Straßen, und darin wälzen sich schwarze Schweine und jeder nur mögliche Gestank steigt zum Himmel ... Endlich näherten wir uns Peking ... Wider Erwarten ist diese Stadt wie ein weites leeres Dorf von elenden grauen Häuschen und Hütten; der Weg, wenn von einem solchen überhaupt gesprochen werden kann, ist noch chaotischer als vorher; bald versinkt man im Kot, bald geht es über große Steinhaufen. Dazwischen sind weite leere Plätze, voll stagnierenden Wassers. Der erste Anblick ist so schauerlich hässlich, dass man das Ganze für ein Fieberbild und Alpdrücken hält.*"[74]

Die Oberschicht dieses Staates, die der Freiher von Heyking dreißig Jahre nach der Shanghaier Begegnung von Radowitz' bei seiner Akkreditierung im damaligen chinesischen Außenministerium zu Gesicht bekommt, beschreibt sie aufgrund des Treffens so:

„*Prinz Kung* [der Onkel des Kaisers von China] *empfing Edmund und geleitete ihn in das Empfangszimmer, wo sieben alte Chinesen um einen Tisch saßen, von denen Edmund meint, sie hätten alle wie abschreckende stiere Larven ausgesehen und der Begriff, mit ihnen ernsthafte Geschäfte zu besprechen, erschien ihm nach diesem Entrevue wie die reine Sinnlosigkeit.*"[74a]

Angesichts dieses trostlosen materiellen und geistigen Zustands der chinesischen Gesellschaft und ihrer Oberschicht, die hundert Jahre zuvor noch die wichtigste Wirtschaftsmacht der Erde gewesen war, fragen sich europäische Sozialwissenschaftler und Historiker schon seit Jahrzehnten, warum es dem Land, trotz der zahlreichen frühen Entwicklungsansätze nicht gelungen war, sich zur führenden Nation der Erde aufzuschwingen. Und natürlich mühen sich auch chinesische Intellektuelle, immer noch peinlich berührt von diesem unwürdigen Zustand, bis heute um eine Antwort.

Hätte man nicht mit Papier und Buchdruck massenhaft Wissen verbreiten, mit dem Kompaß große Expeditionen aussenden und mit dem Schießpulver ein Weltreich errichten können? Der Erlanger Sinologe Michael Lackner, der sich in den letzten Jahren unter anderem mit den Versuchen chinesischer *Selbstbehauptung* gegenüber dem Westen befasste, in denen solche historischen Pioniertaten eine große propagandistische Rolle spielen, sagte dem Verfasser einmal, es sei wohl wahr, dass die Chinesen die *Vier Großen Erfindungen* gemacht hätten. Nur seien es Europäer gewesen, die das heraus fanden und es ihnen verrieten! Die chinesische Oberschicht selbst wusste es gar nicht.

Warum? Weil es sie einfach nicht interessierte. Sie lebte völlig abgeschirmt in ihrer eigenen irrealen Welt, war so sehr mit ihren Schriftzeichen beschäftigt sowie den schönen und moralischen, aber sehr beschränkten wissenschaftlichen Inhalten, die sie damit darstellen konnte, dass freies Denken und die Naturwissenschaften ihr bis ins 20. Jahrhundert fremd blieben. 林语堂 Lin Yutang, der große Analytiker der chinesischen Seele, erläuterte uns dies in den 30er Jahren so:

„*Man kann den chinesischen Geist* [...] *gewiss nicht mangelnder Originalität*

林语堂 Lin Yutang (1875 bis 1976). Quelle: Ullstein

und Schöpferkraft zeihen. Seine Erfindungsgabe ist freilich, genau wie der chinesische Gewerbefleiß, immer auf einer handwerklichen Ebene verblieben. Eine naturwissenschaftliche Methode hat sich dagegen, einer Eigentümlichkeit des chinesischen Denkens zufolge, bei uns nicht herausgebildet. ... Der chinesische Geist gefällt sich ausschließlich in moralischen Allgemeinheiten, und die von ihm gebildeten abstrakten Begriffe wie Wohlwollen, Güte, Schicklichkeit, Verlässigkeit sind so allgemein gehalten, dass sich die allenfalls entstehenden Diskussionen notwendig in unbestimmten, allgemeinen Redensarten erschöpfen müssen."[74b]

Einigen aus der intellektuellen Oberschicht fiel das ebenfalls etwa zur gleiche Zeit wie Lin Yutang auf, und sie traten vehement für die komplette Abschaffung dieser Kultur ein, vor allem ihrer Wurzel, der archaischen Schriftzeichen. Zum Beispiel 瞿秋白 Qu Qiubai (sprich: Tjü Tjiobai), der sie als *dreckige, abstoßende und verkommene Kloake des Mittelalters* bezeichnete, und natürlich der größte chinesische Literat des 20. Jahrhunderts, 鲁迅 Lu Xun, der am Untertanen-Charakter seiner Landsleute schier verzweifelte und von dem das Diktum stammt:

> *„Wenn wir die Schriftzeichen nicht als erstes beseitigen, kann das Ergebnis nur unser Tod sein."*

Jahrhundertelang verwaltete so – auf höchst effiziente[75], in diesem Fall jedoch erstickende Weise – eine an der materiellen Entwicklung der chinesischen Gesellschaft völlig uninteressierte herrschende Schicht ein im Schoße dieser gleichen 300-Millionen-Gesellschaft schlafendes ungeheures Potential der Produktivität. Wie ein das Licht abschirmendes Dach lag das sklavische Herrschaftssystem über dem fruchtbaren Boden der chinesischen Gesellschaft und verhinderte den Austrieb der zahlreich darin steckenden Samenkörner. Das Gemisch war explosiv, es fehlte ihm nur die Lunte und jemand, der sie entzündete. Ganz wie Napoleon 1817 erkannt hatte, war China ein schlafender Drache (im europäischen, nicht im chinesischen, Frieden und Glück bringenden Sinn).

Die gewaltsam ins Land einbrechende europäische Kultur der Rationalität und beliebigen Machbarkeit schlug erst kleine, seit dem Ende des 20. Jahrhunderts aber riesige Löcher in das Dach (oder die Chinesische Mauer, wie eine gängigere Methapher besagt), so dass Licht an diesen Boden gelangte. Seit zehn, fünfzehn Jahren legen die mit hunderten Milliarden Dollar ins Land hereinströmenden Investoren Europas, Amerikas etc. das Feuer an die Lunte. Der Drache ist jetzt wach, und es geschieht, worauf sich Karl

Marx 1850 in einem seiner China-Beiträge so freute:

> *„Es ist [...] ein ergötzliches Faktum, dass das älteste und unerschütterlichste Reich der Erde durch die Kattunhallen der englischen Bourgeois in acht Jahren an den Vorabend einer gesellschaftlichen Umwälzung gebracht worden ist, die jedenfalls die bedeutendsten Resultate für die Zivilisation* [damit meinte er Europa] *haben muss."*[75a]

Chinesische Wirtschaftspsychologie

Die große Anzahl der Chinesen hat bereits den (vielleicht) ersten europäischen Besucher des Landes tief beeindruckt: den Kaufmann Marco Polo, der in seinem Bericht immer wieder darauf zurückkommt, wie groß die Märkte, Warenmengen und Menschenmassen dort seien: Millionen überall.

Nach Berechnungen des österreichischen *International Institute for Applied Systems Analysis*, das sich 1999 in einer größeren Studie mit der Frage befasste, ob China in der Lage sei, sich selbst zu ernähren[76], lag die Bevölkerungszahl des Landes ab der Mitte des 18. Jahrhunderts konstant über der Europas (mit dem Ural als östliche Grenze). In den ersten 750 Jahren unserer Zeitrechnung betrug die Zahl der Chinesen demnach ca. 60 Millionen Menschen, in den nächsten 350 Jahren dann 80 Millionen und danach bis etwa 1570 etwa 110 Millionen. Ab 1644 aber, während der Zeit der Mandschu-Herrschaft stieg sie bis 1910 auf 410 Millionen - eine Verdreifachung. Und nach Gründung der Volksrepublik China 1949 fand erneut eine Verdreifachung statt, allerdings auf wesentlich höherem Niveau. Heute leben ca. 1,3 Milliarden Menschen in China - ein Viertel der Menschheit in einem einzigen Staat! Die Regierung geht für 2050 von 1,5 Milliarden aus, die Vereinten Nationen nehmen im ungünstigsten Falle sogar 1,7 Milliarden an.

Zwar kennt die chinesische Geschichte zahlreiche Volksaufstände, die Dynastien stürzten, ihnen das 天命 *Mandat des Himmels* entzogen, weil unter ihrer Herrschaft die Ernährung der Bevölkerung nicht mehr gesichert war; und zeigte auch die China-Berichterstattung der ersten Hälfte des 20. Jahrhunderts nicht selten Hungernde,[77] ist dennoch insgesamt festzuhalten, dass die chinesischen Bauern meist genug produzierten, um die Ernährung der Hunderte Millionen sicherzustellen sowie natürlich die wesentlich bessere Versorgung der dichtenden, kalligraphierenden und sich zu *Edlen* weiterbildenden Oberschicht aus Hunderttausenden völlig unproduktiven Mandarinen und Eunuchen. Wenn man bedenkt, dass sie dabei - nach einer Faustzahl - mit nur 7 Prozent der landwirtschaftlichen Nutzfläche der Erde 20 Prozent der Menschen ernährten, so wird klar, dass diese Bauern damit nicht nur über Jahrhunderte eine große Leistung vollbrachten (und vollbringen), sondern dass sie auch über Fertigkeiten und ein Arbeitsethos verfügen müssen, die ihresgleichen suchen. Ähnliches gilt natürlich auch für die anderen Klassen, die an der Aufrechterhaltung der materiellen Lebensbedingungen eines Viertels der Menschheit beteiligt waren und sind: Handwerker und Arbeiter sowie die notwendigen Vermittler des Austausches: die Kaufleute.

Da sich im Rahmen des irrealen, gleichwohl totalitären und effektiven Beamtenregimes über die Jahrhunderte keine bedeutsamen Verbesserungen bei den Werkzeugen, Maschinen oder der Arbeitsorganisation ergaben, beruht diese Produktivität der arbeitenden chinesischen Klassen wohl auf etwas, was ihnen inne wohnt. Was ist das? Es sind die Tugenden Fleiß (China kannte kaum Feiertage und schon gar keinen wöchentlichen *Ruhetag* wie das christliche Europa), größte Sparsamkeit im Umgang mit den kargen natürlichen Ressourcen, größte Genügsamkeit, was die eigenen Ansprüche betrifft, extreme Duldsamkeit gegenüber den meist unerträglichen Zuständen der Despotie und rauen Natur, die Fähigkeit, mit einfachsten Mitteln erstaunliche Ergebnisse zu erzielen, die Bereitschaft, größten persönlichen Aufwand selbst für kleine Erträge zu betreiben und schließlich die Fähigkeit, mit einem schon legendären Pragmatismus in der harten Konkurrenz der rechtlosen Massengesellschaft zu überleben.

Was geschieht, wenn so konditionierte Menschen in Verhältnisse geraten, die diesen in schlimmsten Zeiten über Jahrhunderte ausgebildeten und bewährten Fähigkeiten plötzlich freien Spielraum gewähren, das zeigen die sogenannten Auslandschinesen. Schon die ersten, die im 19. Jahrhundert noch von der Mandschu-Regierung nach Amerika geschickten Schulkinder, erwiesen sich in den westlichen Ausbildungsfächern ihrer im wahrsten Wortsinne *Neuen Welt* als extrem gelehrig. Viele gründeten nach ihrer Rückkehr in die Heimat erfolgreiche Industriebetriebe und brachten es zu Reichtum und

Bauer mit Segel-Karre zu Beginn des 20. Jahrhunderts – eine findige Lösung, aber jahrhundertelang nicht weiterentwickelt. Quelle: Rudolph

Macht. Die nach Südostasien, Thailand, Malaysia und Indonesien Ausgewanderten bilden heute weithin die reichen Oberschichten dieser Länder, sind die Stützen ihrer Wirtschaft und nicht selten Zielscheibe von rassistischen Pogromen, wie zum Beispiel in Indonesien. Und unter denjenigen, die einst in Amerika die schmutzige Wäsche der Weißen wuschen, waren viele, die es ganz nach oben schafften.

Im 19. Jahrhundert hatten amerikanische Firmen, wie die *Union Pacific,* diesen Arbeitsgeist der Chinesen erkannt und für ihre Interessen ausgenutzt: Chinesische Kulis, von der eigenen (konfuzianischen!) Regierung verkauft, bauten Gleise quer durch die USA. Europäer folgten: Im Ersten Weltkrieg gruben 100.000 chinesische Kulis französische Schützengräben aus und sammelten tote Soldaten ein.

Chinesische Kulis halfen der französischen Armee an der Westfront gegen Deutschland: Schützengräben schaufeln, Tote und Verletzte bergen. Quelle: Rudolph

Die US-Gewerkschaftsführer erkannten als erste, was diese Art der Globalisierung für sie und ihre Mitglieder bedeuten könnte. Der Anteil der Chinesen an der amerikanischen Einwanderer-Bevölkerung belief sich zwar nur auf 0,002 Prozent, und dennoch gelang es den

China als Teil der Weltwirtschaft

Gewerkschafts-Lobbyisten um 1880 herum eine anti-chinesische Hysterie in den USA zu erzeugen, die in einem Gesetz kulminierte, das chinesische Einwanderung verbot mit dem Argument: Die Chinesen nehmen amerikanischen Arbeitern die Arbeit weg. Ihr Rezept für die Erzeugung der Panik: Furcht vor der fremden, undurchschaubaren chinesischen Schriftzeichenkultur schüren und das Arbeitsethos der Chinesen als destruktiv darstellen. Hunderte rassistischer Karikaturen peitschten die Ressentiments der auch nicht gerade mit laxer Arbeitsmoral ausgestattenen weißen Einwanderer auf. Eine der bekanntesten zeigt einen Chinesen, der in seiner primitiven Werkstatt mit nicht weniger als zehn Händen gleichzeitig ebenso vielen Tätigkeiten nachgeht: Tischlern, Streichen, Sägen, Fahren, Geldhorten, Nähen ..., während draußen arbeitslose weiße *boys* herumstehen, auf die im Hintergrund das Gefängnis St. Quintin wartet. Moral: Chinesen zerstören die US-Gesellschaft.

Anti-chinesische Karikatur, USA, Ende 19. Jahrhundert: „What shall we do with our boys?" lautet der Titel: Unablässig arbeitende Chinesen nehmen Amerikanern die Arbeit weg. Quelle: Rudolph

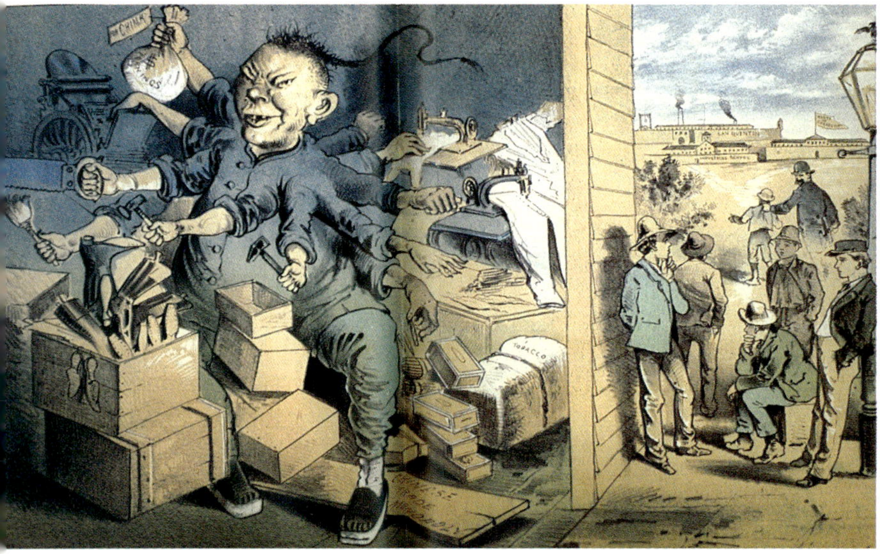

Dies befürchtete nicht lange danach auch der deutsche Kaiser Wilhelm II gleich für ganz Europa und beauftragte den Kasseler Maler Knackfuß, auf Basis eines eigenen majestätischen Entwurfes das Gemälde von der *Gelben Gefahr* zu komponieren, die darin als schwarze Wolke im Osten aufsteigt, und gegen die sich die kultivierten Europäer unter Führung des Erzengels Gabriel zusammenschließen sollten.[78]

Gelbe Gefahr - Bild des Historienmalers Herrmann Knackfuß nach einem Entwurf Kaiser Wilhem II (um 1900). Titel: Völker Europas wahret Eure heiligsten Güter. Quelle: Ullstein

Allein unter ihrem Himmel, in der geliebten chinesischen Welt, wo die Bedingungen bis vor einigen Jahren noch eine Entfaltung dieses westlichen Unternehmer-Geistes erstickten, blieb für die Chinesen lange alles auf einfachstem, ärmlichsten Niveau.

Für das in Jahrhunderten gezüchtete Arbeitsethos des chinesischen Volkes – Fleiß, Geduld, Sparsamkeit, Genügsamkeit, Spitzbübigkeit –, steht *das* Symbol dieses Landes: die Große Mauer (und die vielen kleinen, mit denen sich die Menschen im Landesinnern ohne Unterlaß voneinander parzellieren). Ihre meterhohen steinernen Zinnen zogen sich einst kilometerweit durch das Land, über Berg und Tal, häufig genau auf den Kämmen schroffster Felsen errichtet, über die ohnehin niemand kam, wie Robinson Crusoe *alias* Daniel Defoe einst treffend bemerkte. Man muss sich das nur ansehen und sich dabei vorstellen, wie die Arbeitsbedingungen der Erbauer wohl ausgesehen haben: ohne Maschinen, nur mit Körperkraft und einfachsten Geräten ausgestattet, schleppten sie als Zwangsarbeiter große Felsbrocken irgendwie die steilen Abhänge hinauf, schufteten Tag für Tag, Monat für Monat, Jahr für Jahr. Und wofür? Um ein Bauwerk zu erstellen, das letztlich nie beendet wurde und noch wichtiger: ein Bauwerk, das vollkommen sinnlos war. Über die unpassierbaren Bergkämme kam ohnehin keine feindliche Armee. Die letzten erfolgreichen Invasoren, die Mandschus, ließ ein chinesischer General namens 吴三桂 Wu Sangui 1644 aus freiem Willen durch Pässe im Norden Pekings ins damalige China hinein. Sein Name steht bis heute für den schlimmsten Verrat.

Gleichwohl sind die meisten Chinesen auch heute noch sehr stolz auf dieses gigantische Monument der Sinnlosigkeit, woraus wir schließen dürfen, dass

Mit großem Aufwand ohnehin unpassierbare Bergkämme schützen: Die Große Mauer. Quelle: Picture Alliance

der *Geist der Großen Mauer* auch heute noch lebendig ist – nicht nur in der oben zitierten Zeile der Nationalhymne. Tatsächlich berichtet die offizielle Nachrichtenagentur immer wieder stolz von neu entdeckten Teilstücken der Mauer, die ihre Gesamtlänge unablässig vergrößern (über 6.000 Kilomter ist der momentane Stand dieser Rekordjagd), aber die Weisheit ihrer Erbauer dabei in Wirklichkeit noch weiter reduzieren. Und das Pekinger Komitee, das die Bewerbung für die Olympischen Spiele 2008 betreibt, verkündete im Februar 2001, man werde mit einem Dutzend Milliarden Dollar die Stadt baulich auf dieses Großereignis vorbereiten. Es werde, hieß es in der Meldung der staatlichen Nachrichtenagentur, *eines der größten Bauprojekte in China sein seit der Errichtung der Großen Mauer*. 1,2 Millionen Mal weist *google* den Begriff der Großen Mauer auf chinesischen Webseiten aus – doppelt soviel wie die Treffer für *Kommunistische Partei*, ein Achtel der Treffer für *Peking*: Das Monument der Sklaverei, Dummheit und Sinnlosigkeit[79] als Anlass für Stolz und Maßstab für Erfolg. Die Herrschenden und ihre Untertanen pflegen auch heute noch den Geist ihrer Vorgänger vor 2200 Jahren!

Vor bald achtzig Jahren, 1929, veröffentlichte der bekannte Übersetzer chinesischer Klassiker wie 易经 *I Ging*, 孟子 *Menzius* und anderer, der ehemalige China-Missionar und spätere Sinologe Richard Wilhelm[80] seine Schrift *Chinesische Wirtschaftspsychologie*, in der er den chinesischen Geist des Wirtschaftens analysierte. Er tat das damals im Auftrag des Leipziger Weltwirtschaftsinstituts. Wilhelm wusste aus seinen zwanzigjährigen genauen Beobachtungen der Chinesen, was passieren würde, wenn die verschlossene Flasche erst einmal entkorkt war, dieser *Geist der Großen Mauer* des chinesischen Wirtschaftens frei wirken und die Resultate über die Welt kommen würden.

Richard Wilhelm. Quelle: Ullstein

Im Vorwort weist er darauf hin, dass China in Bezug auf die Weltwirtschaft *bisher* zwar nur von *peripherer Wirkung* sei, dass jedoch, *wenn China aktiv in die Weltwirtschaft eintreten wird, dies von entscheidendem Einfluss auf die weitere Entwicklung sein dürfte*. Gerade aus diesem Grund wollte er mit seiner Schrift etwas zu den *psychologischen Faktoren* der Chinesen sagen, denn daraus lasse sich einschätzen, *was wir vom aktiven Eintreten des chinesischen Wirtschaftskreises in die Weltwirtschaft zu erwarten haben werden* ... Seit einigen Jahren wissen wir mehr und genaueres darüber.

Die Industrialisierung eines Bauernreiches

Es waren am Ende des 19. Jahrhunderts die selbst gerade frisch industrialisierten Japaner, die als erste auf die Idee kamen, den fruchtbaren, aber gedeckelten chinesischen Wirtschaftsboden zur Einbringung eigener industrieller Samenkörner zu nutzen. Nachdem sie 1894/95 im japanisch-chinesischen Krieg innerhalb weniger Tage den Stolz der (importierten, aber von unfähigen konfuzianischen Manadarin-Offizieren kommandierten) kaiserlich-chinesischen Kriegsflotte versenkt hatten, verlangten die japanischen Meiji-

Besiegte Chinesen unterschreiben 1895 ihre Kapitulation im japanischen Shimonoseki. Quelle: Rudolph

Machthaber im Friedensvertrag von Shimonoseki (April 1895) von den besiegten Chinesen auch das Zugeständnis, fortan eigene industrielle Fertigungen in China zu betreiben.

Im Nordosten, der damals so genannten Mandschurei, die die Japaner mehr und mehr unter Kontrolle nahmen, ab 1931 schließlich *de facto* annektierten und bis zum Ende des Zweiten Weltkieges beherrschten, begannen sie mit dem Aufbau einer industriellen Basis – nach japanisch-westlicher Art und nicht wie in den achtziger Jahren des 20. Jahrhunderts in Form chinesisch-westlicher Gemeinschaftsunternehmen (*joint ventures*), denn chinesische Partnerfirmen gab es damals nicht, China war noch industriefrei.

Europäische und amerikanische Unternehmen folgten. Sie machten von der *Meistbegünstigung* Gebrauch, die jedem Staat in China die gleichen Rechte einräumte, die ein anderer von der chinesischen Regierung errungen hatte, und begannen ebenfalls mit dem Aufbau von Industrien, um den vermeintlich großen chinesichen Markt aus dem Land selbst zu beliefern. Bezeichnend für ihre Sicht war das Argument eines der ersten amerikanischen Unternehmer, der das tat. Von James Duke, dem Gründer des amerikanischen Tabakkonzerns BAT (British American Tobacco) ist vom Ende des 19. Jahrhunderts diese Anekdote überliefert: Als die Maschine zur industriellen Herstellung von Zigaretten (damals in China noch unbekannt, Chinesen rauchten aus Pfeifen) zur Verfügung stand, ließ sich Duke einen Atlas bringen. Er blätterte darin herum und studierte die Angaben zu den Einwohnerzahlen der Länder. Bei China stoppte er, betrachtete die Zahl 400.000.000, tippte mit dem Finger darauf und sagte seinen Managern: *Hier werden wir unsere Zigaretten verkaufen.*[81]

In einer Untersuchung der *Harvard Business School* zur historischen Entwicklung der Weltfinanzmärkte in den Jahren 1870 bis 1930 kommen die Autoren zu der aus heutiger Sicht überraschenden

Feststellung, dass China bereits in den frühen Jahren des 20. Jahrhunderts einer der heißesten *sich entwickelnden Märkte für globale Investitionen* geworden war. Bis in die Dreißiger Jahre seien 2,5 Milliarden Dollar ins Land geflossen, womit China nach Indien und Argentinien an Platz drei weltweit (außer den USA) gelegen habe. Enthalten in dieser Summe waren zunächst jene Kredite, die noch die kaiserliche Regierung gegen Ende des 19. Jahrhunderts im Ausland aufnahm, um Eisenbahnlinien, aber auch Fabriken aller Art nach westlichem Vorbild zu errichten und sich so *selbst zu stärken*. Bis zum Ende des Kaiserreiches 1911 blieb es dabei aber das Ziel der Herrschenden, aus diesen Quellen gerade die Kraft zu schöpfen, die es ihnen ermöglichen würde, den Fremden endlich wirksamen Widerstand entgegenzusetzen und so ihre Welt möglichst unbeschädigt so zu erhalten, wie sie seit den Tagen des *Ersten Kaisers* vor 2200 Jahren gewesen war. An eine Übernahme der europäisch-amerikanischen Gesellschaftsformen dachten die Machthaber in Peking nicht, ebensowenig an eine der japanischen vergleichbaren radikalen Umgestaltung ihres Staatswesens. Die Überzeugung, eine allen anderen weit überlegene Kultur zu vertreten, war zwar seit Jahrzehnten schon unhaltbar, doch gab die weiter träumende Oberschicht sie nicht auf. Sie stellte sie nur zurück – für vermeintlich bessere Zeiten, wenn ihr *himmliches Reich* wieder stark genug geworden wäre, sich gegen den westlichen Kapitalismus zu wehren.

Welche grundsätzliche Umwälzung das hereinströmende Kapital in China aber tatsächlich bewirkte, hatten zwei heute etwas aus der Mode gekommene Deutsche – Karl Marx und Friedrich Engels – bereits 60 Jahre zuvor in ihrem *Kommunistischen Manifest* recht zutreffend beschrieben, nämlich dort, wo sie aufzeigten, wie die industrielle Revolution Europas den Rest der Welt in einen Strudel der Veränderung reißen würde: Sie waren wohl die ersten, die eine *Globalisierung* am Werk sahen, auch wenn sie diesen Prozess noch nicht so nannten. Als hätten die beiden bereits China im Auge gehabt, schrieben sie:

> *„… durch die rasche Verbesserung aller Produktionsinstrumente, durch die unendlich erleichterte Kommunikationen,* [reißt die Industrialisierung] *auch die barbarischsten Nationen in die Zivilisation. Die wohlfeilen Preise ihrer Waren sind die schwere Artillerie, mit der sie alle chinesischen Mauern in den Grund schießt, mit der sie den hartnäckigsten Fremdenhass der Barbaren zur Kapitulation zwingt. Sie zwingt alle Nationen, die Produktionsweise der Bourgeoisie sich anzueignen, wenn sie nicht zugrunde gehen wollen …. Mit einem Worte, sie schafft sich eine Welt nach ihrem eigenen Bilde."*[81a]

Genau dies geschah in China, der abgeschlossenen Welt, in der bereits damals ein Viertel der Menschheit lebte.

Im Umfeld der kapitalistischen Ausländer, die ihre Geschäfte in den am Ende des 19. Jahrhunderts zahllosen *geöffneten* Städten Chinas betrieben, kamen deren unentbehrliche einheimische Helfer, die Kompradoren, zu Geld und Reichtum. Rasch schauten sie den Fremden deren Art zu wirtschaften und zu produzieren ab und begannen, eigene Geschäfte aufzubauen – erst im Handel, bald aber auch im industriellen Bereich. Immer mehr neue Produkte, die es in China bis dahin noch nicht gegeben hatte, brachten die Ausländer ab der Jahrhundertwende ins Land. Und: Im Handumdrehen adaptierten Chinesen sie, und in machen Fällen galten sie fortan sogar als ur-chinesische Erfindungen. Wie zum Beispiel das *Rickshaw*, der von Menschenkraft gezogene Taxi-Karren.

Erfunden hatte ihn Mitte des 19. Jahrhunderts ein Amerikaner. Ein französischer Missionar brachte die Idee um 1870 nach China, und schon in den

20er und 30er Jahren waren allein in Peking ca. 100.000 im Einsatz. Der Roman *Rickshaw Boy* des Schriftstellers 老舍 Lao She machte das Gefährt in europäischer Wahrnehmung schließlich zu einem durch und durch chinesischen Transportmittel. Eine ähnliche Entwicklung nahm das Fahrrad, das 1897 erstmals – als sehr teures Gut – in der chinesischen Importstatistik auftauchte. Der Letzte Kaiser, wie er im Film Bertoluccis heißt, 溥仪 Pu Yi, war, wie aus seinen Erinnerungen hervorgeht, auch der erste Kaiser Chinas, der Fahrrad fuhr! 1925 waren in Shanghai 9.000 Zweiräder registriert, 1930 aber bereits 230.000, zunächst ein gutes Exportgeschäft vor allem für deutsche Hersteller. 1930 begann jedoch der erste Chinese mit der Fahrradfertigung – der Rest ist Geschichte.

Rickshaw-Zieher in 天津 Tianjin (sprich: Tjän-djin), 20er Jahre. Quelle: Rudolph

In den 20er Jahren des 20. Jahrhunderts wuchs so an vielen Orten Chinas ein industrielles Gemisch einheimischer und ausländischer Industrien heran. Es konzentrierte sich in den wenigen urbanen Zentren entlang der Küste, in Nordostchina (der Mandschurei) und entlang der Schlagader des Handels ins Landesinnere, des 长江 Jangtse. 1911 zum Beispiel eröffnete die japanische Naigai Baumwollfabrik ihre erste Niederlassung in Shanghai – bereits 1924 beschäftigte das Unternehmen 24.000 chinesische Arbeiter, hatte mehr Spindeln in Betrieb als alle damaligen westlichen Unternehmen in China zusammen, sah sich allerdings schon zu diesem Zeitpunkt heftiger chinesischer Konkurrenz ausgesetzt.

Die Chinesen lernten schnell. Zu Beginn der dreißiger Jahre waren Untersuchungen zufolge etwa eine Million Chinesen (Gesamtbevölkerung: 400 Millionen) in einheimisch geführten Industrien als Arbeiter beschäftigt. Sie stellten Metallprodukte her, kleine elektrische Geräte, Chemikalien und – bedeutendster industrieller Wirtschaftszweig: Textilien und Bekleidung (etwa 400.000 Arbeiter). Bemerkenswert ist, daß schon zu dieser Zeit der Warenwert aus chinesischen Fabriken den der ausländischen Hersteller im Lande um das Doppelte überstieg. Von Ausländern geweckt, von den 1911 hinweggefegten Mandarinen nicht mehr mit Konfuzius geschuriegelt und unterdrückt, begann der befreite chinesische Unternehmer- und Arbeitsgeist eine eigene industrielle Produktion hervor zu bringen.

Aus ehemaligen Helfern der Ausländer, den Kompradoren, waren zu diesem Zeitpunkt Unternehmer geworden, eine kleine bürgerliche Klasse in wenigen städtischen Zentren, nur Tropfen im riesigen Bauern-Ozean namens China. Ein Beispiel für diese Entwicklung war 叶澄衷 Ye Chengzhong (sprich: Je Tscheng-dschung), der zwischen 1883 und 1893 als Verkaufsagent der amerikanischen Standard Oil begonnen hatte und *Öl für die Lampen Chinas* handelte. Ye machte ein Vermögen damit, dass er den von Standard Oil gewährten Lieferantenkredit von 100 Tagen in Anspruch nahm, aber seinen Weiterverkäufern nur 25 Tage einräumte. So hatte er 75 Tage, um mit dem zinslosen Kapital für sich zu arbeiten – ein übliches Verfahren in China. Bis heute.

Die berühmtesten Vertreter des aufkommenden chinesischen Bürgertums waren die 四大家族 *vier großen Familien*: die 蒋 Tschiang-, 宋 Soong-, 孔 Kung- und 陈 Chen-Familien.

Noch heute gut bekannt und beschrieben: Aktuelles Buch über die Vier Großen Familien. Quelle: Rudolph

Ihre Namen und Geschichten sind noch heute so bekannt, dass immer neue Bücher über sie erscheinen und die Presse im November 2003 ausführlich berichtete, wie sich die Nachkommen dieser legendären Gründerväter zur Beerdigung der 宋美龄 Soong Mei-ling in New York versammelten, jener Tochter des Magnaten 宋子文 T.V. Soong und Ehefrau des ehemaligen Präsidenten der Republik China, Tschiang Kai-schek.

Die chaotischen politischen Verhältnisse der zwanziger (Krieg gegen die *warlords*) und dreißiger Jahre (Krieg der Regierung gegen die Kommunisten) sowie das Chaos im Zuge der japanischen Besetzung Chinas ab 1937 verhinderten jedoch die Herausbildung eines halbwegs nach verlässlichen Rechtsnorme, landesweit funktionierenden Staatswesens. Willkür und Nepotismus erleichterten es der Handvoll Industrieller und Finanzmagnaten, direkt auf den Staat zuzugreifen und ihn nach ihren persönlichen Interessen auszurichten. Ihr Verhältnis zu den politischen Machthabern war eng, teils sogar familiär, und machte den Transfer öffentlicher Ressourcen in private Taschen zu einer einfachen und routinierten Angelegenheit. In den Endzeitjahren der Republik China, 1947 bis 1949, rafften sie dann zusammen, was sie an öffentlichem und privatem Reichtum bekommen konnten und verbrachten ihn nach Taiwan und Hongkong.

Am 1. Oktober 1949, dem Gründungstag der Volksrepublik China, übernahmen die neuen, kommunistischen Herrscher ein nach fast hundert Jahren Abwesenheit allgemeingültigen Rechts, nach *warlord*-Herrschaft, Bürgerkriegen und fremder Besatzung, finanziell ausgeblutetes und in seinen staatlichen wie gesellschaftlichen Institutionen ruiniertes Land. Und nur ein dreiviertel Jahr später, im Oktober 1950, stürzten sie es erneut in einen kräftezehrenden Krieg, wenn auch einen, der außerhalb seiner Grenzen stattfand, in Korea. Die Aussichten für den wirtschaftlichen Aufbau Chinas standen anscheinend sehr schlecht.

Die aktive Kriegführung gegen die von der UNO nach Korea entsandten, amerikanisch geführten Truppen entzogen aber nicht nur dem Aufbau dringend benötigte Ressourcen, sie machten überdies das ohnehin misstrauisch beobachtete neue Regime, das seine Hauptstadt in Peking genommen hatte, auch noch zum Feind der westlichen Welt. Die Folge: keine diplomatische Anerkennung, sondern das Gegenteil: Handelsboykott. *Rotchina* war (und blieb bis in die 70er Jahre) der Paria ausgerechnet für jene reichen Staaten, deren gesellschaftliches und wirtschaftliches System die Möglichkeit geboten hätte, als Vorlage für die Umgestaltung zu dienen, als Rahmen innerhalb dessen sich die *chinesische Wirtschaftspsychologie* (Richard Wilhelm) grenzenlos entfalten konnte. Es blieb den Machthabern stattdessen für die Handelsbeziehungen nur ein weit weniger günstiges Surrogat: die Sowjetunion und der Ostblock.

Zwar hatte Mao Tse-tung in einer Rede zum Gründungstag der KP Chinas am 30. Juni 1949 proklamiert, dass er sich *einer Seite* zuwenden werde - nämlich der sowjetischen, der Seite des Sozialismus und Kommunismus[82], doch wer weiß, was sich ohne den vom nordkoreanischen Diktator Kim Il-sung (gegen den Willen Maos) vom Zaun gebrochenen Krieg entwickelt hätte. Der legendäre chinesische Pragmatismus war ja auch der KP-Führung - bei aller Revolutions-Rethorik und eigener ideologischer Verblendung - nicht fremd: Mao selbst jedenfalls zeigte, wenn es um seine Interessen ging, sowohl Stalin als auch Chruschtschow immer die Zähne. Ein Befehlsempfänger Moskaus war er nicht, und nur zehn Jahre nach Gründung der Volksrepublik China brach er sogar mit der Sowjetunion und verbündete sich in einem atemberaubenden Schwenk 1971/72, auf dem Höhepunkt des Vietnamkrieges, ausgerechnet mit den *imperialistischen* USA. Damit leitete der alte Revolutionär die Öffnung Chinas ein, eine Zeitenwende, die das Land innerhalb von dreißig Jahren zum Besitzer von 760 Milliarden US-Dollar Devisenreserven und zum Anlageziel von noch einmal so großen ausländischen Direktinvestitionen machte, kurz, zu einem bedeutenden Teil der Weltwirtschaft und Weltpolitik.

In den ersten drei Jahrzehnten ihrer Herrschaft schufen die neuen Herren Chinas das Umfeld und die Voraussetzungen für diese grundstürzende Entwicklung und heutige internationale Position Chinas. Trotz aller Gegensätzlichkeit, ja Feindlichkeit zum westlichen kapitalistischen System gab es doch eine wichtige Gemeinsamkeit mit ihm: Die Gewissheit, dass in der Industrialisierung die Zukunft liege. Je mehr Güter vorhanden waren, umso besser würde es für die Machthaber sein, umso stärker im Innern und umso mächtiger im Äußeren würden sie werden, um so angemessener würde das *große China* endlich und erstmals international mitreden können. Dies deckte sich mit der offiziellen kommunistischen Ideologie, die ja auch darauf zielte, alles im Überfluss herzustellen, so dass der Mensch aus dem *Reich der Notwendigkeit* eines Tages ins *Reich der Freiheit* eintreten könne: Jedem nach seinen Bedürfnissen, jeder nach seinen Fähigkeiten.

Nolens volens allerdings zwangen die vom Korea- und vom Kalten Krieg geformten internationalen Beziehungen die Pekinger Machthaber zunächst dazu, sich am sowjetischen Modell zu orientieren: Mit Hilfe der Fünf-Jahres-Pläne und auf Kosten der Bauern peitschten sie die Industrialisierung Chinas voran: Zunächst der Aufbau einer Schwerindustrie - Stahl hieß das Zauberwort - und einer Infrastruktur aus Straßen und Kraftwerken; dann die Leichtindustrie für die Konsumgüter. Irgendwann später sollte die Landwirtschaft folgen. Bis dahin aber würden die Hunderte Millionen Bauern bluten müssen - irgendwoher mussten unter den Bedingungen des westlichen (und ab dem Ende der 50er Jahre auch sowjetischen) Embargos die benötigten Ressourcen für die Industrialisierung schließlich kommen. Genau wie im 18. Jahrhundert des sich industrialisierenden Europas mussten auch im China der fünfziger und sechziger Jahre des 20. Jahrhunderts die Bauern zahlen: Bei ihnen holten die Planer über die *de facto* Konfiskation ihrer Ernten das Kapital für ihre Industrialisierungsvorhaben. Auch heute ist das noch der Fall, nur wenig gemildert durch die hereinströmenden Milliarden Dollar der ausländischen Investoren und das freizügige Anzapfen ausländischer Kreditquellen durch die Pekinger Regierung (derzeitige Auslandsverschuldung: ca. 260 Milliarden Dollar, ein Fünftel des Außenhandelswertes).

Die nötigen Maßnahmen im lokalen wie nationalen Rahmen konnten die neuen Machthaber ab 1949 flächendeckend umsetzen, ohne dabei von Rücksichtnahmen auf andere Interessengruppen der Gesellschaft gebremst zu werden - die existierten nämlich nicht. KP-unabhängige oder gar oppositionelle Kräfte gab es schon nach wenigen Jahren *Volksrepublik* nicht mehr. Die Träger des *ançien régime*, seine Politiker und Beamten, die Grundbesitzer, großen Kaufleute, Finanzmagnaten und Industriellen, die Intellektuellen, Schriftsteller und

Unterdrückt die Konterrevolution, schützt das glückliche Leben, Propagandaplakat von 1951/52 – das Volk wirkt als Denunziant. Quelle: Rudolph

Künstler stellten die neuen Machthaber als *reaktionäre Elemente* kalt, teils ließen sie sie sogar physisch liquidieren. Es gelang ihnen dabei sogar, die Sehnsucht der dreißig Jahre in Bürgerkriegen und Verelendung gequälten Bevölkerung nach Frieden und endlich stabilen Verhältnissen soweit für sich zu funktionalisieren, dass sie Hunderte Millionen in den Städten und auf dem Lande als Denunzianten oder gar Vollstrecker in diese Liquidierung der bisherigen Traditionsträger Chinas verstrickten. In zahllosen Massenversammlungen der Jahre 1950 bis 1952 strömte das stets willige Volk Chinas zusammen, um die *Reaktionäre und Konterrevolutionäre* zu verurteilen - in hunderttausenden Fällen auch zum Tode. Mitgegangen, mitgefangen, mitgehangen würde dafür sein Schicksal sein.

So unterwarfen sich die neuen Herren mit ihrer aus Europa kommenden kommunistischen Ideologie plus modifizierten Stalinschen Methoden (nicht die Geheimpolizei überwacht, sondern die Massen tun es selbst) Land und Bevölkerung und errichteten unmittelbar nach der Machtergreifung - wie der *Erste Kaiser* 2200 Jahre zuvor - eine unumschränkte Despotie. Auf alle Bereiche der Gesellschaft, auf Politik, Wirtschaft, Erziehung, Presse und das Kulturleben hatten sie fortan unmittelbaren, unkontrollierten und unbegrenzten, ja: persönlichen Zugriff, mit einem Satz: Ganz China war zur Beute ihrer Staatspartei geworden. Genauer: ihrer Funktionäre und noch genauer: einer Handvoll Personen, die als Mitglieder des *Ständigen Ausschusses des Politbüros des Zentralkomitees der KP Chinas* über alles herrschten. In den fünfziger Jahren waren das sechs Leute, heute sind es neun.

Die neuen Machthaber um Mao Tsetung konnten dabei an vielfältige praktische Erfahrungen aus den dreißiger und vierziger Jahren anknüpfen, als sie schon einmal einen eigenen Staat im Staate der Republik China betrieben hatten – mit eigener Regierung, eigener Währung, eigenen Schulen und Zeitungen, ja sogar eigenen Briefmarken. In großer Geschwindigkeit beseitigten sie von Norden nach Osten und Süden und anschließend nach Westen das seit dem Ende der Mandschu-Dynastie in China herrschende Chaos durch regionale Militärmachthaber (*warlords*) und Bürgerkriege. Endlich kehrte Ruhe im Land ein, und schon nach wenigen Jahren stand den neuen kommunistischen Herren ein hochzentralisiertes, bis in die Graswurzeln der Gesellschaft reichendes, die ersten rund zwanzig Jahre sogar von großen Teilen der Bevölkerung unterstütztes Verwaltungssystem zur Verfügung, das ihre ideologischen Vorstellungen ohne zu fragen oder gar zu widersprechen umsetzte. Das gesamte Land, mit allem, was darin lebte, in seinem Boden lag, darauf stand oder darüber flog, gehörte der Kommunistischen Partei Chinas. Ihre Funktionäre hatten *carte blanche* gezogen oder, wie Mao es bereits 1938 so unnachahmlich ausdrückte, dass es noch dreißig Jahre später Eingang in die von den Massen begeistert geschwenkte *Mao-Bibel* fand:

> *„Außer anderen Besonderheiten hat die sechshundertmillionenköpfige Bevölkerung Chinas eine augenfällige Besonderheit: sie ist einmal arm, zum andern weiß wie ein unbeschriebenes Blatt. Das [ist] eine gute Sache. ... Ein weißes Blatt Papier ist durch nichts beschwert, auf ihm lassen sich die neuesten und schönsten Schriftzeichen schreiben, die neuesten und schönsten Bilder malen."*[83]

Den Pinsel führten natürlich die neuen Machthaber – entschlossen und rücksichtslos gegen Mensch und Natur, genauso wie es ihnen in ihrem zwanzigjährigen Kampf ums Überleben vor der Machtergreifung zur Routine geworden war.

In den fünfziger und sechziger Jahren standen der Aufbau einer Schwerindustrie und einer tragfähigen Infrastruktur – Energieerzeugung und Bau von Verkehrswegen – im Mittelpunkt. Die regionale Basis war der von den Japanern entwickelte Nordosten des Landes, die ehemalige Heimat der Mandschus, die diese 1644 bei der Eroberung Chinas als Mitgift ins chinesische Staatsgebiet eingebracht hatten. Das Gebiet (heute 东北 Nordosten genannt) gliederten die Machthaber bei der administrativen Neugestaltung des Landes in die Provinzen 黑龙江 Heilongjiang (sprich: Hee-lung-djang), 吉林 Jilin (Dji-lin) und

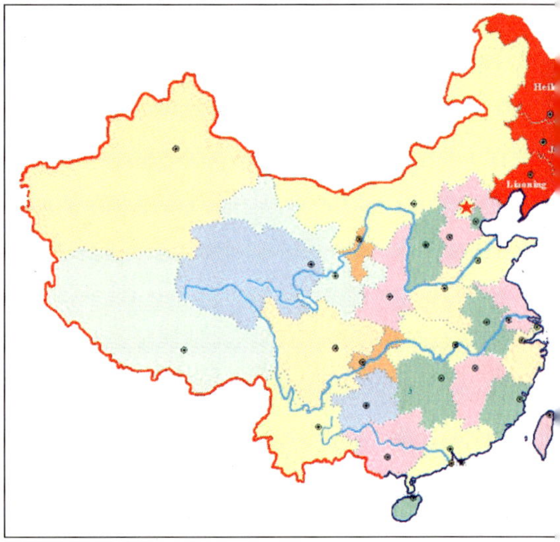

Der ehemals Mandschurei genannte Nordosten Chinas mit den Provinzen (von Nord nach Süd) (rot): 黑龙江 Heilongjiang (sprich: Hee-lung-djang), 吉林 Jilin (sprich: Dji-lin) und 辽宁 Liaoning (sprich: Ljau-ning). Quelle: Rudolph

辽宁 Liaoning (Ljau-ning). Hier hatten die Japaner in der langen Zeit ihrer *De-facto*-Besetzung zwischen dem Ende des Ersten Weltkrieges bis 1945 zahlreiche Industriebetriebe errichtet und unterhalten, die das neue Regime nun in Staatsbesitz übernahm. Hier und im ausländisch geformten Shanghai schlug fortan bis in die späten achtziger Jahre das industrielle Herz Chinas.

In den großen Städten begann zur gleichen Zeit die Beseitigung der noch aus der kaiserlichen Zeit hinterlassenen chinesischen Architektur – Holzhütten, die selbst Hauptstraßen säumten – und der Aufbau so grundlegender Dinge wie befestigte Straßen, eine Kanalisation und öffentliche Räume – Aufmarschplätze für die Massen, aber auch Parks, eine Einrichtung, die in China bis in die Anfangsjahre der Republik unbekannt gewesen war.

Überall sollten nun Industriebetriebe die *Produktivkräfte* entwickeln, wie es das oberste Ziel der kommunistischen Ideologie vorgab. Aus der bis 1949 völlig verschlafenen und industriefreien ehemaligen Kaiser- und Beamtenstadt Peking wollten die nun dort residierenden Machthaber eine an westlichen (bzw. sowjetischen) Vorbildern ausgerichtete Industriestadt machen. Fast im Zentrum, nur unweit östlich des Kaiserpalastes, ließen die Wirtschaftsplaner der KP Auto-, Elektro-, Apparate- und Chemie-Industrien ansiedeln und Betriebe der Baumaterialherstellung, Metallverarbeitung sowie Kraftwerke. Erst seit dem Jahr 2000 fallen die Anlagen der Abrissbirne zum Opfer, um im Rahmen der großflächigen Umbauten für die Olympischen Spiele 2008 Bürohochhäusern Platz zu machen. Das schon 1919, damals aber noch weit außerhalb gegründete hauptstädtische Stahlwerk, war bald Teil des expandierenden Pekinger Stadtgebietes und wurde intensiv weiter ausgebaut zum heute immer noch viertgrößten Stahlwerk Chinas – und zum größten Luftverschmutzer der Hauptstadt. Bis 2008 wollen es die Behörden in die umliegende Provinz 河北 Hebei (sprich: He-bej) hinaus verlagern.

Vorbild bei den Pekinger Stadtplanern der 50er Jahre war der Franzose Georges-Eugene Haussmann, der als Architekt Napoleon III in der Mitte des 19. Jahrhunderts Paris zu der Stadt machte, die wir heute kennen. Genau eine solche *Großoperation* sollte das Dorf Peking umkrempeln.

Das Ergebnis der vor nichts halt machenden Industrialisierung lässt sich gut am steigenden Beitrag dieses *sekundären Sektors* zur Erzeugung des chinesischen Bruttoinlandsprodukts (BIP) ablesen. Bei aller Skepsis, die man chinesischen Statistiken entgegenbringen kann, ist es doch unbestritten, dass hier in den vierzig Jahren des *Neuen China*, wie die Parteiführer ihren Staat bis heute gerne nennen, eine dramatische Umwälzung stattfand: Im Jahre 1949 lag der Anteil der industriellen Fertigung

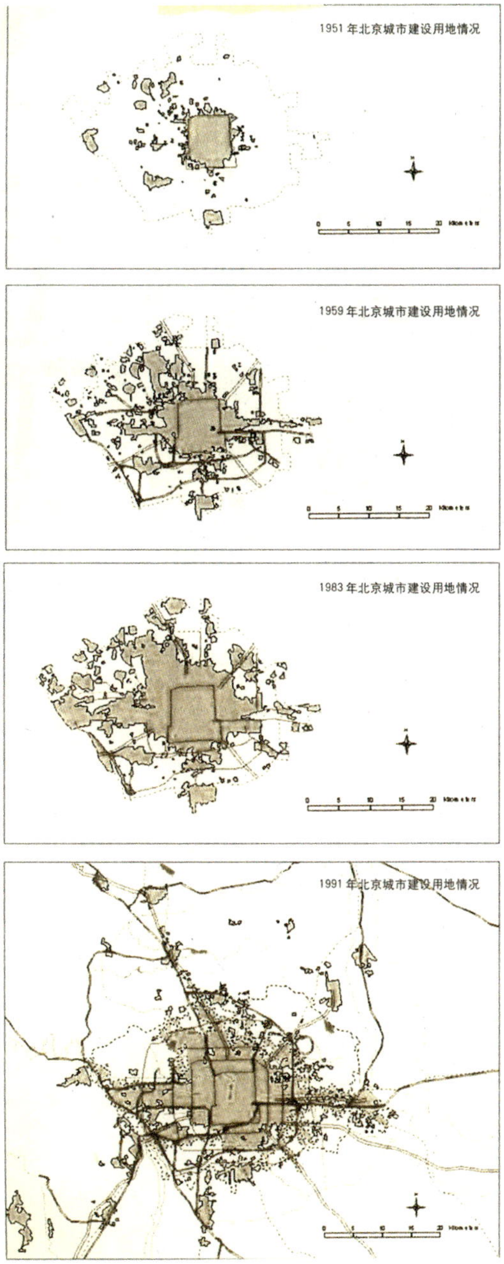

Aus der Beamtenstadt ohne Industrie 1951 wird bis 1991 der Moloch Peking. Quelle: Rudolph

am Bruttoinlandsprodukt bei nur etwa 13 Prozent. 1970 aber betrug er bereits 35 Prozent, 1978 gar 45 Prozent und ein Jahrzehnt später 65 Prozent. 1990 waren es ca. 60 Prozent.

Die ganze Dramatik dieser Entwicklung springt aber erst vor dem Hintergrund dessen ins Auge, was vorher gewesen war: ein Anteil von Industrie, Handwerk und Manufaktur am Bruttoinlandsprodukt im Jahre 1933 von nur 10,5 Prozent[84] – derjenige der wirklichen Industrie also noch weit darunter (Landwirtschaft: 65 Prozent)! So gesehen war China also innerhalb von nur vierzig Jahren industrialisiert worden. Und zwar flächendeckend, denn unter den Bedingungen des internationalen Boykotts, dem sich ab Ende der fünfziger Jahre auch die Sowjetunion und ihre osteuropäischen Verbündeten angeschlossen hatten, achtete die Parteiführung unter Mao stets darauf, dass China nicht nur insgesamt autark war, sondern auch einzelne Regionen, ja Provinzen alles selbst herstellten, was sie brauchten. *Vorbereitung auf einen Kriegsfall* hieß das in der Propaganda, man war Ende der 60er Jahre fest davon überzeugt, dass die Sowjetunion China angreifen würde.

Schon in den 80er Jahren, als die Nach-Mao-Parteiführung mit ihren Wirtschaftsreformen begann, die bis dahin rigide zentrale Planung zurückführte und so dem chinesischen Unternehmer- und Arbeitsgeist mehr und mehr Spielraum einräumte, gab es in China eine flächendeckende Industriestruktur, die praktisch alle Bereiche mit Tausenden Staatsbetrieben abdeckte. Schon

Chinesische Industriestruktur heute - komplett

	Anzahl der Betriebe (Umsatz > 500.000 Euro/Jahr)		
Sektor (Mehrfachnennungen möglich)	2000	2003	Veränd.
Gesamtzahl der Industriefirmen	141.956	180.146	26,9%
Leichtindustrie	81.902	92.525	13%
Nahrungsmittelverarbeitung	10.676	11.192	5%
Getränkeherstellung	3.409	3.194	-6%
Textilindustrie	10.968	14.863	36%
Bekleidungsindustrie	7.064	9.717	38%
Leder und Pelze	3.164	4.518	43%
Möbelherstellung	1.468	2.046	39%
Papier und Papierprodukte	4.672	5.570	19%
Druck und Tonträger	3.703	4.084	10%
Bürobedarf und Sport	1.879	2.516	34%
Chemische Rohstoffe und Produkte	11.430	13.803	21%
Kunststoffproduktion	14.540	8.382	-42%
Maschinenbau	9.338	12.546	34%
Spezialmaschinen	6.406	7.129	11%
Transportausrüstung	7.845	8.281	6%
Elektrische Geräte und Maschinen	7.845	10.400	33%
Elektronik und Telekommunikation	4.459	5.856	31%
Meßinstrumente	1.860	2.515	35%

Quelle: Statistisches Jahrbuch Chinas 2004. Für die Gesamtzahl der Industriefirmen: OECD Economic Surveys – China, September 2005, S. 135. Diese Zahl erfasst allerdings nur die von der Statistikbehörde registrierten Unternehmen. Es gibt eine erhebliche Dunkelziffer, so dass die Gesamtzahl in allen Bereichen noch darüber liegen dürfte.

unter den Bedingungen der relativen Freiheit der frühen Reformära schossen zahllose neue Betriebe aus dem Boden, selbst Bauern begannen in den 80ern, sogenannte *ländliche Kooperationen* im kleinindustriellen Bereich aufzubauen. Die Aufstellung auf der vorherigen Seite gibt den Stand der Dinge für die Gegenwart wieder:

Wer bedenkt, dass im Vergleichjahr 2003 in Deutschland insgesamt nur 48.417 Betriebe des *Verarbeitenden Gewerbes* mit mehr als 20 Beschäftigten registriert waren, der bekommt einen nachhaltigen Eindruck von dem, was heute in China geschieht. Allein der Bereich der Textilindustrie stellt ein Viertel der deutschen Unternehmen insgesamt. Und in nur drei Jahren nahm ihre Zahl um 36 Prozent zu. Die Entwicklung im Bereich Leder und Pelze war sogar noch sprunghafter. 12.546 Unternehmen bauen in China Maschinen, eine Paradedisziplin der deutschen Wirtschaft. Hinzukommen 10.400 für elektrische Geräte und Maschinen usw. Damit ist China heute praktisch mit einer kompletten Industriestruktur ausgestattet: Alles, was Ausländer ins Land bringen, ist bereits vorhanden und kann leicht von den einheimischen Produzenten ebenfalls hergestellt bzw. kopiert werden. Das ist die Basis der überdurchschnittlichen Konkurrenz, die alle chinesischen Märkte auszeichnet.

Das durchschnittliche Wachstum des industriellen Sektors belief sich nach allgemein akzeptierter Ansicht seit den 90ern zwischen 10 und 20 Prozent im Jahr. Heute trägt dieser volkswirtschaftliche Bereich 53 Prozent zum Bruttoinlandsprodukt Chinas bei, wie die OECD in ihrer neuesten China-Studie vom September 2005 ausweist. Auf den ersten Blick scheint dies – gegenüber den 60 Prozent von 1990 – einen Rückgang anzudeuten. Hier spielt der in den letzten Jahren stark gewachsene Dienstleistungssektor eine wichtige Rolle. In Bezug auf die industrielle Produktivität ist jedoch vor allem zu bedenken, dass sich das chinesische Bruttoinlandsprodukt zwischen 1990 und 2004 auf – nach Angaben der Weltbank – umgerechnet ca. 1.600 Milliarden Euro (Deutschland: 2.100 Milliarden Euro) verdoppelt hat, so dass der absolute Wert der industriellen Produktion heute trotz seines gefallenen BIP-Anteils wesentlich höher liegt als 1990. Tatsächlich verdreifachte sich der industrielle Ausstoß zwischen 1992 und 2002.

Die Machtergreifung der Kommunisten im Jahre 1949 markierte also einen tiefen und folgenreichen Einschnitt. Erstmals seit fast hundert Jahren fand sich China wieder im eisernen Griff einer Zentralmacht. Nicht nur politisch waren die neuen Herren in der Lage, ihren Willen in allen Landesteilen ungehindert von Opposition oder anderen kräfte- und zeitzehrenden Auseinandersetzungen zu verwirklichen. Auch wirtschaftlich hatten sie sich das gesamte Land unterworfen: alles war verstaatlicht, Produktion und Dienstleistungen, Binnen- und Außenhandel.

Die kommunistische Ideologie der allein herrschenden Partei, das Wissen der Machthaber um den Entwicklungsstand des Westens und der unbedingte Wille, in der internationalen Politik gleichberechtigt mitzureden, machten die Industrialisierung Chinas (neben dem Machterhalt) zu ihrem wichtigsten Ziel. Sie verfolgten es beharrlich, rücksichtslos und letztlich erfolgreich, auch wenn Millionen dabei auf der Strecke blieben. Aber was machte das schon bei 800 Millionen Chinesen? Es waren ja immer noch genug da. Selbst während der für die Entwicklung der nationalen Wirtschaft eher destruktiven politischen Kampagnen gelang es dem Regime, nachhaltig wirksame Erfolge zu erzielen: Im Oktober 1964, zwei, drei Jahre nach dem Ende der größten Hungerkatastrophe, die China je gesehen hatte, ließen die Machthaber die erste Atombombe explodieren, 1967 die erste Wasserstoffbombe und 1971 schickte eine chinesische Rakete gar einen selbst gebauten

Satelliten um die Erde. Der sendete zwar nur das Lied *Der Osten ist rot*, war aber mit eigenen Mitteln und ohne Hilfe von außen entstanden.

Schon die nur teilweise Zurücknahme der totalen staatlichen Steuerung Anfang der 80er Jahre reichte auf dieser Grundlage, um in dem bis dahin geschaffenen kompletten Industriesystem umgehend die produktiven Energien und den Einfallsreichtum der chinesischen Bevölkerung freizusetzen. Und genau da öffneten die zu diesem Zeitpunkt im Westen sehr beliebten Herrscher ein Fenster, durch das in den folgenden Jahren ein reichhaltiger Dünger auf den ohnehin produktiven Boden Chinas wehte: Kapital.

Wie die westliche Welt das chinesische Potenzial freisetzt

Wenige Tage vor Eröffnung der Internationalen Automobilausstellung 2005 in Frankfurt erschien die *Frankfurter Allgemeine Sonntagszeitung* im September mit einer in chinesischen Schriftzeichen gefassten Artikelüberschrift - erste Seite des Wirtschaftsteils, über alle Spalten. Anlass: Erstmals stellten chinesische Autofabriken - keine chinesisch-ausländischen Gemeinschaftsunternehmen! - eigene PKW-Modelle auf der größten und wichtigsten Auto-Schau der Welt aus. Auch in anderen Medien spielten die Modelle eine große Rolle in der Berichterstattung. Schon im Februar 2005 hatte *Auto Bild* das Thema auf die erste Seite genommen: *Die Chinesen kommen*, stand da in großen Buchstaben.

Wer sich die ausgestellten, auf Hochglanz polierten Modelle betrachtete, musste zu dem Urteil kommen: *Die sehen doch ganz passabel aus* ... Und wer den Preis zum Beispiel des Gelände-Stadtwagens *Landwind* erfuhr - ca. 15.000 Euro - zeigte sich überrascht und bereits (leicht) interessiert. (Bei der Straßenumfrage eines TV-Wirtschaftsmagazins hatten viele auf um die 35.000 Euro getippt.)

Auch sonst war der Sommer 2005 in mancher Hinsicht ein China-Sommer, denn chinesische Textilien *bedrohten* die EU-Märkte. In anscheinend riesigen Mengen produziert und exportiert, sollten sie auf den europäischen Märkten zu Spottpreisen auf die Angebotstische gehen. Die EU, die erst im Januar vereinbarungsgemäß die Einfuhrquoten für Textilien aus China aufgehoben hatte, verhängte einen Einfuhrstopp. Das war unrechtmäßig, die Abschaffung der Quoten war seit langem vereinbart, unbegrenzte Textilexporte waren einer der wichtigsten Gründe für die chinesische Regierung gewesen, im Dezember 2001 der Welthandelsorganisation beizutreten. Gerade diese Handelsbeschränkungen wollte China loswerden, um den einheimischen Produzenten weltweite freie Bahn und Verdienstmöglichkeiten zu schaffen. Nun lagen die *T-Shirts* und *Büstenhalter*, wie es vereinfachend immer hieß, entweder noch versandfertig in China oder bereits in Containern auf Schiffen und in europäischen Hafen-Zollagern. Händler wie *H & M* klagten, weil sie Umsatzeinbußen befürchteten, vor allem südeuropäische Textilhersteller aber waren zufrieden, ihre Lobbyisten hatten den Brüsseler Importstopp bewirkt. Sofort meldeten sich auch andere Branchen, wie zum Beispiel Schuh- und Möbelhersteller und forderten ebenfalls, Einfuhrquoten für Konkurrenzprodukte aus China zu verhängen.

Vor dem Hintergrund der insgesamt krisenhaften Stimmung in Deutschland aber auch anderswo, den seit etwa 2001 deutlich zunehmenden Firmen-Ankündigungen, Produktion aus Deutschland nach China zu verlagern, begannen selbst seriöse Zeitungen wieder den Begriff der *gelben Gefahr* zu benutzen.

Der europäische Handelskommissar einigte sich in langwierigen, nächtlichen

Gesprächen mit seinem chinesischen Gegenüber schließlich auf die erneute Aufhebung der Textilquoten, die Lage entspannte sich. Mit den chinesischen Autos befaßte sich der ADAC in einem *crash test*. Ergebnis: Tod bei Unfall mit nur 60km/h, ein durch und durch unsicheres Auto – die Qualität stimmt eben immer noch nicht. So verschwanden diese Themen wieder aus der prominenten Medien-Plazierung. Freilich ist es keine sehr gewagte Prognose zu behaupten, daß sie bald wieder dahin zurückkehren werden.

Was war geschehen? Wie konnte es Chinesen, die über ein durchschnittliches *Jahreseinkommen* von nur knapp über 1.000 Euro verfügen, gelingen, zum Beispiel den Deutschen, die pro-Kopf ca. 30.000 Euro im Jahr zur Verfügung haben, einen solchen Schrecken einzujagen? Wie konnte es geschehen, dass die chinesische Wirtschaft plötzlich so auftrumpfte? Nur wenige Jahre zuvor noch hatten viele Beobachter sie als durchweg irrelevant eingeschätzt, wenn sie es erst mit der ausländischen Top-Konkurrenz zu tun bekommen würde, die sich angespornt von der chinesischen WTO-Öffnung anschickte, die Schriftzeichen-Märkte aufzurollen.

Die Ursache dieser Entwicklung ist chinesisch. Sie liegt in der bereits beschriebenen Wirtschaftspsychologie dieses 1,3 Milliarden Volkes: geduldig und leidensfähig, arbeitsam und findig, lernbegierig und folgsam, und: spitzbübisch. Und allen diesen Adjektiven ist ein *sehr, sehr* voranzustellen. Allerdings kam noch etwas dazu, das die Zeit bis zum Eintritt dieses Volkes in die Weltwirtschaft erheblich verkürzte: die Ausländer und ihr massenhaft nach China verbrachtes Kapital.

In der Rückschau auf diese eigentlich paradoxe Entwicklung, die vor etwa 25 Jahren begann, zeigt sich rasch, wie sich alle historisch über Hunderte Jahre angehäuften China-Faktoren einer nach dem anderen zu einem schnurgeraden Gleis zusammenfügten, auf dem der Zug der Investoren gradlinig und mit bislang stets steigender Geschwindigkeit nach China rollte.

Absehbar jedoch war diese Entwicklung lange nicht gewesen, auch wenn die Sehnsucht, den *größten Markt der Welt zu erobern,* schon dem begeisterten Bericht des Marco Polo (13. Jahrhundert) zugrundelag, von vielen anderen im 15. bis 18. Jahrhundert gepflegt und dann – erfolglos – von den europäischen, amerikanischen und japanischen Kaufleuten und Industriellen des 19. Jahrhunderts umzusetzen versucht wurde.[85]

Es war paradox: Wie konnte jemand auf die Idee verfallen, dass westliche Unternehmen, nach Recht und Gesetz sowie den Regeln der rationalen Betriebswirtschaft von *ehrbaren Kaufleuten* geführt, unterstützt, ja aufgefordert, von demokratischen Politikern und Regierungschefs Milliarden und Abermilliarden Dollar aus ihren eigenen Ländern in einen Staat verbringen, der als *Diktatur des Proletariats* – nach ihren eigenen Maßstäben – recht- und gesetzlos ist? Eine despotische, kommunistische Diktatur und – vielleicht noch vor all diesem – ein revolutionärer Feind der kapitalistischen Ausbeutung und des bürgerlichen Rechtsstaates sowie natürlich der *imperialistischen und neo-kolonialen* Unterdrückung der *Dritten Welt*. Und doch geschah es.

Es war Mao Tse-tung gewesen, der im Westen weithin verrufene Ultra-Revolutionär, der in typisch chinesischem Pragmatismus den Paria-Zustand seines Staates nach zwanzig Jahren politisch beendete. Und nicht nur das: Maos Volte, den *Erzreaktionär, China-Feind,* ja *Feind der Völker der Welt* etc. Richard Nixon, Präsident der *aggressiven, imperialistischen*, Krieg gegen das *heldenhafte* vietnamesische Volk führenden USA im Sommer 1971 nach Peking einzuladen, machte ihn im Handumdrehen sogar

China als Teil der Weltwirtschaft

zu einem der beliebtesten Gesprächpartner des Westens. Genauer: der konservativen und konservativsten politischen Kräfte in diesen Ländern, eben jenen Leuten, die über die besten Verbindungen zu den einheimischen Wirtschaftsführern verfügen. Absurd? Nein, sehr realistisch.

Zwei Vorsitzende: CSU-Vorsitzender Franz Josef Strauß trifft den KPCh-Vorsitzenden Mao Tse-tung in der zentralchinesischen Stadt Wuhan, 16.1.1975. Quelle: Picture Alliance

Der Grund für die plötzliche Mao-Liebe ist nämlich leicht zu finden: Der chinesische Machthaber, der zu Beginn der 70er Jahre, nach der für ihn sehr erfolgreichen Kulturrevolution so fest im Sattel saß, dass er tatsächlich allein alles bestimmen konnte, was in der chinesischen Welt geschah, den jeder der Unter-Machthaber fragte, bevor er etwas unternahm, faszinierte bereits durch diese Allmacht jeden, der Politik zum Beruf hatte, denn Politik ist Kampf um und Ausübung von Macht – in der Demokratie freilich: Macht auf Zeit.

Wichtiger als diese eher im Unterbewußtsein ruhende Faszination aber war etwas anderes: In den 60er Jahren hatte Mao aus ideologischen Gründen das Bündnis mit der Sowjetunion aufgekündigt. Zunächst machte ihn das auch im Westen noch verdächtiger, denn seine Position im Kampf um die korrekte Auslegung des kommunistischen Glaubensbekenntnisses war weitaus radikaler und kämpferischer als die Moskaus, wo man von *Entspannung* wenigstens sprach und mit dem Westen Kontakte hielt. Die Chinesen aber lehnten dies ab. Die Möglichkeit eines *friedlichen Übergangs* vom bürgerlichen zum sozialistischen Staatswesen verneinten sie. Es würde unbedingt eine bewaffnete Revolution geben, die KP eines jeden Landes müsse sich darauf vorbereiten etc. Der *Klassenkampf* sei das Wichtigste, sogar noch im Sozialismus, weshalb die *Diktatur des Proletariats* (= der Partei) eisern sein müsse.

Das klang in westlichen Ohren sehr schlimm. Doch am Ende der 60er Jahre verwandelte sich dieser ideologische Kampf gegen die Russen in einen echten kleinen Grenzkrieg. Auf einer Insel im Grenzfluß Ussuri war es Anfang 1969 zu Schießerein zwischen der chinesischen und der sowjetischen Armee gekommen. Mit Toten sogar, und nur wenige Wochen vor dem wichtigen 9. Parteitag der KP Chinas, auf dem Mao die personellen Ergebnisse seiner Kulturrevolution zementieren wollte, die Entmachtung fast der gesamten KP-Führung von 1949. Die Pekinger Machthaber erklärten in der Folge des Grenzscharmützels die Sowjetunion zum Feind! Die UdSSR sei auch nicht mehr sozialistisch, sondern in

Chinesische Grenztruppen mit erobertem sowjetischen Stahlhelm. Plakat: „Alle Reaktionäre sind Papiertiger."
Quelle: Rudolph

Wirklichkeit imperialistisch, eroberungslüstern, wie ihr Einfall in die Tschechoslowakei gezeigt habe, sie sei ein Feind der Völker der Welt, der sich hinter dem Etikett *sozialistisch* aber als Freund gebe und daher *noch gefährlicher* sei als die USA, von denen sowieso schon jeder wisse, was sie umtreibe.

Zusätzlich holte die chinesische Führung auch noch die Grenzfrage aus der Ablage. Das Zarenreich hatte im 19. Jahrhundert die Schwäche der Mandschu-Dynastie genutzt und sich große Teile des chinesischen Nordostens angeeignet. Die einst chinesische Stadt 海参崴 Haishenwei (sprich: Hai-schönwee) heißt seither Wladiwostock – *Beherrscherin des Ostens* – und drückt bis heute die russischen Triumpfgefühle über diesen Landgewinn aus. Tausende von Grenzkilometern stellte Peking nun öffentlich in Frage. Aus den Verbündeten der 50er Jahre waren offensichtlich Feinde geworden – Todfeinde, wie nun auch die NATO langsam glaubte.

Der Feind meines Feindes ist mein Freund – vor diesem Hintergrund erfolgte zwei Jahre nach den Schießereien die chinesische Einladung des US-Präsidenten nach Peking. *Der Feind meines Feindes ist auch mein Freund* – vor diesem Hintergrund nahm Nixon die Einladung an. Im Februar 1972 schüttelte er Mao die Hand und, wie wir aus den inzwischen öffentlichen Gesprächprotokollen wissen, führte mit dem absoluten Herrscher über alle Chinesen ein höchst vergnügliches Gespräch.

Von diesem Moment an verwandelte sich die westliche China-Sicht schlagartig, denn auch für die meisten anderen Politiker der NATO-Staaten galt: *Der Feind meines Feindes ist mein Freund* – jedenfalls für die Konservativen. (Die zu diesem Zeitpunkt auf Entspannungskurs gegenüber Moskau befindliche SPD hielt sich lange zurück, umso China-aktiver verhielt sich die CDU, und erst recht die CSU unter Strauß.) Peking wurde zum beliebten Besuchsort westlicher Politiker aller Ebenen, und in deren Gefolge reisten auch die Vorstandsvorsitzenden der großen Konzerne, um sich erstmals auf dem *größten Markt der* Welt umzusehen. Ihre mitgebrachten Eindrücke, die sie zu Hause über die Medien in die Öffentlichkeit brachten, waren durchweg positiv. Das Land sei sehr arm, sicher, man selbst könnte so nicht leben. *Aber*: Es herrsche doch Ordnung. Und – mit Blick nach Indien: es verhungere niemand. China nehme keine Entwicklungshilfe. China habe auch keinerlei Schulden im Ausland, sei deshalb sehr kreditwürdig.

Freilich dachte zu diesem Zeitpunkt noch niemand daran, Fabriken in dem Land zu bauen und die billigen chinesischen Arbeitskräfte einzustellen oder gar chinesische Staatsfirmen zu kaufen, sich an chinesischen Banken zu beteiligen, Kapital zu exportieren und was sonst noch heute Gang und Gäbe ist. Im Vordergrund stand nach dieser chinesischen Öffnung durch Mao der Export. Allein der Gedanke daran, was es in dem Riesenland alles *nicht* gab und auf welch erbärmlichem technischen Stand die Produktionsanlagen waren, machte die Perspektiven des China-Geschäfts, wie Mao in einem ganz anderem Zusammenhang gerne sagte – *glänzend*.

Die Eindrücke der Wirtschaft also waren sehr positiv, aber – wieder Mao – *der Weg war voller Windungen und Wendungen*. Hauptproblem für das Zustandekommen der erhofften Milliardengeschäfte war in den 80er Jahren das chinesische Tabu, Kredite im Ausland aufzunehmen. Was man damals kaufte, bezahlte man umgehend, man fürchtete, dass Auslandsschulden abhängig machten. Das begrenzte freilich den Umfang möglicher Geschäfte sehr und verursachte manche Enttäuschung nicht nur auf Seiten der deutschen Industrie. Es sorgte aber andererseits auch dafür, dass China in den Ruf eines zuverlässigen, pünktlich zahlenden Handelspartners kam. Noch ein Plus.

Die positiv-hoffnungsvolle Stimmung verbesserte sich weiter, als Mao im September 1976 gestorben und nur wenige Wochen danach seine linksradikalen ideologischen Prätorianer um Ehefrau 江青 Jiang Qing (sprich: Djang Tjing) in einer Palastrevolte vom Mao-Nachfolger kurzerhand verhaftet und als *Viererbande* weggesperrt worden waren. Würde China nun pragmatischer werden? Weniger kommunistisch? Von der Ideologie lassen? Würde es nur noch *Feind meines eigenen Feindes*, der Sowjetunion, sein?

Kaum ein halbes Jahr nach dem Palast-Coup kam der von den Verhafteten zweimal wegen Abweichens von der kommunistischen Lehre gestürzte 邓小平 Deng Xiaoping (1904–1997) zurück in die Partei- und Staatsführung. Seine innerparteilichen Freunde hatten das – befreit von ihrer Angst vor Mao und seiner *Viererbande* – gegen den widerwilligen, noch von Mao eingesetzten Partei- und Staatschef 华国锋 Hua Guofeng durchgesetzt. Deng hatte mit Ideologie wahrscheinlich sein ganzes Leben lang nichts im Sinn, er wollte aber – in dieser Reihenfolge – erstens die Macht für sich und die Funktionäre bewahren und zweitens China stark machen, so dass es in der Weltpolitik die ihm zukommende Rolle würde spielen und Macht ausüben können. Einen anderen Glauben besaß er nicht: *Egal, ob die Katze schwarz oder weiß ist – Hauptsache, sie fängt Mäuse,* hatte er einmal, während einer ideologischen Debatte, zum großen Ärger Maos gesagt, der ihn dafür in der Kulturrevolution zur Strecke brachte. Der Satz aber hatte Deng berühmt, ja zu einem Mythos gemacht und aus dem grauen Einerlei der Ja-Sager herausgehoben.

Entschlossen, diese all und jede Politik rechtfertigende Maxime, die so perfekt dem chinesischem Denken entspricht, nun endgültig durchzusetzen, beseitigte er nach und nach die Reste des Maoismus und ihre Protagonisten in der Parteiführung – einschließlich des Mao-Nachfolgers 华国锋 Hua Guofeng, der ihn zurückgeholt hatte. Ende der 70er Jahre benutzte er dafür zeitweilig auch die erste Demokratiebewegung. Eine Weile erlaubte Deng ihren Protagonisten, ihm missliebige Konkurrenten in der Parteiführung auf Wandzeitungen zu diskreditieren. Als das erledigt war, schickte er den bekanntesten dieser bald Demokratie fordernden Mohren, 魏京生 Wei Jingsheng (sprich: Wej Djing-schöng), kaltblütig für 15 Jahre ins Arbeitslager.

Mangels sonstiger Ideologie setzte Deng auch auf den Durst der Chinesen nach nationaler Größe und Macht und ließ im Februar 1979, wenige Wochen nach der Aufnahme diplomatischer Beziehungen zu den USA und seinem triumphalen Amerika-Besuch, seine Armee kurzerhand in Vietnam einmarschieren. China werde dem Nachbarn *eine Lehre erteilen*, hieß es ganz offiziell. Wie leicht vorauszusehen begeisterte er damit Partei, Armee und Volk, schuf sich eine größere innerparteiliche Machtbasis und ... sammelte überdies weitere Punkte im Westen, insbesondere in den Vereinigten Staaten, deren Armee nur vier Jahre zuvor, nach zehn Jahren Krieg und Zehntausenden amerikanischen Toten schmählich besiegt aus Vietnam abgezogen war.

Was nach Maos Vorarbeit unter der Führung des Deng Xiaoping für das Chinabild des Westens übrig blieb, war dies: ein großer, lockender Markt, ein offensichtlich sehr entschlossener *Feind des Feindes* und schließlich unter der Überschrift *Weiße Katze, schwarze Katze* die Aufgabe jeglicher revolutionärer Ideologie zugunsten einer rein wirtschaftlich ausgerichteten Entwicklungsplanung: Industrie, Landwirtschaft, Wissenschaft und Technik sowie – auch dagegen hatte zu diesem Zeitpunkt niemand im Westen etwas – der Armee.

Im nächsten Schritt bot Deng den reichen Industriestaaten den chinesischen Markt tatsächlich an. Im Ausland war das Kapital, die Technik, das *know-how* und die effektive Organisation – in China größte Armut. Aber es war dennoch in der ausländischen Wahrnehmung ein lockendes Absatzgebiet. Und es gab das unschlagbar billige *Humankapital* – in Massen. Getreu einer anderen seiner berühmten Maximen des chinesischen Pragmatismus: *Mit den Füßen nach den Steinen tastend den Fluß überqueren*, bot der inzwischen zum Alleinherrscher über China gewordene alte Mann den europäischen, japanischen und amerikanischen Konzernen das bis dahin für unmöglich Gehaltene an: Sie könnten nun selbst nach China kommen! Es sei ihnen ab jetzt gestattet, Kapital zu investieren, Fabriken zu bauen und die günstigen Produktionsbedingungen und Arbeitskräfte für ihre geschäftlichen Zwecke, ja, zur Eroberung des chinesischen Marktes selbst auszunutzen. Als gesetzliche Absicherung verabschiedete der *Nationale Volkskongress*, das so genannte Parlament, ein Gesetz über ausländische Direktinvestitionen in China (Juli 1979) und schuf so genannte *Sonderwirtschaftszonen*, Gebiete an der Grenze Hongkongs und entlang der Küste, in denen die Ausländer ihre Fabriken würden aufbauen können.

Der Plan schien absurd: Westliche Firmen, die eine gesicherte Rechtsgrundlage für ihre zahllosen, täglich, oft mit unbekannten Geschäftspartnern in aller Welt vorgenommenen Transaktionen des Ein- und Verkaufs benötigen, bei der Anstellung, Beschäftigung und Entlassung von Mitarbeitern, bei der Ansiedlung, bei den Steuern und sonstigem Umgang mit den Behörden, bei der Produkthaftung und vielem anderen mehr, die Rechtssicherheit brauchten wie der Mensch die Luft zum Atmen, solche Firmen sollten ihr Kapital, ihre Technik, ihr *know how* und anderes Eigentum in ein Land bringen, in dem nichts von alledem vorhanden war? Ein Land überdies, das eine Partei beherrschte, deren Funktionäre es gewohnt waren, rücksichtslos zu tun und zu lassen, was sie wollten? Eine Partei, die alles, was darin stand, lag oder sich bewegte als ihre Beute behandelte, wofür sie niemandem Rechenschaft schuldete? Eine Partei, die schließlich auch immer noch *kommunistisch* hieß, programmatisch das Privateigentum an den Produktionsmitteln abschaffen und Unternehmer zu Proletariern machen wollte? Und – davon ganz abgesehen – in eine Welt, deren Schrift und Sprache Ausländer auf ewig außen vor hielten, deren Staats- und Gesellschaftsorganisation vollkommen intransparent waren, die keine freien Medien und keine Interessenverbände zuließ und in der jeder Gerichtsgang eines ausländischen Investors sich gegen den allmächtigen, über dem Recht stehenden chinesischen Staat richten musste, der alles kontrollierte und gewährte – oder eben nicht. Alles sprach dafür, dass der Deng-Plan scheitern würde.

Selbst eine heutige Binsenweisheit der China-Investoren war bereits 1980 bekannt: Mit dem Joint-Venture-Konzept strebe die chinesische Führung, wie der *Blick durch die Wirtschaft* am 27.6.1980 richtig erkannte, danach, *ausländische Partner heranzuziehen, an die zur Zeit modernste Technik heranzukommen und bei allem so wenig wie möglich eigene Devisen ins Geschäft* [zu] *stecken*. Heute bezeichnet man das als Kopieren, und hält es in Europa, Amerika, Japan, in jedem Land, aus dem Investoren nach China kamen, für ein sehr großes Problem.

Tatsächlich lagen diese chinesischen Zumutungen weit über der Toleranzschwelle europäischer, amerikanischer und japanischer Konzern-Manager, und das große ausländische Kapital blieb in den 80er Jahren erst einmal in Warteposition. Einige kamen aber dennoch. Einer der ersten europäischen Investoren war die Schweizer Firma Schindler, Hersteller von Aufzügen. Schon 1979, unmittelbar nach Verkündung des revolutionären *Joint-Venture-Gesetzes* waren Schindler-Manager nach China gekommen und hatten tatsächlich bald ein Gemeinschaftsunternehmen gegründet (März 1980), die *China-Schindler Elevator Company Ltd.* Nur bescheidene 16 Millionen Dollar betrug das Gesellschaftskapital, Schindler war mit 25 Prozent beteiligt, zwei chinesische Maschinenbaufirmen, je eine in Peking und Shanghai, hielten 75 Prozent und brachten, gängiges Verfahren bei Gemeinschaftsunternehmen, ihren Anteil in Form ihrer Fabrikgebäude und des Bodens ein. Letzteren hatten diese Partner dabei so hoch bewertet, dass ein Schindler-Vertreter sarkastisch bemerkte, dafür hätte man ein entsprechend großes Gelände auch in der Schweiz bekommen können.[86]

Das anfängliche Zögern der europäischen Investoren hatte vor allem damit zu tun, dass viele Beobachter noch kurz vor der Bekanntgabe des Gesetzes über chinesisch-ausländische Gemeinschaftsunternehmen überzeugt waren, dass ein Funktionieren solcher Konstruktionen im sozialistischen System gänzlich ausgeschlossen sei. Dass Ausländer Fabrikgebäude oder Ausrüstungen auf chinesischem Boden ganz oder teilweise ihr eigen nennen können, überstieg 1980 die Vorstellungskraft der meisten Experten. Es könne schon deshalb nicht zu einem wirkungsvollen Know-How-Transfer kommen, weil dieser nicht einfach in [das] gegenwärtige System eingespeist werden könne, das fast keine Arbeitsteilung und Spezialisierung kenne, und dem schlichtweg die Infrastruktur für moderne Anlagen fehle[87], meinte zum Beispiel die *FAZ*-Korrespondentin Bargmann.

Diese Beobachter hatten wohl die DDR vor Augen. In puncto China irrten sie sich gewaltig. Solche Bedenken gelten nämlich gar nichts in einem Land, das hundert Jahre lang mit *Vertragshäfen* (unter ausländischer Verwaltung) und *Exterritorialität für Ausländer* (sie unterstanden nicht dem chinesischen Recht) gelebt hatte, und es heute mit *ein Staat, zwei Systeme* in Hongkong tut. So gründlich deutsch oder juristisch denkt dort niemand, dass erst der sozialistische Schlamassel aufzuräumen wäre, bevor man die ordentlichen, spezialisierten, hochtechnischen kapitalistischen Betriebe hereinlässt. Die dürfen gerne gleich kommen, der Rest findet sich dann schon. China ist pragmatisch: Wenn sie denn keine ausgebildeten Arbeiter für Werkstatt und Verwaltung vorfinden, dann können sie die doch selbst ausbilden – nach Absprache mit den Behörden natürlich und immer auf eigene Kosten, die aus chinesischer Sicht willkommener zusätzlicher Kaufkraftzufluss sind. Und wenn Gesetze fehlen oder einem gewünschten Vorhaben entgegenstehen, so macht das in China überhaupt nichts: Die werden einfach nachgereicht, passend gemacht oder abgeschafft. Die Partei hat jedes Recht, das zu tun.

So pragmatisch – oder willkürlich – war China immer, unter den Kaisern, unter Tschiang Kai-schek und auch in den 80ern, weshalb das kommunistische System auch mit den eingesprengselten kapitalistischen Betrieben gut funktionierte. Es war eben ein kommunistisches System mit *chinesischen Charakteristika,* und mit der ihnen (in europäischer Wahrnehmung) eigenen fast anrührenden kindlichen Naivität machten sich die Herren des Landes daran, den unmöglichen Deng-Plan umzusetzen. Die Peking-Korrespondentin der *Frankfurter Allgemeinen Zeitung*, Carol Bargmann, war damals dabei, als der von Deng rehabilitierte und mit dem Einsammeln der ausländischen Investitionen beauftragte 荣毅仁 Rong Yiren (1916 bis 2005, sprich: Rung Yi-ren, mit englischem *r* wie in *right*), vor 1949 ein Shanghaier Großkapitalist, dem die Partei dreißig Jahre lang übel mitgespielt hatte, auf seiner ersten Pressekonferenz um Investoren warb. Ein Journalist fragte 荣 Rong zum Abschluß, wohin sich interessierte Investoren wenden sollten. Die Antwort in typisch chinesischer Arglosigkeit: Es genüge, Peking, Goldfischgasse auf den Briefumschlag zu schreiben.[88]

Und schon ein Jahr nach dieser Pressekonferenz arbeiteten allein in der Südprovinz 广东 Guangdong (sprich: Gwang-dung) eintausend chinesisch-ausländische Kooperationen, wenn auch meist mit Kleinfirmen-Partnern aus Hongkong. Aber diese damals aufsehenerregende Zahl sorgte für weitere internationale Aufmerksamkeit, machte wieder Eindruck und beflügelte die Phantasie, dass sich in China etwas Großes, Chancenreiches anbahne. Weitere Hongkonger Investoren folgten. (Anfang der 90er Jahre geriet dieser Zug, nicht zuletzt mit Blick auf die für 1997 vereinbarte Rückgabe der Stadt an China zur *stampede*, so dass es heute in Hongkong praktisch kein industrielles Gewerbe mehr gibt – es ist alles nach China verlagert.)

Für die meisten westlichen Manager, die ganz anders denken und wirtschaften als Hongkonger Kapitalisten, denen ihr Betrieb tatsächlich gehört, stimmte das chinesische Umfeld in den 80er Jahren aber nicht, nennenswerte Schritte der Deutschen zum Beispiel blieben aus (Ausnahme: Wella 1981 und Volkswagen 1986). Produkte hätten sie wohl gerne in China verkauft, aber Kapital wollten sie nicht bringen, solange keine volle juristische Sicherheit herrschte. Die Rechtsabteilungen und Vorstände der Großfirmen, die zunächst angesprochen waren, legten erst einmal die Elle deutscher *Rechtssicherheit* an die Veröffentlichungen der Chinesen. Sie bemerkten zwar, dass die kommunistischen Revolutionäre hier offenbar laufend über ihren Schatten sprangen, aber trotzdem weiterhin viel zu viele Lücken und damit Fragen offen ließen. Das Gesetzeswerk sei für einen ausländischen Investor ein *schwer kalkulierbares Risiko*, meinte der Pekinger Korrespondent der *Süddeutschen Zeitung* im August 1979.

Da sich die meisten westlichen Manager ähnlich verhielten, entstand auch kein nennenwerter Konkurrenzdruck, der später, in den 90er Jahren, alle Bedenken beiseite räumte, weil jeder fürchtete, den Anschluss und einen riesigen Markt zu verlieren, wenn er nicht *in China investiere*. Nur einige wenige Weltfirmen kamen so in diesen Jahren und auch sie testeten erst einmal mit kleinen Einsätzen den surrealen Boden einer Investition im Kommunismus, und so blieb im ersten Jahrzehnt der 改革开放 *Reform und Öffnung*, wie diese Politik der KP bis heute heißt, der Kapitalexport nach China begrenzt, belief sich in den zehn Jahren bis 1990 auf insgesamt nur ca. 17 Milliarden Dollar, das jährliche Wachstum blieb relativ gering.

Im Frühjahr und Sommer 1989 mündeten die Wirtschaftsreformen im Land in eine schwere politische Krise der chinesischen Parteidiktatur. In einigen Großstädten mit nationaler Bedeutung wie Peking, Shanghai und anderen kam es wegen einer bis dahin nicht gekannten Inflation, aber vor allem angesichts der grassierenden Korruption unter den Funktionären, die ihre neuen Freiheiten sogleich im eigenen wirtschaftlichen Interesse nutzten, zu Unruhen. In der Hauptstadt gingen Hunderttausende auf die Straße und erhoben politische Forderungen. Zunächst Studenten, bald aber auch Staatsangestellte, Redakteure der Parteizeitung und viele andere Bevölkerungsgruppen verlangten Rechenschaft der Regierung und der Funktionäre, forderten Pressefreiheit und

Eine Million Menschen versammeln sich am 27. April 1989 auf dem Platz des Himmlischen Friedens in Peking, um gegen einen zur Niederschlagung der Demokratiebewegung aufrufenden Leitartikel der Parteizeitung vom Vortag zu demonstrieren. Quelle: Rudolph

Mitspracherechte, kurz: Demokratie, weshalb die monatelangen Demonstrationen als *Demokratiebewegung* in die Geschichte eingingen.

Am 4. Juni 1989 schlug die Partei zurück. Auf Befehl des Deng Xiaoping griff die Armee mit Panzern und Maschinengewehren die unbewaffneten jungen Demonstranten auf dem zentralen Pekinger Platz vor dem 天安门 *Tor des Himmlischen Friedens* an, erschoss Hunderte (die Zahl ist bis heute geheim) und verhaftete Tausende. Das Ausland gab sich entsetzt, vor allem bei der politischen Linken, die sich in den 60er Jahren für Mao und die Kulturrevolution als Form der direkten Demokratie begeistert hatte. So ruinierten die chinesischen Machthaber ihr bis dahin positives Ansehen vollständig und nachhaltig – bis heute, 16 Jahre danach. In West-Deutschland, das parallel dazu gerade den Zerfall der DDR verfolgte, deren Machthaber, das eigene Schicksal vor Augen, den Militärschlag Dengs demonstrativ begrüßten, war die Empörung groß. Ebenso in vielen anderen europäischen Ländern und den USA. Die westlichen Regierungen, die im Osten den Kommunismus zerfallen sahen, reagierten mit dem Zurückstoßen der chinesischen Machthaber, zu denen sie jahrelang als Botschafter der heimischen Wirtschaft gereist waren. China versank wieder im Status des Parias. Wirtschaftliche Kooperationen, Kredite, die der Pekinger Regierung seit einigen Jahren im Ausland gewährt wurden, Hilfsgelder und -programme – alles wurde ein- oder zurückgestellt, und Delegationen sagten Besuche ab.

Chinesische Machthaber indessen lassen sich nicht unter Druck setzen. Vom Ausland schon gar nicht. Sie kennen und beherzigen allesamt den Satz Maos aus dessen Rede am 1. Oktober 1949, als er die Machtübernahme der KP und die Gründung der Volksrepublik China just auf dem Platz verkündete, wo sie die Studenten vierzig Jahre später niederschossen: 中国人民站起来了! *Das chinesische Volk ist aufgestanden!* Nie wieder werde ein Ausländer, übersetzt sich das für Funktionäre, in China irgendetwas bestimmen oder beeinflussen. Dieses Recht hat allein – nicht das chinesische Volk – die Partei bzw. ihre Kader, die ja auch Chinesen sind. Je mehr Druck die westlichen Demokratien ausübten, desto trotziger und sogar demonstrativ-offensiver verhielten sich die Herrschenden in Peking. Solange, bis die Erkenntnis auch in Europa und Amerika um sich griff, dass auf diese Weise wohl nichts zu erreichen war, denn in China selbst herrschte Grabesstille. Die Aufsässigen waren allesamt verschwunden, das Volk zog es wieder vor, die schwierige Zeit geduldig leidend und stumm zu überstehen, sich wie das Gras im Wind niederzubeugen, immer so, wie die Oberen es gerade bliesen.

Als erste nahmen die Hongkonger Geschäftsleute ihre China-Aktivitäten wieder auf. Es blieb ihnen auch gar nichts anderes übrig, denn zum einen hatte ein Teil bereits Firmen jenseits der Grenze gegründet. Zum anderen hatten sie das Jahr 1997 vor Augen, in dem ihre Stadt und sie selbst an China zurückgegeben werden würden. Da war es – jedenfalls für die Geschäftswelt – ausgeschlossen, auf Oppositionskurs zu den siegreichen Herren im Norden zu gehen. (Die Hongkonger Bevölkerung ihrerseits hatte die Demokratiebewegung in China hingegen nach Kräften unterstützt. Es war zu nie dagewesenen Massendemonstrationen von über einer Million Menschen gekommen, die das gern erzählte Märchen von den *unpolitischen Hongkongern* nachhaltig widerlegten.)

Im Sog der Hongkonger folgten dann die Japaner und Koreaner. Aber auch die westlichen Regierungen lockerten bald nach dem 4. Juni ihre Boykott-Front. Eine deutsche Wirtschaftsdelegation des Bundesverbandes der Deutschen Industrie (BDI) fuhr schon 1990, wenige Monate nach dem 4. Juni, nach Peking, um, wie der Leiter sagte, *in Zeiten der*

Funkstille die Verbindungen zu halten. Ein Staatssekretär aus dem Ministerium für Wirtschaftliche Zusammenarbeit folgte im Juli 1990 und umarmte beim Zusammentreffen sogar den damaligen chinesischen Ministerpräsidenten 李鹏 Li Peng, der im Auftrag Dengs das Zusammenschießen der unbewaffneten jungen Leute exekutiert hatte und in China seither als der *Schlächter von Peking* gilt.

Schon 1991 hatte sich alles wieder auf den Vor-1989-Stand normalisiert. Eine Aufsehen erregende Maßnahme des greisen Deng Xiaoping, der inzwischen fast neunzigjährig und ohne jegliches offizielles Amt war, gleichwohl sozusagen von zu Hause aus alles in der chinesischen Politik bestimmte, brachte dann 1992 eine zuvor nicht gekannte Dynamik in die Entwicklung der ausländischen China-Investitionen.

Deng hatte die militärische Niederschlagung der Demonstrationen angeordnet, weil er sicher war, dass das KP-Regime sonst in den Strudel des sich auflösenden Ostblocks geraten würde. Immer wieder betonte er in seinen Reden an und Gesprächen mit den obersten Funktionären, dass politisch alles unter eiserner Kontrolle der Partei zu bleiben, jeder Widerspruch im Keim zu ersticken sei. Gnadenlos und entgegen allen partei-satzungsrechtlichen Regeln ließ er den von ihm selbst eingesetzten Parteichef 赵紫阳 Zhao Ziyang (sprich: Dschau Dsö-jang) stürzen, weil der die Demokratiebewegung durch einen Dialog auffangen wollte, die Forderungen der Studenten für verständlich hielt, einen Einsatz des Militärs ablehnte und dadurch die oberste Führung gespalten hatte – ein todeswürdiges Verbrechen im Zentralstaat: Die obersten Machthaber, der *Ständige Ausschuss des Politbüros*, müssen immer einig sein. Andernfalls wird sich die Spaltung durch alle Parteihierarchien nach unten ziehen und ihre Herrschaft letztlich zerstören.

Der ebenfalls von Deng und ebenso satzungs-widerrechtlich als Nachfolger eingesetzte Shanghaier Parteisekretär 江泽民 Jiang Zemin (sprich: Djang Dsö-min) stand ab dem Sommer 1989 zwar an der Spitze der Partei, doch hatte er als Shanghaier Regionalmachthaber zunächst keine rechte Basis in der Pekinger Zentrale. Er war unsicher und zudem umgeben von Funktionären, denen die ganze Wirtschaftsreform der 80er Jahre schon nicht gepasst hatte und die die Militäraktion für ein umfassendes *rollback* nutzen wollten. Unter diesen Bedingungen hielt Jiang es zunächst für besser, nicht nur das politische, sondern gleich auch noch das wirtschaftliche Rad zurückzudrehen. 1990 und 1991 kam es zur Wiederherstellung zahlreicher bereits überwundener planwirtschaftlicher Maßgaben.

Dies jedoch war nicht im Sinne Dengs. Zu Beginn des Jahres 1992 raffte sich der Greis – Deng war inzwischen 88 Jahre alt – zu einer in China schon von Kaisern, aber auch Mao erfolgreich angewandten Maßnahme auf: Er unternahm eine als Inspektion bezeichnete Reise in den Süden, mitten in die bekanntesten Sonderwirtschaftszonen 深圳 Shenzhen

Die 南巡 Inspektion des Südens, die der greise 邓小平 Deng Xiaoping (sprich: Döng Ssjau-ping) im Winter 1992 unternahm, öffnete dem ausländischen Kapital und dem chinesischen Erwerbstrieb alle Tore. Deng hier auf einer Telephonkarte von Mitte der 90er Jahre bei der Besichtigung der kapitalistischen Enklave 深圳 Shenzhen (sprich: Schön-dschen). Quelle: Rudolph

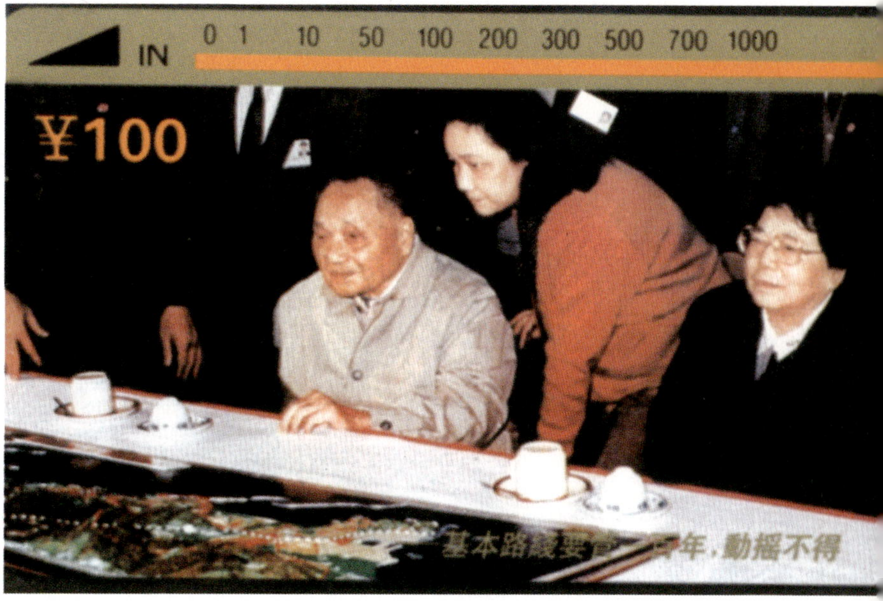

(sprich: Schön-dschen, an der Grenze zu Hongkong gelegen) und 珠海 Zhuhai (sprich: Dschu Hai, an der Grenze zu Macau). Dorthin hatten vor allem Unternehmen aus Hongkong ihre Produktion verlagert. Dort standen moderne Fabriken, die teils hoch-technische Produkte herstellten, wie Computer-Zubehör, Video CDs und ähnliche. Dort herrschte nicht nur der Geist des Kapitalismus, sondern auch dessen vermeintliche Lebensweise – der Nachtclubs, der Mode und der Popmusik. Und dort stand bereits eine Architektur, die Deng, der Amerika und Japan gesehen hatte, für den Inbegriff des Fortschritts und der Prosperität hielt. In diese – aus Sicht der Partei-Konservativen, die das Steuer nach dem 4. Juni herumgeworfen hatten – Lasterhöhlen des Kapitalismus fuhr Deng, gegen den niemand in China etwas zu sagen oder gar zu unternehmen wagte, im Januar/Februar 1992.

Die Reise begann still, endete jedoch in einem propagandistischen Trommelfeuer, das jeder Chinese, jeder Parteifunktionär nur auf eine einzige Weise interpretieren konnte: Deng wollte China so haben, wie es Shenzhen und Zhuhai in der Nachbarschaft des Spielcasinos Macau vormachten! Und als im Zusammenhang mit der Deng-Reise auch noch ein Satz aus einer seiner alten Reden hervorgezogen wurde, gab es in ganz China kein Halten mehr. Der Satz ist einfach. Leicht verständlich und trifft ins Herz der chinesischen Wirtschaftspsychologie: 致富光荣 *Reich sein ist ehrenhaft* (oder: *glorreich*)! Um kein Mißverständnis aufkommen zu lassen, fügte Deng dieser Feststellung eine weitere hinzu, die sich an möglicherweise noch kommunistischer Gleichheitsideologie verhaftete Funktionäre richtete und sie verwarnte: *Es macht auch nichts, wenn einige zuerst reich werden.*

Auch wenn der greise Mann auf seiner 南巡 *Inspektionsreise in den Süden* weder allein gehen noch sich ohne seine begleitende Tochter verständlich machen konnte, vermutlich auch nicht viel von dem verstand, was man ihm in den (schon damals raubkopierenden) CD-Fabriken vorführte: Seine mit letzter Kraft bewältigte Demonstration stieß in Partei und chinesischer Bevölkerung alle gerade verschlossenen Tore wieder auf. Und sogar weiter als je: Ab jetzt gab es kein Halten mehr, der Erwerbstrieb und die chinesische Findigkeit waren offiziell freigesetzt.

Dengs *Katzen-*, *Steine-im-Fluss-ertasten-* und *Bereichert-Euch*-Philosophie lässt sich in einem, auch in Europa gut bekannten Satz zusammenfassen: *Nichts ist erfolgreicher als der Erfolg*, eine Maxime, die jedes Mittel erlaubt. Während aber hier jeder Einzelne ein Recht hat und dies notfalls nicht nur gegen einen sich rabiat bereichernden anderen Einzelnen, sondern sogar gegen staatliche Behörden durchzusetzen vermag, bedeutet das Erfolgskriterium in einer Gesellschaft wie der chinesischen, wo es Individualrechte nur auf dem Papier gibt, nichts weiter als die anarchische Entfesselung eines 1,3 Milliarden Volkes, das als einziges der Welt nicht nur einen 财神 *Gott des Reichtums* hat, sondern diesen auch nach Kräften anbetet.

Die besten Karten im Spiel, das nun eröffnet war, hatten freilich die Funktionäre, denn ihre Hände lagen ohnehin auf den Mitteln der Macht und der Produktion: als Fabrik- oder Amtsleiter, Bürgermeister, Provinzchefs usw. konnten sie jederzeit auf die staatlichen Ressourcen der Wirtschaft zugreifen und sie für eigene Zwecke nutzen. Niemand vermochte (und vermag) sie daran hindern, außer sie selbst. Nur, wenn sie in Konflikt mit mächtigeren, in der Hierarchie höher stehenden Leuten gerieten, stießen sie an Grenzen. Schnell wird dann aus einem heute noch gefeierten erfolgreichen Wirtschaftskapitän ein wegen Korruption verhafteter Strafgefangener. Aber von unten war nichts zu befürchten, und so nahm auf chinesischer Seite die *de facto* Privatisierung der Staatswirtschaft ihren Lauf.

Auf der anderen Seite spielten die ausländischen Investoren eine schnell wachsende Rolle für die Entwicklung der entfesselten chinesischen Wirtschaft. Auch sie hatten ja die Botschaft gehört: 致富光荣 *Reich werden ist ehrenhaft.* Als erste begriffen dies naturgemäß die Hongkonger, die ja auch Chinesen sind. Es folgten die Taiwaner, für die das gleiche gilt. Der China-Handel und der Kapitalexport aus diesen Regionen schoss schon ein Jahr nach der Niederschlagung der Studenten im Sommer 1989 drastisch in die Höhe.

Hongkong exportierte 1992 Waren im Wert von 8 Milliarden US-Dollar nach China und führte im Gegenzug solche für 45 Milliarden Dollar ein (natürlich, um sie gleich wieder in alle Welt zu exportieren). 1999 betrugen die Exporte Hongkongs nach China bereits 58 Milliarden Dollar, die Importe sogar 78 Milliarden Dollar! Hongkong fungierte in diesen Jahren als gewaltiger *entrepôt*-Hafen Chinas, als Zwischenlager für ein- bzw. ausgeführte Güter. Weder erzeugte noch verbrauchte die Stadt diese Waren, sie organisierte aber über ihren Containerhafen, damals wie heute der größte der Welt, den chinesischen Außenhandel, denn die inländischen Häfen waren gar nicht in der Lage, den stark anschwellenden Warenstrom aufzunehmen, zu verwalten und zu verteilen. Was die Zahlen also wirklich ausdrücken, ist die Einfuhr von Produktionstechnik nach China (für die ausländisch investierten Firmen dort) und die Ausfuhr der damit erzeugten Güter.

Nach chinesischen Angaben stiegen die vertraglich vereinbarten Investitionen aus Taiwan von 2,7 Milliarden US-Dollar 1991 auf 5,5 Milliarden 1992 und bereits 10 Milliarden 1993. Das für die Erfassung der wirtschaftlichen Aktivitäten mit und in China zuständige Taiwaner *Mainland Affairs Council* nennt für die Jahre 1991 bis 1999 eine aufaddierte und seitens der Taiwaner Regierung genehmigte Gesamt-Investitionssumme von rund 15 Milliarden Dollar. Fast 80 Prozent davon flossen in die beiden Provinzen 江苏 Jiangsu (sprich: Djang-ssu) und 广东 Guangdong (sprich: Gwangdung). Für über die Hälfte dieses Kapitals errichteten die Investoren Fabriken im elektronischen und chemischen Bereich.

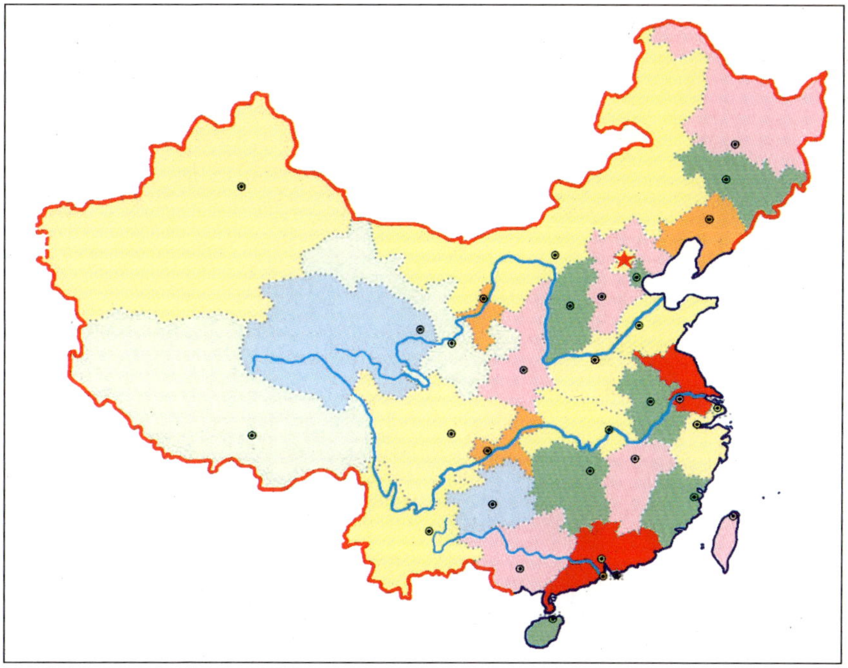

Ostküste mit Jiangsu und Guangdong im Süden (rot) als Taiwaner Investitionsgebiete. Quelle: Rudolph

In der gleichen Zeit stieg das Volumen des Taiwaner Handels mit China (nach Schätzung des *Mainland Affairs Council*) von 5,1 Milliarden US-Dollar (1990) auf 25,8 Milliarden 1999. (2004: 62 Milliarden US-Dollar).

Quelle: Rudolph

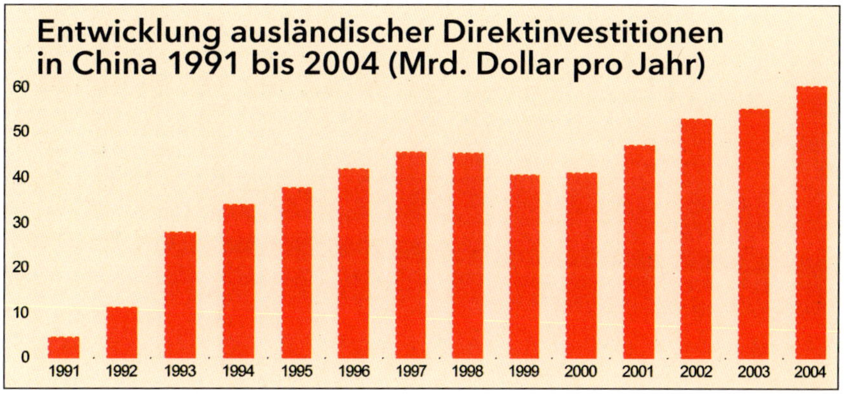

China als Teil der Weltwirtschaft

Auch Europa, Amerika, Japan und Korea wollten nicht wegen ein paar Hundert erschossener Studenten länger abseits stehen, und so setzte ab 1993 ein, was mancher Beobachter als *stampede* bezeichnete, jene Verhaltensweise von Rindern, die, plötzlich wild geworden, losrennen, ohne dabei zu wissen, wohin sie eigentlich wollen. Die ausländischen Direktinvestitionen stiegen drastisch und sind seither *die* Kennziffer der chinesischen Öffnung:

Im Unterschied zu Rinderherden hatten die Investoren allerdings ein Ziel: Eroberung des chinesischen Marktes mit den eigenen Produkten. Das nach China exportierte Kapital verwandelte sich dort in Fabriken und Büros, Hotels, Appartment- und Bürogebäude und zum Teil sogar in Infrastrukturprojekte, von Autobahnen bis zu Kohlekraftwerken. Wenn man die jährlichen Dollar-Milliarden aufeinander addiert, erhält man die akumulierte Summe ausländischer Direktinvestitionen in China, also den Gesamtbetrag. Der ist sehr beeindruckend:

Quelle: Rudolph

Insgesamt also flossen bis zum Jahr 2004 ca. 550 Milliarden US-Dollar aus dem Ausland in die chinesische Wirtschaft. (Ein nicht bezifferbarer Teil dieser Summe ist Kapital, das chinesische Stellen selbst, über ausländische Umwege nach China zurückbrachten.) Rechnet man dieser Gesamtsumme noch die Auslandsschulden hinzu, die die Pekinger Regierung in den 90er Jahren aufnahm – ca. 250 Milliarden Dollar –, so ergibt sich eine Kapitalzufuhr von ungefähr 800 Milliarden Dollar. Nicht enthalten in diesem Betrag sind dutzende Milliarden Dollar Einnahmen durch Börsengänge chinesischer Firmen in Hongkong und selbst New York.

Auch dies jedoch ist nicht alles. Außer den Investitionen ergießt sich ein anderer gewaltiger Dollarstrom als Kaufkraftzufluss ins Land: Zum einen leben geschätzte 100.000 ausländische Mitarbeiter der Investoren in China (ohne Japan, Korea, Taiwan und Hongkong). Sie geben für ihren Lebensunterhalt viel Geld aus und benötigen neben Essen und Trinken auch so teure Dinge wie Wohnungen, Häuser (5.000 bis 14.000 Dollar Miete *im Monat* sind die Regel) und Autos. Auch aus dieser Quelle fließen viele Milliarden pro Jahr in die chinesische Wirtschaft.

Es war ein gewaltiger Geldsegen, der sich in den 90er Jahren über China ergoss. Jedoch nicht gleichmäßig über alle Regionen, sondern konzentriert auf die Küstenprovinzen im Osten und den Süden um Hongkong herum.

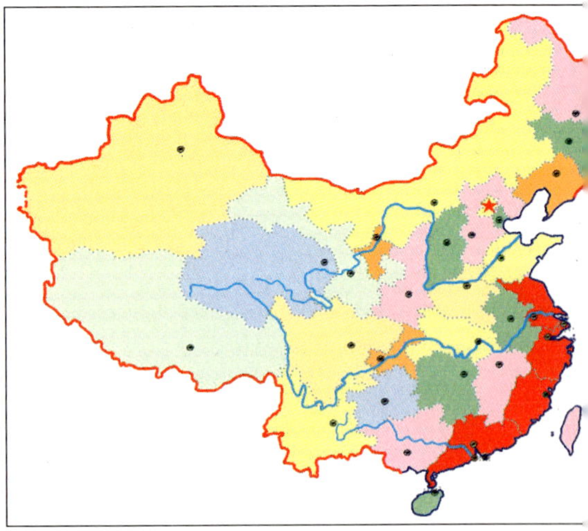

Die Küstenprovinzen Chinas (rot), auf die sich die ausländischen Investitionen konzentrieren. Quelle: Rudolph

Der größte Teil des Geldes verwandelte sich in Fabriken, die Waren aller Art herzustellen begannen – heute weist die chinesische Statistik eine Gesamtzahl von 508.000 Firmen mit ausländischer Beteiligung oder ganz im Besitz von Fremden aus, die rechtlich freilich allesamt chinesische Unternehmen sind.

Allerdings war es nicht so, dass die Ausländer ihren Kapitalanteil bei der *Bank of China* einzahlten und die Chinesen anschließend den Rest erledigten. Im Gegenteil. Von A bis Z oblagen den ausländischen Investoren Aufbau und Organisation von Produktion, Produktplanung, Technik, Verwaltung, Einkauf und Vertrieb. Selbst in puncto Buchhaltung und Rechnungsführung hatten die Ausländer eigene Vorstellungen, die sich erheblich von denen der sozialistischen Staatswirtschaftler oder der traditionellen chinesischen Buchhaltung unterschieden. Die Mitarbeiter aller Ebenen waren darin und selbst in so grundlegenden Bedingungen wie Ordnung am Arbeitsplatz und Hygiene auf der Toilette auszubilden, um den Anforderungen westlichen Wirtschaftens zu genügen.

Die Investoren brachten jedoch nicht nur Geld und Ausbildung in den chinesischen Boden ein, sondern noch viel mehr: *know how*. Angefangen von der Betriebsorganisation über die Technik bis zum Marketing und dem Wissen um Vertriebswege. Die Produkte, die sie herstellten, lagen in ihrem technischen Niveau in der Regel weit über dem, was chinesische Betriebe bislang erzeugten. Zum einen, weil es in dieser Hinsicht eine generelle Überlegenheit westlicher Produkte über chinesische gab. Zum anderen aber auch deshalb, weil die Behörden, die jede einzelne Investition und jede einzelne Produktion und Geschäftsart lizensierten (genehmigten), stets darauf achteten, dass möglichst nur das Neueste ins Land kam und nicht etwa Produkte, die den Zenit ihres Lebenszyklus im Ausland bereits überschritten hatten. Alle technischen Details dieser Produkte lagen den chinesischen Partnern im Gemeinschaftsunternehmen offen, bis hin zu den Zeichnungen und benötigten Werkzeugen. Das galt auch für Tochterunternehmen, also solche, die den ausländischen Investoren allein gehörten. Denn auch dort war (ist) es so, dass allenfalls der *General Manager* und vielleicht noch ein, zwei andere Positionen mit einem sehr teuren *Expat* besetzt waren. Ansonsten aber arbeiteten nur chinesische Mitarbeiter in diesen Werken, die selbstverständlich Einblick in alles nahmen, was zur Aufrechterhaltung der Produktion nötig war.

Vor dem Hintergrund dessen, was bisher über jahrhundertelang von einem absurden politischen Denken, unterdrückter chinesischer Findigkeit und wirtschaftlicher Disposition ausgeführt wurde sowie über die durchaus erfolgreiche, flächendeckende Industrialisierung des Landes in den Jahrzehnten nach 1949, liegt es fast schon auf der Hand, was geschehen musste, als das ausländische Kapital und *know how* in diesen chinesischen Boden eingebracht war: Es verbreitete sich in Windeseile durch das gesamte Land. Die neuen Produkte waren ja leicht, auf dem lokalen Markt für jeden zugänglich. Man konnte sie kaufen und anschließend von den eigenen Ingenieuren untersuchen lassen. Daraus ergaben sich bereits zahlreiche Ideen, wie die eigenen Dinge zu verbessern waren. Dort, wo das vielleicht, wie bei großen Investitionsgütern, nicht so einfach möglich war, blieb immer noch die Möglichkeit, dieses Wissen durch Abwerbung chinesischer Mitarbeiter zu erlangen – am besten, indem diese nicht nur ihr praktisches Wissen, sondern auch die Blaupausen gleich mitbrachten.

Hilfreich waren (sind) auch die staatlichen Behörden selbst, vor denen ausländische Investoren so gut wie alles offenzulegen haben. Diese Behörden hatten in den Jahrzehnten vor *Reform und Öffnung* ein weit verzweigtes Netz so genannter *interner Buchhandlungen* unterhalten, in denen Nachdrucke ausländischer Bücher wie Lexika und andere Nachschlagwerke zum Verkauf standen. In dieser Zeit erfolgte auch eine Zuweisung von Studienfächern an das studentische Humankapital des Regimes. Tausende mussten *Technisches Übersetzen* studieren und anschließend in Behörden und Staatsfirmen ausländische Produkt-Unterlagen ins Chinesische übertragen. Auf diesem Wege fand so manche ausländische Erfindung Eingang in chinesische Werkhallen. Es lässt sich naturgemäß für einen Außenstehenden nicht nachweisen, dass dieses System auch unter den heutigen Bedingungen noch flächendeckend arbeitet, der Verfasser jedenfalls geht davon aus, dass die Behörden (Patentamt, Lizensierungsämter, technische Prüfstellen etc.) ihnen offengelegte ausländische Ideen weiterreichen. Beim gegebenen Geschäftssinn der Chinesen dürfte hier sogar ein blühender Handelsmarkt für Blaupausen bestehen.

Aber auch wenn dies nicht der Fall sein sollte, bieten die 508.000 ausländisch investierten und organisierten Fabriken im heutigen China ihren inländischen Konkurrenten freiwillig genügend Lernmaterial an. Ein gutes, auf andere Branchen übertragbares Beispiel für die hier tatsächlich ablaufenden Prozesse und Ergebnisse bietet die heutige chinesische PKW-Industrie.

Als die US-Firma Chrysler als erste ausländische Autofirma 1983 mit der *Beijing Automotive Industry Corporation* in Peking ein Gemeinschaftsunternehmen zur Produktion des *Jeep* gründete, gab es bereits eine chinesische Autoindustrie. In der nordchinesischen Stadt 长春 Changchun (sprich: Tschang-tschun) stellte die Firma *First Automobile Works* PKW her und in Shanghai die *Shanghai Automobile Industry Corporation* (SAIC). Allerdings war sowohl die Anzahl der produzierten PKW mit ein paar Tausend Stück pro Jahr gering, als auch ihr technischer Stand weit hinter dem in Europa, Japan und Amerika zurückgeblieben. Deutsche Ingenieure, die dem 上海 Shanghai-PKW unter die Haube schauten, lachten über den Motor – und bemerkten sogleich, dass er die Kopie eines alten Mercedes war.

Außer Chrysler beschäftigten sich zu Beginn der 80er Jahre nur noch Citroën und Volkswagen mit dem Gedanken, eine PKW-Produktion in China aufzubauen. Die deutsche Firma wurde sich in jahrelangen Verhandlungen mit den Chinesen schließlich einig und investierte in eine Autofabrik in Shanghai. Partner war die Shanghaier PKW-Firma *SAIC*, wo 1986 die Produktion des in Europa nicht erfolgreichen Modells *Santana* begann. Im Vergleich zum lokalen *Shanghai* aber war er geradezu ein Wunderwerk der Technik: Der Santana wurde im Handumdrehen zum meist verkauften Auto in China. Freilich blieb der Markt klein, im Grunde gab es noch gar keinen. Private Käufer fehlten völlig, einzig Behörden, Staatsunternehmen und staatliche Taxi-Gesellschaften kauften den Wagen. Volkswagen war sehr angetan von der Entwicklung und gründete mit dem anderen chinesischen PKW-Hersteller in 长春 Changchun ein zweites Gemeinschaftsunternehmen, in dem die Partner Audis herstellten, den die Funktionäre rasch zu ihrem bevorzugten Auto machten. Auch diese Investition war also ein Erfolg, wenn auch nicht in dem Sinne, dass Volkswagen jemals Gewinne aus China nach Deutschland transferierte. Geschützt wurden diese guten Geschäfte nach außen von prohibitiven Zollsätzen für PKW-Importe: 100 Prozent schlug der Zoll auf den Preis auf, so dass ein importierter Passat noch 1997 gut und gerne 70.000 DM kostete.

Angezogen von den guten VW-Nachrichten aus China sowie der mittlerweile offiziellen Öffnungs-Maxime *Reich sein ist ehrenhaft* interessierten sich in den 90er Jahren mehr und mehr ausländische PKW-Hersteller dafür, ebenfalls auf dem sich entwickelnden chinesischen Automarkt ihre Produkte zu verkaufen. Die hohen Einfuhrzölle der Regierung ließen es ja aussichtslos erscheinen, über Exporte daran teilzuhaben. So vergab die japanische Firma Daihatsu eine Fertigungslizenz an einen chinesischen Hersteller in der Pekinger Nachbarstadt 天津 Tianjin (sprich: Tjän-tjin), Peugeot baute ein Gemeinschaftswerk im südchinesischen Kanton. Damit waren die ersten Volkswagen-Konkurrenten im Land.

1994 erließ die chinesische Regierung über ihre Wirtschaftsplanungskommission eine Richtlinie zum Aufbau einer nationalen Autoindustrie. Darin ist die Branche als *Schlüsselindustrie* der nationalen Wirtschaft definiert, die vordringlich aufzubauen sei. Die Richtlinie legte auch fest, dass PKW-Produktionen ausschließlich in Form ausländisch-chinesischer Gemeinschaftsunternehmen gestattet sei sowie, dass keine weiteren ausländischen Hersteller als die wenigen, bereits vorhandenen ins Land gelassen würden.

Die Tür zum *größten Automarkt der Welt*, von dem im Zusammenhang mit China als *letztem weißen* Fleck vielfach die Rede war, schien geschlossen. Die meisten ausländischen Hersteller waren zu diesem Zeitpunkt jedoch draußen, womit sie sich freilich keineswegs zufrieden gaben. Sie wollten alle noch hinein, umso mehr, als sie offiziell nicht mehr durften. Und sie fanden schließlich über die Provinzen Wege, trotz Auto-Richtlinie der Zentralregierung und offiziell geschlossener Tür, dennoch ins Land zu kommen.

In der zweiten Hälfte der 90er Jahre kam tatsächlich ein ausländischer Hersteller um den anderen nach China. Insgesamt investierten sie bis heute weit über 20 Milliarden Dollar in Fabriken und zogen Hunderte von Zulieferern mit sich, die ebenfalls, wie sie selbst, alle Gemeinschaftsunternehmen in der oben beschriebenen Weise (Kapital, *know how*, Ausbildung, Organisation – alles aus dem Ausland) mit chinesischen Firmen gründeten.

Heute, da dieser Prozeß weitgehend abgeschlossen ist, sind praktisch alle namhaften PKW-Hersteller und Zulieferer der Erde mit *Joint Venture*-Werken in China vertreten – mindestens 21, nämlich die folgenden: DaimlerChrysler (Jeep), DaimlerChrysler mit Mercedes PKW (seit 2005), Volkswagen, Citroen, Hyundai, Audi, Mazda, Toyota, Ford, Honda, Peugeot, Nissan, General Motors, BMW, Mitsubishi, Daewoo, Renault, Daihatsu, Kia, Suzuki, Fiat und Proton (Malaysia).

In China selbst soll es insgesamt über Hundert einheimische Auto-Hersteller geben – vermutlich in den meisten Fällen eher Schmiede-Betriebe oder bloße Inhaber einer staatlichen Fertigungslizenz ohne tatsächliche Produktion. Aber auch dies sollte man nicht unterschätzen. Eine Lizenz kann sich rasch in Gold verwandeln, wenn man beginnt, selbst Autos zu bauen. Diese Firmen sind also wie ein Teich, aus dem urplötzlich neue Mitspieler am PKW-Markt auftauchen können. Unter den Hundert Fischen darin gibt es heute 20 größere, von denen 16 mit den ausländischen Investoren in Form von Gemeinschaftsunternehmen zusammen arbeiten. Die restlichen vier sind rein chinesische Hersteller ohne Partner.

Interessante Erkenntnisse zur Rolle, die ausländische Akteure für die Entwicklung chinesischer Hersteller spielen, erbringt die Betrachtung der *Joint Venture*-Verhältnisse, die diese insgesamt 38 in China agierenden PKW-Hersteller kreuz und quer miteinander verbinden. Die folgende Grafik – nur auf den ersten Blick verwirrend – gibt eine Übersicht (siehe folgende Seite 116).

Interessant sind hier vor allem die ganz großen chinesischen Hersteller (linke Seite) wie FAW, SAIC, 长安 Chang'an (sprich: Tschang-an), 东风 Dongfeng (sprich: Dung-föng), Guangzhou Auto und 夏利 Xiali (sprich: Hsia-li), denn von diesen arbeitet jeder mit *mehreren* aus-

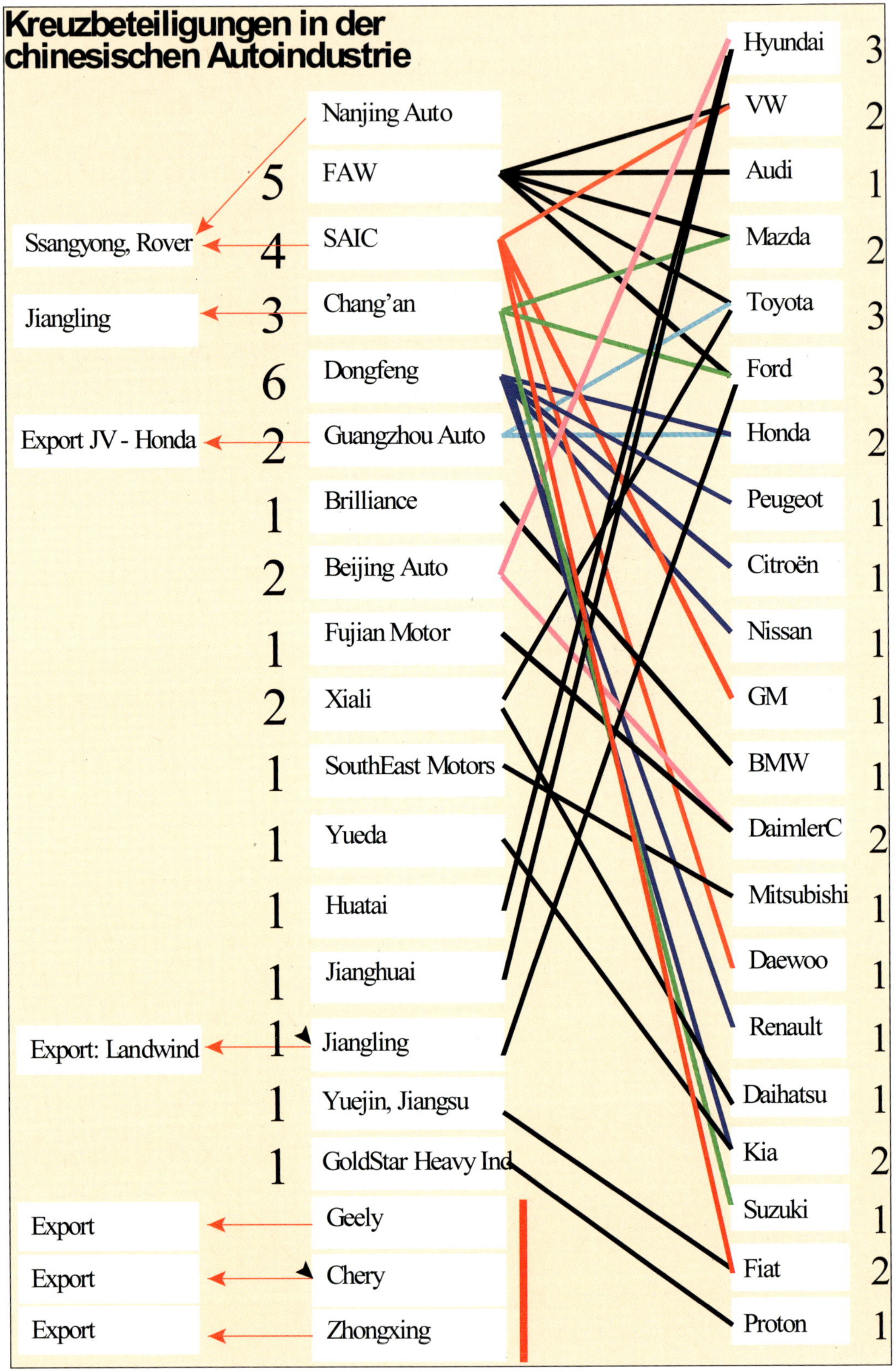

Quelle: Rudolph

ländischen Unternehmen (rechte Seite) zusammen. Besonders krass ist die Situation bei SAIC, dem Shanghaier VW-Partner. Dieses Unternehmen hat mit insgesamt vier ausländischen Firmen *Joint Ventures* gegründet: mit Volkswagen, General Motors, Daewoo und Fiat. Das ist nicht nur viel, sondern es fällt vor allem auf, dass auch der größte Hersteller der Welt und ein arger Konkurrenz von Volkswagen dabei ist: General Motors. Im Falle der zentralchinesischen 东风 Dongfeng-Fabrik sind es sogar sechs ausländische Partner.

Es liegt auf der Hand, dass keine ausländische Firma solche Konstellationen freiwillig eingehen würde – gemeinsam mit dem schärfsten Konkurrenten als Partner eines Dritten! Die Manager ließen sich vermutlich nur deshalb darauf ein, weil sie unbedingt nach China wollten und keine andere Wahl hatten, als dies in Form solcher Kooperationen zu tun: Da es verboten ist, in Allein-Regie Autos herzustellen, sahen sie sich eben gezwungen, entweder auf China zu verzichten oder eben mit einheimischen Firmen zusammenzuarbeiten, selbst solchen, die bereits einen ausländischen *Partner* hatten. Froh sind sie nicht darüber, wie man aus den verschnupften VW-Reaktionen leicht entnehmen konnte, als die englischsprachige Staats-Zeitung *China Daily* am 25.2.1997 meldete, dass *Partner* SAIC nunmehr mit General Motors gemeinsam 100.000 Buicks pro Jahr bauen würde.

Wenn, wie oben ausgeführt, bei jeder einzelnen Kooperation das gesamte *know how* des ausländischen Partners bereits offen vor dem chinesischen Hersteller liegt, dann ist dies im VW-SAIC-Falle in vierfacher Weise so, und bei 东风 Dongfeng sogar in sechsfacher. (Nebenbei dürften sich die anderen ausländischen *Partner* auch über den Einblick zum Beispiel in VW-China-Planungen freuen, die ihnen über das SAIC-Management womöglich zur Verfügung stehen.)

Wozu – außer einer drastisch gestiegenen Auto-Produktion in China – diese rundum missliche Situation in den letzten Jahren geführt hat zeigt zum einen der Fall der Firma *Chery* (vorletzte in der Graphik) und zum anderen die Entwicklung der chinesischen Automobil-Industrie insgesamt.

Am 20.8.2001 veröffentlichte das *Handelsblatt* unter der Überschrift *Gefährlicher Bruder* einen bei Volkswagen Aufsehen erregenden Bericht seines damaligen Peking-Korrespondenten, in dem dieser zum einen enthüllte, dass ein gerade auf den Markt gekommenes *Chery*-Automodell *mindestens zur Hälfte* aus nachgemachten Volkswagen-Teilen bestehe, und dass außerdem VW-*Joint Venture*-Partner SAIC an dieser bis dahin unbekannten Firma aus einer der ärmsten chinesischen Provinzen finanziell beteiligt sei. Der Jetta wurde zwar nicht in Shanghai hergestellt, sondern im zweiten VW-Gemeinschaftsunternehmen im nordostchinesischen 长春 Changchun (mit dem dortigen Partner *First Automobile Works*), doch lag der Verdacht sehr nahe, dass Shanghai-Partner SAIC hier ein Spiel mit den Deutschen trieb. Das VW-Management jedenfalls forderte umgehend, dass SAIC die Beteiligung beendete, was erst Jahre später (angeblich) geschah.

Die Auswirkungen des flächendeckenden Technologie-Transfers von vielen ausländischen auf einzelne chinesische Hersteller insgesamt zeigt der heutige technische Stand der chinesischen Auto-Industrie, die es noch vor weniger als zehn Jahren gar nicht gab.

Beginnend um das Jahr 2000 herum kamen erstmals chinesische Modelle wie das erwähnte von *Chery* auf den einheimischen Markt, die – zumindest auf den ersten Blick des Laien – tatsächlich wie Autos aussahen. Kein Vergleich mehr zum alten *Shanghai* der 80er Jahre! Hersteller waren bis zu diesem Augenblick weithin unbekannte Unternehmen aus

China als Teil der Weltwirtschaft

der Provinz, die zu den über hundert Betrieben gehörten, die im Besitz einer amtlichen Lizenz zum Autobauen waren. Diese Unternehmen beschafften sich die Design-Anregungen und Teile-Vorlagen bei den ausländischen Investoren im Land, kombinierten sie zu neuen Modellen und erhielten für den Aufbau einer Massenproduktion Kapital von ihrer Provinzregierung. Damit importierten sie moderne Maschinen und Anlagen aus dem Ausland. *Chery* zum Beispiel lackiert seine Modelle mit Anlagen, die die deutsche Firma Dürr AG für Hunderte Millionen Dollar verkaufte. Mittlerweile geben sie auch Geld für die Dienste ausländischer PKW-Design-Experten aus.

Inzwischen geht diese Entwicklung in der Weise weiter, dass auch die chinesischen *Joint Venture*-Partner planen, eigene Modelle, also ohne den ausländischen Teilhaber, herzustellen, was sie bislang noch nicht alle tun. Der Chef des VW-Partners in Shanghai (SAIC), 胡茂元 Hu Maoyuan (sprich: Hu Mauyüan) zum Beispiel verkündete im Sommer 2004, man werde in Zukunft solche eigenen Modelle – also ohne Volkswagen und General Motors – herstellen. Und nicht nur das. Während die Ausländer alle nach Chinna gekommen waren, um den vermeintlich *riesigen chinesischen Markt* zu bedienen, denken die einheimischen PKW-Hersteller bei der Eigenplanung sofort an Exporte. Da sie keine international bekannten Marken besitzen, streben bereits mehrere (unter anderem VW-Partner SAIC) danach, durch den Kauf ausländischer Marken (in diesem Fall *Rover*) die sonst sehr lange Markenaufbau-Zeit abzukürzen. Das Kapital dafür nehmen sie entweder aus ihrem Anteil am Gewinn des Gemeinschaftsunternehmens, oder sie bekommen es von den Staatsbanken, über die Parteifunktionäre. Oder beides.

Aber auch ohne eigene bekannte Marke mangelt es chinesischen Managern nicht an Selbstvertrauen. Die *Internationale Automobilausstellung* 2005 in Frankfurt war für die Berichterstattung in Deutschland jedenfalls auch deshalb geradezu sensationell, weil erstmals chinesische Hersteller ihre Export-Modelle und Prototypen dort zeigten. Kaum war einer dieser Wagen, der *Landwind*, (noch) über einen deutschen Importeur hierzulande angekommen, unternahm der ADAC schon einen *crash*-Test und wies nach, dass der *Landwind* bereits bei nur 60km/h im Falle eines Aufpralls

Premiere: Der Landwind (o.) weht nach Deutschland. Doch schon beim ersten Frontalcrash (r.) zeigte der Chinese gravierende Mängel

Gefährlicher Landwir

Das erste chinesische Auto soll in Europa durchstarten. Der ADAC hat den Jiangling Landwind auf der Straße und im Crash getestet – mit miserablen Ergebnis

Landwind – ein seltsamer Name für ein Auto. Doch der Jiangling Landwind stammt aus China. Und dort liebt man blumige Namen. Einen anderen Wagen haben die Chinesen sogar »Rote Fahne« genannt. Diese Flagge hat uns aber nie interessiert, weil sie hier nicht verkauft wird. Dagegen weht der Landwind jetzt als erstes chinesisches Auto nach Deutschland. Und deswegen wollten wir ganz genau wissen, wie er sich im Alltag fährt (siehe Testergebnisse auf Seite 23) und wie es um die Insassen-Sicherheit bestellt ist.

Die Ergebnisse beim ADAC-Sicherheitscheck sind katastrophal: Noch nie hatten wir ein schlechteres Fahrzeug im Test. Schon beim Frontalcrash geht dem Landwind die Puste aus. Als sich nach dem Unfallversuch mit 64 km/h auf der ADAC-Crashanlage der Rauch verzieht, reagieren selbst Kummer gewohnte Ingenieure fassungslos. Die Fahrgastzelle, der Überlebensraum des fast zwei Tonnen schweren Geländewagens, ist im Bereich des Fahrers völlig kollabiert. Die vordere Türsäule

gedrückt! Der Dummy ist übel zusammengefaltet zwischen Lenkrad, Armaturenbrett und Sitz eingeklemmt. Um ihn aus dem Auto zu holen – nachdem die verklemmte Tür aufgesägt ist –, müssen die Testingenieure seine Unterschenkel »amputieren«. Das linke Vorderrad hat den Fußraum total zerstört, die Pedale haben sich fast bis zum Fahrersitz vorgeschoben – ein zusätzliches Verletzungsrisiko.

Die Zeitlupenaufnahmen zeigen: Während des Versuchs wird der Kopf des Fahrers vom aggressiven Airbag »angeschos-

Die ADAC-Zeitung motorwelt mit den Ergebnissen eines crash tests des chinesichen PKW 陆风 Landwind (Oktober 2005).

lebensgefährlich sei. Auch die *Bild-Zeitung* griff das Thema so auf, doch wäre es eine Fehleinschätzung zu glauben, nur deshalb, weil es nicht einfach sein wird, würden die chinesischen Hersteller ihre Pläne aufgeben. Im Herbst 2005 verkündete die mit dem Aufbau von PKW-Vertriebsnetzen für neue ausländische Hersteller erfahrene Augsburger AVAG-Gruppe, dies auch für die Chinesen tun zu wollen.

Die Autos aus China werden schon deshalb irgendwann nach Europa kommen, weil die ausländischen Investoren mittlerweile eine um ca. fünf Millionen

Einheiten *über* den im Land verkaufbaren Einheiten liegende Kapazität aufgebaut haben und eine neue, seit dem Sommer 2004 gültige 汽车发展政策 *Richtlinie zur Autopolitik* gilt, die die *Nationale Entwicklungs/ und Planungskommission*, eine Abteilung der Regierung, erarbeitet hatte. Sie löst die erwähnte erste *Richtlinie* von 1994 ab.

Darin hebt die Regierung als Ziel unter anderem hervor, die *internationale* Konkurrenzkraft der chinesischen Autoindustrie umfassend zu erhöhen, das Land bis 2010 zu einem *bedeutenden Auto*-Produzenten der Welt zu machen, bekannte Marken aufzubauen und: *im großen Stil in den internationalen Markt einzudringen.* Mit anderen Worten: Autos zu exportieren. Gerade weil die *Richtlinie* den Export als wichtiges Ziel so ausdrücklich vorgibt, decken sich hier Regierungswille und Hersteller-Phantasie, was letzteren alle finanziellen und sonstigen Ressourcen des Staates eröffnet. Eines Staates im übrigen, in dem die obersten Partei-Machthaber jederzeitigen Zugriff auf die „öffentlichen" Finanzen haben, ohne über deren Verwendung irgend jemandem Rechenschaft ablegen zu müssen.

Diese Entwicklung der chinesischen Autoindustrie von Null auf derzeit vielleicht 50 ist exemplarisch: In eine rudimentäre, aber immerhin bestehende Branche investieren ausländische Kapitalgeber, transferieren neue Technik und betriebswirtschaftliches *know-how* usw. Und wundern sich anschließend, wenn die chinesischen Ingenieure sich all dies für eigene, aber konkurrierende Produkte zunutze machen. Aber genau so ist es passiert, und die gleichen Prozesse spielen sich auch in allen anderen Branchen ab, in denen ausländische Investoren mit Kapital und *know how* angetreten sind, den chinesischen Markt zu *erobern*. Es ist sogar dort der Fall, wo sie gar nicht in China verkaufen wollten.

Im Konsumgüterbereich zum Beispiel treibt die Firma Tchibo den Prozess voran. Vor etwa zwei, drei Jahren verwandelte sich das Unternehmen vom Kaffee-Händler in ein Warenhaus mit wöchentlichen neuen Angeboten im Bereich billiger Konsumgüter: von Textilien über Büromaterial und Küchengeräte bis zu Gartenprodukten. Alle angebotenen Waren lässt Tchibo in China von billigen, fleißigen und willigen chinesischen Arbeitskräften fertigen. Diese Hersteller sind dabei nicht etwa Anbieter dieser Produkte, sondern Auftragnehmer der Deutschen. Das heißt, Tchibo plant die jeweiligen Waren-Kollektionen, lässt die Designs und Zeichnungen fertigen, beauftragt und beaufsichtigt die chinesischen Hersteller und sorgt anschließend für den Vertrieb in Deutschland. Die chinesischen Auftragnehmer sind zu alldem derzeit nicht in der Lage. Sie wissen noch nichts von Designs oder Warengruppen, die in Deutschland bei den Kunden ankommen. Sie haben auch nur eine schwache Vorstellung von den Qualitäten, die erforderlich sind, um auf dem hochentwickelten deutschen Markt dauerhaft zu bestehen, weshalb Tchibo eigene Qualitätskontrollen in China unterhält (oder damit zum Beispiel den deutschen TÜV beauftragt). Auch über die Vertriebswege verfügen die chinesischen Hersteller noch nicht – kurz, sie machen nur, was Tchibo ihnen sagt. Das allerdings vollständig.

Es liegt dabei auf der Hand, dass sie alles, was sie noch nicht wissen, über diese Geschäftsverbindung rasch kennenlernen. Die Voraussetzungen zur Warenproduktion sind so inzwischen vorhanden. Die Designs liegen vor – und werden kopiert. Üblich ist es auch, mehr dieser Waren herzustellen, als der Auftraggeber bestellt hat und diese Extra-Menge dann selbst abzusetzen. Im Handumdrehen kommt so eine riesige Menge gleicher oder ähnlicher Güter auf die Märkte in China, bald aber auch auf solche in Zentralasien, in Russland, Afrika, Osteuropa ... Seit über zehn Jahren verkaufen Tausende chinesischer Händler auf dem *Chinesenmarkt* in Budapest solche Produkte an ungarische Endverbraucher, aber auch an Groß-Einkäufer aus den umliegenden Staaten, von Serbien bis Rumänien und Bulgarien, die sie mit nach Hause nehmen und dort weiter verkaufen. Hier bestehen auch bereits eigene chinesische Vertriebslinien und Marketing-Strategien, Tchibo ist da bereits überflüssig. Auch in diesem Waren-Segment ist es also nur eine Frage der Zeit, bis aus den chinesischen Auftragnehmern selbst Anbieter mit eigenen Designs und Ideen geworden sind. Ursache ist hier der *know how*-Transfer eines Handelshauses aus Deutschland, das China nur als ausführende Produktionsstätte seiner Blaupausen benutzt: als Werkbank.

Werkbank der Welt?

Das deutsche Handelshaus steht damit für einen neuen, erst seit einigen Jahren starken und wahrnehmbaren Trend bei den ausländischen Direktinvestitionen in China: Die Protagonisten sprechen heute seltener vom *chinesischen Markt*, den sie über ihre lokalisierte Produktion bedienen wollen. Heute ist mehr und mehr die Rede davon, Produktion aus Deutschland deshalb u.a. nach China zu *verlagern*, um dem hiesigen Kostendruck und der komplexen Gesetzgebung zu entgehen, was sich aus der Tatsache ergibt, dass Deutschland ein demokratisches Land mit einer freien Berichterstattung, unabhängigen Gerichten und selbstbewussten, mit Rechten ausgestatteten Bürgern ist.

Die deutschen Ingenieure und Arbeiter seien zu teuer, heißt es, die Produktpreise daher zu hoch, um in der weltweiten Konkurrenz bestehen zu können. In diesem Zusammenhang fielen dann Aussagen wie zum Beispiel die, dass man für die Kosten von 2.000 deutschen Ingenieuren gut und gerne 12.000 chinesische bekommen könne (so der ehemalige Siemens-Chef von Pierer im März 2004).

Manche Beobachter bezeichnen diesen Trend bei den China-Investoren inzwischen als Paradigmenwechsel, was er auch tatsächlich ist. War in den neunziger Jahren, als die China-*stampede* der ausländischen Investoren begann, der chinesische Markt das Ziel der Investoren gewesen, so spielt heute der Gesichtspunkt eine größere Rolle, einfache, aber teure Teilfertigungen auszulagern. Die so erzeugten Produkte kommen dann entweder in die Firmen zurück, die sie weiter verarbeiten bzw. in ihre Endprodukte einbauen oder sie gehen gleich auf die Märkte in der Welt, die bislang Hersteller in Deutschland belieferten. In jedem Fall erfolgt ihre Fertigung nicht für den chinesischen Markt, der als Absatzgebiet demnach keine große Rolle spielt.

Initiiert und angetrieben haben diesen Trend zuerst die großen Verbrauchermärkte wie Walmart in den USA, Carrefour in Frankreich, die deutsche Metro und ihre europäischen Konkurrenten, aber auch Einzelhändler wie Aldi und Lidl sowie die Baumärkte. Nicht zu vergessen sind auch Einkauforganisation wie *spiel + idee*, die in großen Mengen Spielzeug oder Konsumelektronik importieren und an Einzelhändler ausliefern. Zwei Drittel der deutschen Spielwaren kommen heute aus Fertigungen in China – Wert 2004: 1,5 Milliarden Euro.

Die Einkäufe dieser Handelsriesen machen einen sehr großen Teil der Exporte Chinas aus. Sie sind ursächlich für die gewaltigen Handelsdefizite, die sich in Amerika und Europa gegenüber China aufgetürmt haben. 2004 betrug der chinesische Überschuss im Handel mit den USA 160 Milliarden Dollar, für 2005 erwartete der Handelsbauftragte Rob Portman 200 Milliarden. Im Jahre 2001 kaufte Walmart für 10 Milliarden Dollar in China ein – 2004 waren es bereits 15 Milliarden. Stolz teilte im September 2005 ein chinesischer Walmart-Direktor mit, dass seine Firma *vor Russland, Australien und Kanada* Chinas achtgrößter Handelspartner sei – wäre sie ein Staat. Man kaufe bei insgesamt 5.000 chinesischen Unternehmen, was freilich nach dem gleichen Schema erfolgt wie bei Tchibo: Blaupausen, *know how*, Qualitätskontrolle etc. aus dem Ausland – Fertigung und Export durch Chinesen, Vertrieb wiederum durch die Ausländer – noch.

Diese Aktivitäten haben nicht mehr viel mit dem zu tun, was früher so genannte Kolonialwarenhändler und später Warenhäuser wie Quelle, Neckermann und Karstadt taten: über Hongkong in China dies oder jenes einzukaufen. Zum einen geschieht das heute meist direkt, die Bedingungen haben sich soweit gebessert, dass Hongkong als sicherer Stützpunkt nicht mehr unverzichtbar ist (außer seinem Containerhafen, dem größten der Welt, über den die meisten Exporte aus China laufen). Zum anderen liegen die eingekauften Mengen inzwischen weit über den lange Zeit üblichen. Auch die Palette der Produkte ist wesentlich breiter geworden, was zu branchenweiten Qualitätssprüngen bei den chinesischen Anbietern geführt hat. Denn jede Auftragsfertigung in China ist stets mit umfangreichen Ausbildungs- und anderen Maßnahmen der europäischen und amerikanischen Importeure verbunden, die Produktqualität, Liefertermintreue und viele andere, in China nicht so wichtige Dinge bei ihren Produzenten sicherstellen.

In den traditionellen Branchen wie der Textilindustrie hat diese privatwirtschaftliche Entwicklungshilfe die längste Geschichte und deshalb zu den besten Lernerfolgen geführt: Die chinesische Textilindustrie hat heute Weltniveau erreicht. Deutlich zeigte sich, was das bedeutet, im ersten Halbjahr 2005, als die EU und die USA in dramatischen Schlagabtauschen mit der chinesischen Regierung um Textileinfuhren stritten.

Eine ähnliche Entwicklung wie bei den Textilien fand im Bereich der Schuhproduktion statt. Nach Angaben der Hongkonger Exportförderungsorganisation *Hong Kong Trade Development Council* stellten im Jahre 2003 insgesamt nicht weniger als 20.000 (!) chinesische Fabriken Schuhe her – ein riesiger Industriezweig ist also in kürzester Zeit in einem Land herangewachsen, wo noch bis vor zwanzig Jahren die Bevölkerung nichts anderes kannte als: Stoffschuhe. Die entscheidende Rolle dabei haben ebenfalls ausländische Hersteller gespielt, die aus Kosten- oder anderen Gründen (Umgehung strenger Umweltauflagen) oder womöglich sogar, um den 1,3 Milliarden Chinesen europäische Lederschuhe zu verkaufen, nach China gezogen waren.

Das einzige, was die chinesischen Hersteller jetzt noch lernen müssen, ist die Weiterentwicklung der europäischen Vorlagen und die eigenständige Vermarktung dieser Produkte in der Welt. Zur Zeit haben sie noch zuwenig Gefühl für Designs, Qualitäten und Moden, die außerhalb ihres eigenen Landes gefragt sind. Doch auch dieses Problem löst der chinesische Fleiß, Lerneifer und Pragmatismus. In dem erhellenden Dokumentarfilm *Der chinesische Markt* [in Budapest] von Zoran Solomun (Deutschland 2000) gibt es eine entsprechende Szene, wie er das tut: Einer der dortigen chinesischen Schuhverkäufer erläutert, wie er zu verkäuflichen Modellen kommt. Man sehe sich um, spreche mit den Ungarn und Großeinkäufern, schicke Muster an die Fabrik daheim im fernen China, eine kleine Kollektion kommt im Handumdrehen zum Verkaufstest zurück. Wenn die Modelle gut gehen, erfolgt eine weitere Meldung nach Hause, wo die Großproduktion beginnt ... Vor diesem Hintergrund sollte es keine Überraschung sein, dass sich während des Textilstreits im Sommer 2005 auch europäische Schuhhersteller meldeten und ebenfalls – WTO hin oder her – Quoten für chinesische Waren verlangten.

Dies taten im übrigen auch bereits Möbelhersteller in Europa und den USA, und sie werden in den kommenden Jahren wahrscheinlich noch mehr Gründe für solche Forderungen nach der Beschränkung des freien Welthandels haben. Denn zu den Großeinkäufern in China gehört inzwischen auch Ikea, das 2005 sein *procurement center* (Einkauf) von Singapur nach dort verlegte, also Aufträge an chinesische Hersteller vergibt (und diese, zumindest anfänglich, in allen Bereichen dazu ausbildet, gute IKEA-Produkte herzustellen). IBM, Sony, Dell und andere Elektronik-Riesen sind ebenfalls aktiv und eine weiter wachsende Zahl von Firmen anderer Branchen, die Teile oder Komponenten für alles mögliche fertigen lassen.

Im oberen Produktbereich – *high-tech* – haben sich mittlerweile auch ausländische Spezialisten für Auftragsfertigung angesiedelt wie *Flextronics* (ursprünglich USA, inzwischen Taiwan) mit Hunderttausenden Quadratmetern Fertigungsfläche, oder *Solectron* (USA), die derzeit 13 Prozent ihrer Kapazitäten in China unterhalten, oder Maxtor Corp. und andere. Es handelt sich hier um *High-tech*-Auftragsfertiger im elektronischen Bereich. Sie produzieren im Auftrag ihrer weltweiten Kunden – Computer- oder Mobiltelephon-Hersteller – Chips und integrierte Schaltkreise, ja ganze Mobiltelefon-Einheiten, Hauptplatinen und *Notebook*-Rechner. Ihre riesigen Werke kann man vor allem in Südchina, an der Grenze zu Hongkong, im so genannten Perlfluss-Delta oder in den Industriezonen der ostchinesischen Stadt 苏州 Suzhou (nahe Shanghai, sprich: Su-dscho) sehen.

Es ist die Anwesenheit solcher Unternehmen, die China bei manchen Beobachtern inzwischen sogar den Titel eines *High-tech*-Exporteurs einbringen, auch wenn ihre Nationalität gar nicht chinesisch ist. Allerdings kooperieren sie teilweise mit lokalen Partnern. Über die, aber auch andere Kanäle, fließen sowohl ihre Technik als auch ihr *know-how* laufend in die lokale Konkurrenz ab, so dass Unternehmen wie zum Beispiel der PC-Hersteller 联想 Lenovo oder die Telephon- und andere Netze herstellende Firma 华为 Huawei (sprich: Hwa-wee) mit (kopierten) und durchaus konkurrenzfähigen Produkten auf Auslandsmärkte kommen.

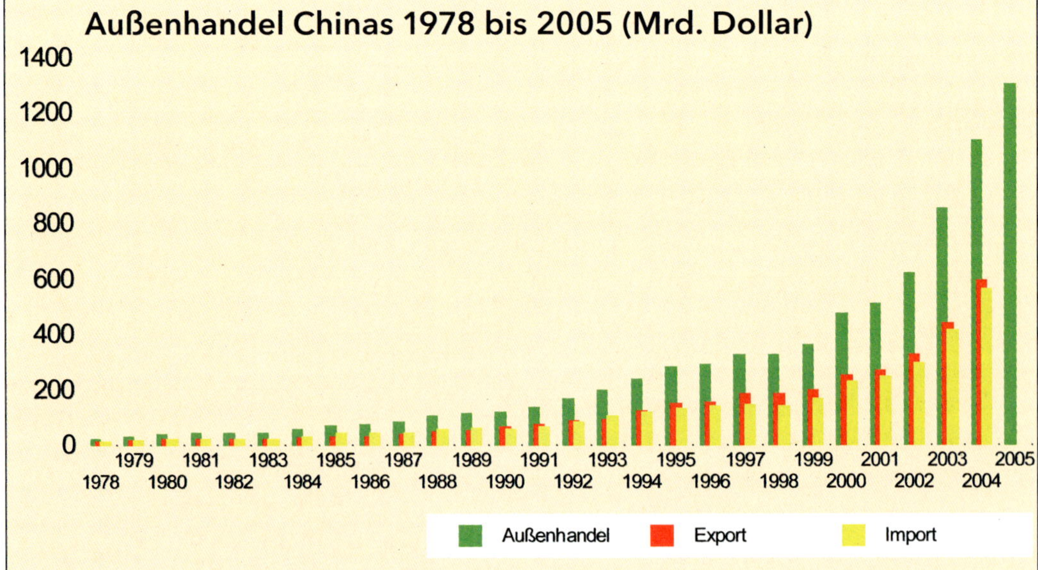

(Quelle: China Statistical Yearbook, versch. Jahrgänge, 2005: Prognose)

All diese von den Fremden und ihren wirtschaftlichen Aktivitäten in China ausgelösten Entwicklungen nimmt die Öffentlichkeit der industrialisierten Länder zunächst über die enorme Steigerung des chinesischen Außenhandels wahr, dessen Wachstum seit Jahren zwischen 20 und 30 Prozent liegt. Die Kurve – vgl. die Tabelle auf Seite 122 – ist beindruckend.

In ihrem jüngsten, im September 2005 veröffentlichten China-Bericht[89] prognostiziert die OECD, dass der Wert der Exporte aus China im Jahre 2008 den des langjährigen Welt- oder wenigstens Vizeweltmeisters Deutschland überholen werde. Sie sollen sich dann auf 10 Prozent des gesamten Welthandels belaufen. Schon 2005 lag China in der Welt-Handelsstatistik an dritter Stelle hinter den Vereinigten Staaten und Deutschland. Und dies, so betont der OECD-Bericht, obwohl das Land nur ein halb so großes Bruttoinlandsprodukt wie Deutschland und nur ein Fünftel des US-BIP erwirtschafte. Die Welthandelsorganisation spricht in ihrem *International Trade Statistics*-Bericht für 2004 von einer *dramatischen Veränderung der regionalen Handelsströme*.

Angesichts dieser großen Sprünge nach vorn stellen sich im Falle Chinas, das – wie eingangs ausgeführt – eine eigene und zudem für Europäer sehr fremde *Welt* ist, schneller Befürchtungen ein als bei kleineren Ländern. Tatsächlich haben im Frühjahr und Sommer 2005 selbst so seriöse Blätter wie die *Frankfurter Allgemeine Zeitung* oder *Die Welt* den vor mehr als hundert Jahren erfundenen Begriff von der *Gelben Gefahr* wieder verwendet. Freilich nicht zustimmend, sondern erst einmal erklärend. Auch Fernsehmagazine und Radiosendungen griffen das auf, und im deutschen Buchmarkt gingen 2005 China-Titel sehr gut, die erstmals den Aspekt der Gefahr vor den der Chance in den Vordergrund stellten. Der größte China-Kongress, den hierzulande einmal jährlich die *Wirtschaftswoche* in Berlin organisiert, hatte 2005 das Wort *Gegenspieler* im Titel, wo sonst nur von *Partnerschaft* die Rede gewesen war.

Wenn es aber stimmen sollte, dass Chinesen, die ein Durchschnittseinkommen von nur rund 1.000 Euro *im Jahr* haben und deren aufgeweckte Jugend – so eine chinesische Umfrage vom Sommer 2005[90] – sich glücklich schätzen würde, um die *500 Euro im Monat* zu verdienen, tatsächlich Güter ähnlicher Qualität wie die Deutschen (ca. 30.000 Euro durchschnittliches Jahreseinkommen) herzustellen vermögen, dann dürfte es keine sehr verwegene Annahme sein, dass die *Gelbe Gefahr* in absehbarer Zukunft wohl doch wieder eine Rolle in der öffentlichen Wahrnehmung spielen wird. Jedenfalls in jener, die bei der Verlagerung einfacher Tätigkeiten am meisten zu befürchten hat. Das freilich sind nicht wenige, und sie sind schon immer das bevorzugte Publikum von Demagogen.

Nicht nur die Quantität des chinesischen Außenhandels hat das Land binnen weniger Jahre und zum ersten Mal in seiner Geschichte überhaupt zu einem großen internationalen Mitspieler gemacht. Von ebenso großer Bedeutung sind die finanziellen Konsequenzen. Die im zweistelligen Bereich wachsenden Exporte bringen seit Jahren viele hundert Milliarden Dollar an Verkaufserlösen nach China zurück. Um weitere Exportgüter im Land herstellen zu können, benötigen die Unternehmen jedoch die nationale Währung, den 元 Yuan. Und den können sie nur im Land bekommen, denn der Yuan ist noch nicht frei konvertierbar, auf dem Weltmarkt deshalb nicht erhältlich. So steht immer nur die chinesische Staatsbank bereit, einen Großteil der zurückfließenen Devisen gegen Landeswährung aufzukaufen, wodurch die chinesische Regierung (besser: die Staatspartei) im Verlauf der letzten zehn Jahre in den Besitz von mittlerweile 760 Milliarden US-Dollar Devisenreserven gekommen ist (Sommer 2005). Etwa zwei Drittel davon hat sie in Form von Staatsanleihen in den USA angelegt (mit einer Verzinsung von 4 bis 5 Prozent, was also jährlich noch einmal etwa 5 Milliarden erbringt.

So ist die US-Regierung heute mit vielen hundert Milliarden Dollar bei den chinesischen Machthabern verschuldet, genug offenbar, um von Zeit zu Zeit dunkle Gedanken auch in der amerikanischen Wirtschaftspresse aufkommen zu lassen, denn diese chinesischen Dollarkäufe stützen den Außenwert des Dollars, stabilisieren die amerikanischen Importpreise und halten die Zinsen in den USA unten. *Barron's Online,* der Finanzdienst des *Wall Street Journal,* stellte deshalb am 23.7.2005 trocken, aber deutlich beunruhigt fest: *Fed's Responsibilities Outsourced to China* – Verantwortung der Nationalbank nach China verlagert. Kein Fragezeichen.

Anteil ausländischer Investoren am chinesischen Außenhandel

	1998	1999	2000	2001	2002	2003
Gesamthandel Chinas	324	361	474	510	621	851
Gesamt Import	140	166	225	244	295	413
Gesamt Export	184	195	249	266	326	438
Anteil in Mrd. Dollar						
am Gesamthandel	158	175	237	259	330	472
am Import	77	86	117	126	160	231
am Export	81	89	119	133	170	240
Anteil in Prozent						
am Ges.handel	49	48	50	51	53	55
am Import	55	52	52	52	54	56
am Export	44	46	48	50	52	55

Quelle: China Statistical Yearbook, verschiedene Jahrgänge

Die Ursache dieser zunehmenden Verstrickung Chinas in die Weltwirtschaft – mit potentiell erheblichen Folgen für die anderen Mitspieler – ist freilich nicht im Lande selbst zu finden. So schnell geht die Entwicklung auch dort nicht. Es sind vielmehr die vielen hundert Milliarden Dollar ausländischer Direktinvstitionen plus andere Formen des Kapitalimports wie die Verkäufe von Aktien chinesischer Unternehmen im Ausland und die Auslandsverschuldung in Höhe von über 260 Milliarden Dollar, der Aufbau einer halben Million Fabriken durch ausländische Investoren und die unendliche, nicht zu beziffernde Übertragung von *know how* jeder Art. Letzteres erfolgt seit etwa fünf Jahren sogar ausdrücklich mit Blick auf ganz neue Technologien, in 700 *Entwicklungs- und Forschungszentren* – ebenfalls von Ausländern errichtet, ausgestattet und mit *Expat*-Ingenieuren beschickt, die ihre chinesischen, künftigen Konkurrenten auch noch selbst ausbilden.

Ein genauerer Blick (Tabelle links) auf den chinesischen Außenhandel offenbart, dass es ihre Fabriken sind, die den chinesischen Außenhandel nach oben treiben, nicht genuin chinesische Hersteller.

Diese Gesamtschau des chinesischen Außenhandels zeigt deutlich, wie sehr sich die Exportproduktion ausländischer Investoren in den vergangenen Jahren entwickelte. Ihr Anteil am gesamten Außenhandel stieg von 49 Prozent 1998 auf 55 Prozent 2003 und steigt weiter. Diese Unternehmen importieren Vorprodukte, lassen sie verarbeiten und exportieren sie wieder. Mit der *chinesischen* Wirtschaft hat dies nur bedingt etwas zu tun, die Ausländer könnten dieses Verfahren genausogut auf andere Länder anwenden oder diese Produktion auch zu Hause belassen. Sie haben sich aber dafür entschieden, China zu ihrer *Werkbank* zu machen.

Der erwähnte *China-Bericht* der OECD hat diesen Aspekt aufgegriffen und auf einzelne Branchen angewendet – siehe die Tabelle auf der nächsten Seite.

Deutlich zeigt die Unterscheidung nach ausländisch / chinesisch, wo die einheimische Industrie qualitativ heute steht: In der Elektronik-Branche noch recht bedeutungslos, in der Textil-Bran-

Anteil ausländischer Hersteller an den Haupt-Exporten Chinas (2004, in Prozent)

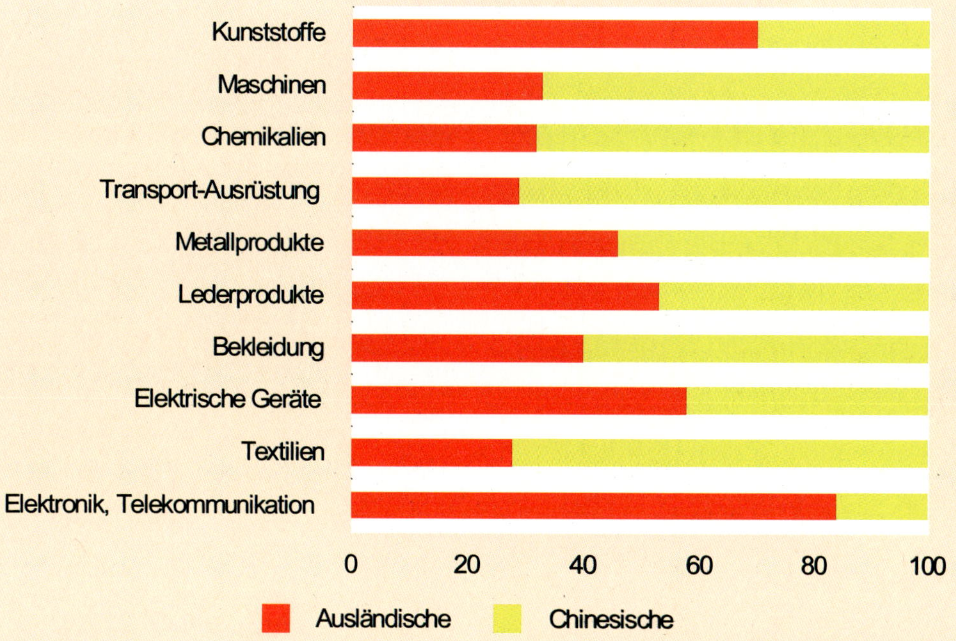

Quelle: Rudolph

che hingegen auf der Höhe der Zeit, die Bekleidungsbranche steht auch bereits gut da. Gerade diese beiden Sektoren, wo die ausländische Auftragsfertigung die längste Geschichte hat, zeigen deshalb, wohin die Reise in den anderen Branchen geht und wo auch die Elektronikbranche eines Tages ankommt. Der hohe ausländische Anteil im Bereich *Kunststoffe* mag auf den ersten Blick verwundern. Aber nur, wenn man ihn mit *China-Plastik-Ramsch* verwechselt. In Wahrheit zeigt er die vor sich gehende, gezielte Verlagerung einfacher Teileproduktion.

Es ist die im Zusammenhang mit dieser Entwicklung stark gestiegene öffentliche Aufmerksamkeit für China, die dem Land bereits den Ruf als *Werkbank der Welt* eingebracht hat, ein Begriff, den auch die Chinesen inzwischen benutzen – die meisten mit Stolz. Freilich sollte man hier nicht einen Zustand vorwegnehmen, der so allgemein noch gar nicht eingetreten ist. Zwar liegt der chinesische Anteil an den Importen der USA *aus Asien* heute bei 10 Prozent, im Falle der europäischen Asien-Importe bei fast 10 Prozent. Was aber den Welthandel insgesamt anbelangt, so lag Chinas Anteil 2004 bei nur ca. 6 Prozent und der Welt-Anteil der in China geschaffenen Werte (Bruttoinlandsprodukt) lag bei lediglich 4 Prozent. Mit anderen Worten: Ein Viertel der Weltbevölkerung produziert ein Fünfundzwanzigstel der Güter und Dienstleistungen und handelt ein Sechzehntel. Da ist also noch viel Raum, denn dem Viertel der Menschheit stände rechnerisch in beiden Bereichen auch ein Viertel zu. Freilich ist – die Wachstumsraten der letzten Jahre fortgeschrieben – absehbar, wann dieser Ausgleich eingetreten sein würde: Beim BIP wäre dies bei 8 Prozent jährlichem Wachstum 2028 der Fall und im Handel, bei 20 Prozent Wachstum, bereits 2012.

Armut und Reichtum

Warum werden eigentlich so viele Güter aus China exportiert, daß das Land in absehbarer Zeit die größte Handelsnation der Welt sein könnte? Die Antwort auf diese Frage ist einfach: Weil die erzeugten Waren in China nicht absetzbar sind, weil die Bevölkerung finanziell gar nicht in der Lage ist, diese Produkte zu erwerben. Die große Mehrheit der Chinesen ist nämlich sehr arm, was bei der Verengung des Blicks auf Glas- und Betonfassaden Shanghais und Pekings leicht übersehen wird.

Das heutige Durchschnittseinkommen liegt bei einem absoluten BIP von 1.600 Milliarden Dollar bei nur 1.200 Dollar – pro Jahr, also 100 Dollar pro Monat. Und das ist viel zu wenig, um in Massen teure Konsumgüter wie zum Beispiel Autos zu kaufen. Marketing-Experten dieser Branche nennen als Faustzahl für einen Aufmerksamkeit verdienenden PKW-Markt ein Jahreseinkommen von durchschnittlich 5.000 Dollar. Und davon sind *die Chinesen* offensichtlich noch weit entfernt. Selbst wenn sie ihre Familieneinkommen zusammenlegten, bliebe der Abstand zu Ländern wie Japan, USA oder Deutschland, ja selbst solchen in Osteuropa oder Südamerika riesig.

China liegt also trotz zweistelligem BIP-Wachstum seit zwanzig Jahren noch weit hinten in der Welt, auf Platz 117, und um das heutige Durchschnittseinkommen der USA zu erreichen, müsste die chinesische Wirtschaft bis 2050 Jahr für Jahr um 8 Prozent wachsen. Deutschland wäre dann um 2046 herum eingeholt.

Wenn man sich freilich vor Augen führt, wo die Chinesen noch 1985 standen, als die binnenwirtschaftlichen Reformen griffen, und wo sie heute als *Werkbank der Welt* nach einem Vierteljahrhundert angekommen sind, ist jeder Beobachter tief beeindruckt. Die OECD hat in ihrem China-Bericht 2005 einen solchen Vergleich in Warenform angestellt:

Bruttoinlandsprodukt der wichtigsten Industrieländer und Chinas 2004 Nationen-Rangfolge absolut und pro-Kopf

Länder-Rangfolge, absolutes Bruttoinlandsprodukt		
Rang		In Mrd. Dollar
1	Vereinigte Staaten	12.200
2	Japan	4.600
3	Deutschland	2.500
4	Vereinigtes Königreich	2.100
5	Frankreich	1.900
6	Italien	1.700
7	China	1.600
Länder-Rangfolge, Bruttoinlandsprodukt Pro Kopf/Jahr		
Rang		Dollar
	Welt	6.851
8	Vereinigte Staaten	42.000
15	Japan	38.000
13	Vereinigtes Königreich	38.000
17	Deutschland	35.000
16	Frankreich	36.000
20	Italien	32.000
...		
117	China	1.411

Quelle: The World Bank Group (absolut) und Internationaler Währungsfonds 5/2005 (pro-Kopf).

	1985	2003	Zunahme
Haushaltskühlschränke, pro 100 Haushalte	1	46	4500%
Farbfernseher	4	94	2250%
Computer	0	12	
Klimaanlagen	0	28	
Waschmaschinen (mit in Deutschland gebräuchlichen Modellen allerdings kaum vergleichbar)	1	59	5800%
Studenten, höhere Bildungseinrichtungen, pro 1 Million Einwohner	2	11	450%
Telephone, Festnetz	63	263	317%
Mobiltelephone	0	270	
Flug-Passagiere	7	88	1157%
Asphaltierte Straßen, 1.000 km	38	208	710%
Länge der Abwasserleitungen	32	199	522%
Fahrzeuge im öffentl. Verkehr, 1.000 Einheiten	45	264	487%

Die ersten Einkäufe der Menschen, die bis zur Mitte der achtziger so gut wie nichts weiter besaßen als einfachste blaue und grüne Kleidung und einfachstes Essen sowie als langlebige Konsumgüter Fahrräder und Armbanduhren, waren Kühlschränke, Waschmaschinen und Fernsehgeräte. Diesen Bedarf deckten die vorhandenen einheimischen Betriebe, die die Partei aus der bis dahin engen Planwirtschaft entlassen hatte, häufig verstärkt durch ausländisches Partner-Kapital und *know-how*. Es folgten in den 90er Jahren der großen ausländischen Investoren-*stampede* Mobiltelephone, Computer, Klimaanlagen, die zunächst *Joint Venture*-, bald aber auch chinesische Unternehmen allein herstellten, und eine bessere Ausbildung, d.h. deutlich mehr Studenten waren zu verzeichnen. Die Wachstumsraten lagen in diesen Bereichen zwischen 23 und 65 Prozent (Mobiltelephone). Es war die goldene Zeit für Firmen wie Motorola und Nokia, deren Gemeinschaftsunternehmen damals noch weitgehend den Markt für Mobiltelephone kontrollierten.

Ab etwa dem Jahr 2000 rückte dann der Besitz eines Autos in den Vordergrund. Im Januar 1999 hatte die staatliche Nachrichtenagentur 新华 *Neues China* erstmals eine Erhebung des Privat-PKW-Bestands für die größeren Städte veröffentlicht. Insgesamt gab es damals im ganzen Land nur 646.000 Privatautos (Deutschland: ca. 40 Millionen), hauptsächlich in Peking (206.000), Kanton (103.000) und Shanghai (49.000). Im Oktober 2004 zählte die gleiche Quelle dann für China insgesamt 4,89 Millionen Privatwagen, was 43 Prozent über dem Stand des Vorjahres lag und sogar ein Plus von 657 Prozent gegenüber 1999 war! Für Peking nannte die Staatsagentur die Gesamtzahl von 800.000 PKW – 300 Prozent mehr als vier Jahre zuvor. Und das in einem Land, von dem sämtliche Experten noch in den 80er Jahren immer wieder behauptet hatten, es werde dort nie Privatautos geben – aus ideologischen Gründen, aber vielleicht auch, weil sie tief im Herzen davon überzeugt waren, dass die Welt zwar mit der europäischen oder amerikanischen Motorisierungsrate leben könne, aber nicht mit einer vergleichbaren in China.

Wie ist diese Entwicklung, die sich leicht um weitere Wohlstands-Facetten verlängern ließe, mit der Behauptung in Übereinstimmung zu bringen, China sei arm – 1.200 Dollar Pro-Kopf-Jahreseinkommen? Recht einfach: Der Durchschnitt ist ja nur eine abstrakte Rechengröße. Die Realität kennt solche Zustände nicht, die Einkommen verteilen sich in ihr anders, nämlich ungleich. Im Falle Chinas heute sogar so ungleich, wie sonst wohl nirgends auf der Welt.

Der internationale Standard, der diese Teilung einer Gesellschaft in arm und reich misst, ist der sogenannte *Gini Koeffizient*, den der italienische Statistiker Corrado Gini entwickelte. Bei dieser Betrachtung repräsentiert der Wert Null die absolute Gleichverteilung von Einkommen und Vermögen, der Wert Eins hingegen die absolute Ungleichverteilung.

Im Jahre 2003 lag der *Gini-Koeffizient* für Deutschland bei 0,274, für Japan bei 0,249 und für die USA bei 0,408.[91] Dieser Wert, mit dem auch die chinesische Regierung arbeitet, liegt für China heute bei 0,447.[92] Da jeder Wert höher als 0,4 als *unakzeptabler Arm-Reich-Unterschied* gilt, hat China diese Grenze also bereits ziemlich weit überschritten. In einer von der Entwicklungsagentur der Vereinten Nationen anhand des *Gini-Koeffizienten* zusammengestellten Länderliste (*Human Development Index*) liegt China auf Platz 94 von insgesamt 177 Ländern (Platz 1: Norwegen, Deutschland: Platz 19). Nach dieser Berechnung genießen in China die reichsten 10 Prozent der Bevölkerung ein Drittel der Einkommen und des Verbrauchs, während die ärmsten 10 Prozent nur auf 1,8 Prozent kommen. Absolute Zahlen wurden nicht genannt, man darf aber getrost davon ausgehen, dass die Zahl der Ärmsten sich im viele Hundert-Millionen-Bereich bewegt, die Reichsten hingegen nur im zweistelligen Millionenbreich.

Interessant ist, dass die chinesische Regierung diese Zahlen, die sich auf eine

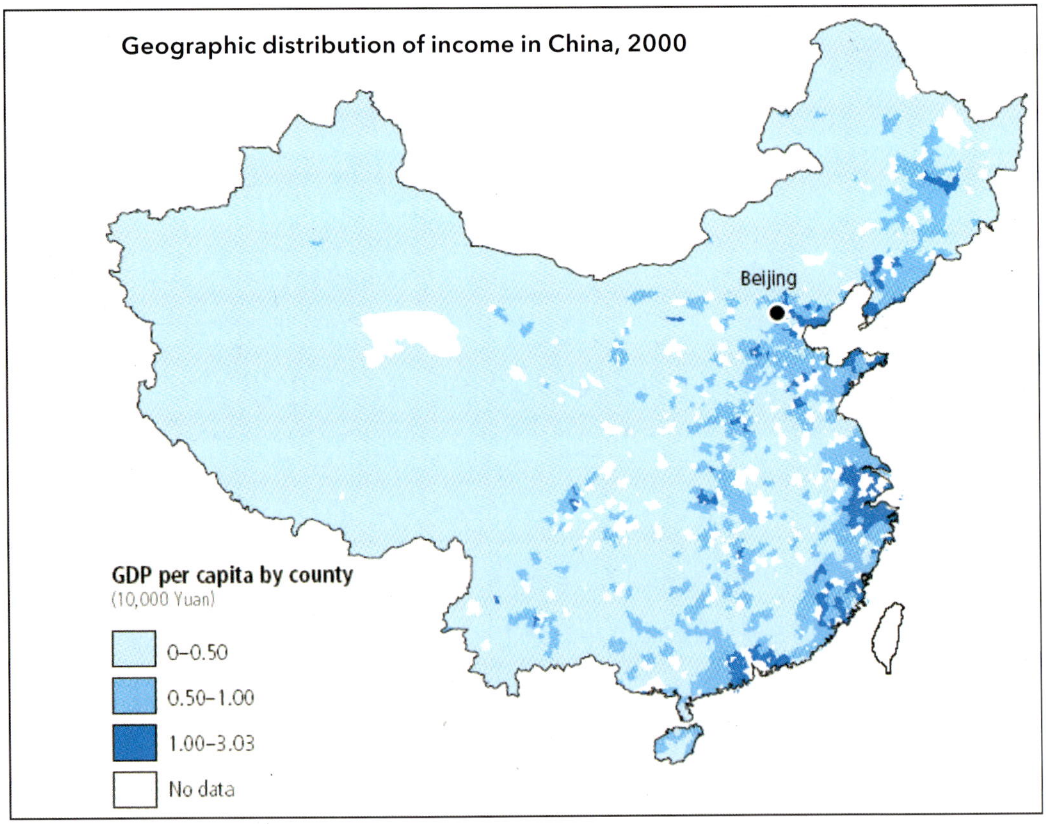

Arm und Reich in China: Geographische Verteilung (2000)

Quelle: *Human Development Report 2003, United Nations Development Programme.*

Erhebung im Jahre 2001 stützen, vier Jahre später, im Sommer 2005, über ihre amtlichen Kanäle wie das Parteiblatt 人民日报 *Volkszeitung* verbreitete. Warum mit so großer Verspätung? Und: Verfügt sie über keine neueren Daten? Ist die Realität vielleicht inzwischen noch viel drastischer als vor vier Jahren? Vielleicht sogar bedrohlich? Bruce Gilley jedenfalls, ein professioneller Beobachter, argumentiert, daß die *Gini*-Ziffer heute eher bei 0,5 oder sogar 0,6 liegen müsse[93] – gegenüber 0,15 im Jahre 1978, als noch die große Gleichheit in China herrschte und das Land mit dem Rest der Welt so wenig zu tun hatte wie Hunderte Jahre zuvor.

Deutlich zeigt diese Karte (vorherige Seite) den Zusammenhang zwischen ausländischen Investitionen und Reichtum in China: Die größten dunkelblauen Flecke liegen allesamt entlang der Küste, vor allem um das Mündungsgebiet des Jangtse und des Perlflusses im Süden herum: Shanghai und Kanton.

Reichtum, freilich, alles ist relativ, heißt hier bereits ein Pro-Kopfeinkommen zwischen zehn- und dreißigtausend Yuan im Jahr – umgerechnet also zwischen 100 und 300 Euro im Monat. Die meisten Flächen der Graphik sind jedoch hell- oder blau, die Monatseinkommen liegen dort zwischen 40 und 80 Euro. Auch dies aber sind nur Durchschnittswerte. Wieviele Chinesen sind arm oder reich? Was ist überhaupt *arm* oder *reich*?

Als *absolut arm* gelten nach gültigen Maßstäben Menschen, die nur über einen Dollar pro Tag verfügen. Nach Auskunft des chinesischen Staatsrates leben im Jahre 2005 16 Prozent der Bevölkerung, also 260 Millionen Menschen, in solch absoluter Armut. Und die Reichen? 1999 veröffentlichte die Staatsagentur einmal die Ergebnisse einer solchen Untersuchung. *Reich* war darin definiert als ein Monatseinkommen von umgerechnet etwa 800 Euro (ein Drittel des deutschen Wertes). Die Untersuchung weist aus, daß 0,51 Prozent der städtischen Bevölkerung in diesem Sinne *reich* waren – also rund zwei Millionen Menschen! Umgelegt auf die Gesamtbevölkerung wären dies nur 0,1 Prozent. Vermutlich haben in den Jahren seither Zugänge stattgefunden, doch dürfte die Vermutung nicht abwegig sein, dass die *Reichen* in China heute kaum mehr als ein Prozent der Bevölkerung umfassen. Dies schließt nicht aus, dass es Millionäre in China gibt. Nach Angaben der internationalen Beratungsfirma *Ernest & Young* (September 2005) sollen es 300.000 (in amerikanischer Definition) sein – 0,02 Prozent der Bevölkerung.

Welche Zahl auch immer man zugrundelegt, die chinesische Gesellschaft ist heute durch einen Abgrund in sehr viele Arme und sehr wenige Reiche gespalten. Das Diktum des 邓小平 Deng Xiaoping, 致富光荣 *Es ist ehrenhaft reich zu werden*, ergänzt um die entscheidende Zusicherung *Es macht auch nichts, wenn einige zuerst reich werden*, hat innerhalb nur weniger Jahre aus der einst egalitären Gesellschaft eine gemacht, die heute so scharf in Klassen gespalten ist wie kaum eine andere. Hier liegt sicher auch der Grund dafür, dass die *Kommunistische* Partei Chinas den Klassenkampf aus ihrer Propaganda gestrichen hat und die real existierenden Klassen nur noch als *Schichten* bezeichnet. Stattdessen überschüttet sie ihre Untertanen seit 2005 mit dem Gerede von einer 和谐 *harmonischen* Gesellschaft, die sie bilden sollen. Das ist Konfuzianismus in Reinkultur: Seit zufrieden mit dem, was ihr habt, perfektioniert euch zu *Edlen* im Geiste und zu guten Untertanen dort, wo ihr seid.

Die Regierung (genauer: die Parteiführung) selbst macht seit etwa zwei Jahren freilich auch kein Hehl daraus, dass sie diesen Zustand inzwischen für gefährlich hält und verkündet pausenlos Maßnahmen, Programme und sogar Steuererleichterungen(!), die den *Armen* helfen sollen.

Vom Leben der Hunderte-Million-Armee der Armen in China hat die Außenwelt keinen rechten Begriff, denn Einblicke in diese Welt haben die ausländischen China-Korrespondenten nur selten. Porsche- und Ferrari-Fahrer sowie die seit einigen Jahren beliebten Listen der *superreichen* Chinesen erregen eher ihre und die Aufmerksamkeit der Leser, die aufgrund ihres Alters Chinesen spontan mit Rotgardisten oder *blauen Ameisen* identifizieren.

Doch man kann die Armen auch sehen. Auf dem Land sowieso überall. Aber auch in den großen *boomenden* Städten, wo dieses Proletariat als *Wanderarbeiter* auf den Großbaustellen arbeitet. Im Chinesischen heißen diese Menschen 农民工 *Bauernarbeiter*, was präziser ist als dieser Euphemismus, der an fröhlich singende Wanderer denken lässt. Sie heißen so, weil sie ihre Familien und Heimatorte auf dem unendlichen chinesischen Land verlassen haben, um in den Millionenstädten den Unterhalt für sich und ihre Angehörigen zu verdienen, heute hier, morgen dort. Sie sind Bauern, und es sind immer noch die 800 Millionen Bauern, auf deren Kosten das genuin chinesische Wirtschaftswachstum vonstatten geht. Unter ihnen sind die 260 Millionen völlig Verarmten Chinas zu finden, jene, die nicht einmal einen Dollar pro Tag zur Verfügung haben. (Ausländische Entwicklungshelfer kümmern sich um sie, zum Beispiel die der vom deutschen Ministerium für Wirtschaftliche Zusammenarbeit beauftragten *Gesellschaft für Technische Zusammenarbeit, gtz,* die zahlreiche *Armutsbekämpfungsprogramme* in China betreibt.)

Wer einmal, wie der Verfasser im Sommer 2005, in 15-köpfiger Ausländer-Runde ein sehr reichhaltiges Abendessen mit gut einem Dutzend verschiedener Speisen (meist Fleisch) in einem einfachen Pekinger Lokal mit (umgerechnet) nur vierzig Euro bezahlt hat, der bekommt eine Ahnung davon, was wohl der letztliche Lieferant von Fleisch und Gemüse – ein Bauer – erlöst haben mag, wenn Restaurant- und Zwischenhandelsaufschläge abgezogen sind: so gut wie nichts. Dabei kann sich dieser Bauer bereits als Hauptstadt-Lieferant glücklich schätzen. Ohne diesen Markt sähe es noch trostloser für ihn aus.

Eine sich weit und weiter öffnende Schere markiert den Unterschied zwischen den 800 Millionen Bauern, die selten jemand sieht, und der Bevölkerung der Städte, insbesondere jener, in die die ausländischen Investitionen fließen. Die staatliche Nachrichtenagentur berichtete im Sommer 2004, das durchschnittliche bäuerliche Jahreseinkommen habe 1997 bei umgerechnet 253 Dollar gelegen (20 Dollar im Monat), das der Städter hingegen bei 624 Dollar – ein Verhältnis von 1 : 2,47. Sechs Jahre später habe diese *Ratio* aber schon 1 : 3,24 betragen. Das in diesem Zeitraum angefallene Wirtschaftswachstum von rund 50 Prozent erhöhte also die Jahreseinkommen der Bauern nur um 64 auf 317 Dollar im Jahr, das der Städter jedoch um 404 Dollar auf 1.028.

Die Folge: 140 Millionen Chinesen verließen bis 2004 ihre Dörfer und *wanderten* in die Städte, wo sie sich als Knochenarbeiter für vielleicht 40 Euro im Monat auf den Großbaustellen der Wohnanlagen, Bürohäuser, *shopping malls* und anderer Infrastrukturprojekte oder in den Fabriken verdingen – sechs oder gar sieben Tage die Woche, ohne Rechte oder auch nur halbwegs menschenwürdige Arbeits- und Lebensbedingungen. Betrogen überdies: Es ist eine offizielle Zahl, dass ihnen ihre Arbeitgeber bis 2003 Lohnzahlungen von umgerechnet 3,3 Milliarden Euro vorenthielten.[93a] Premier 温家宝 Wen Jiabao selbst sprach dies in seiner Rede vor dem Parlament (*Nationaler Volkskongress*) im Frühjahr 2003 an – geändert hat sich bis heute nichts.

Schon bei dieser offiziell eingeräumten Zahl ergäbe es sich, dass Millionen

Wanderarbeiter, unter Einbeziehung ihrer Familien leicht zwei bis drei Dutzend Millionen Menschen nicht nur kaum bezahlt, sondern direkt betrogen worden sind. Es liegt auf der Hand, dass ein solch flächendeckendes Betrugssystem selbst in einer Gesellschaft der Geduldigsten und Leidensfähigsten, wie der chinesischen, ein enormes Konfliktpotential anhäuft, zumal diesen Arbeitern viele weitere 100 Millionen Menschen hinzuzurechnen sind, nämlich jene Bauern, denen auf dem weiten Lande, wohin nie ein ausländischer Beobachter kommt, seit Jahren ihre Lebensgrundlagen entzogen werden. Lokale Parteifunktionäre, Bürgermeister zum Beispiel oder Kreis-Parteisekretäre, enteignen ihnen ihr Land, um darauf Bauprojekte zu verwirklichen, Fabriken, Wirtschaftszonen, Appartments, Villen oder Golfplätze zu errichten, Dinge jedenfalls, die ihnen mehr einbringen als die von Bauern bearbeitete landwirtschaftliche Nutzfläche. Entschädigungen erhalten die Enteigneten selten und wenn, so stellt sich nach deren Verbrauch natürlich sofort wieder die Frage, womit der Unterhalt für die Familien nun erwirtschaftet werden könnte - das Land ist ja weg. So werden neue *Wanderarbeiter* erzeugt. Oder offener Widerstand derjenigen, die nichts mehr zu verlieren haben.

Seit Jahren nehmen Zahl, Umfang und Gewalttätigkeit der Demonstrationen auf dem Lande zu. Die Herrschenden beobachten es genau. Die 内部参考 *Internen Referenzmaterialien*, eine nur höheren Parteikadern zugängliche Tageszeitung, ist angefüllt mit entsprechenden Reportagen. Mancher mag es gar nicht mehr lesen und fragt sich, wo inzwischen das Gute und Schöne in China bleibt. Die Statistikämter führen derweil Buch, die Zahlen sind im Gegensatz zu den konkreten Umständen und Abläufen der Demonstrationen heute nicht einmal mehr ein Staatsgeheimnis. Ihre Anzahl stieg von 8.700 im Jahr 1993 auf 32.000 im Jahr 1999. Dann auf etwa 40.000 im Jahr 2000. Und 2004 kam es nach offiziellen Angaben zu insgesamt 74.000 *Protestaktionen*. Die Zahl der Beteiligten ist wie bei allem in China hoch. Einem Bericht des China-Korrespondenten der *International Herald Tribune* zufolge waren allein in der Nordostprovinz 辽宁 Liaoning (sprich: Ljau-ning) zwischen Januar 2000 und September 2002 sage und schreibe 863.000 Menschen beteiligt - so die dortige Polizei.[93b]

2005 erreichten die Proteste insofern eine neue Qualität, als zum einen der Grad der Gewaltanwendung stieg - es kam zu regelrechten Straßenschlachten mit Polizeieinheiten - und zum anderen auch die Außenwelt erstmals Genaueres davon erfuhr. Zum Teil sogar in Bildern und Videofilmen über das Internet, die beteiligte Bauern (!) von ihren Kämpfen aufgenommen hatten - zum Beispiel gegen herangebrachte Rollkommandos, die im Auftrag eines lokalen Strom-Unternehmens Bauern des Dorfes 绳油 Shengyou in der Provinz 河北 Hebei (sprich: He-bej), nur etwa 50 Kilometer südlich von Peking zum Land-*Verkauf* zwingen sollten.[94] Und es gibt natürlich auch Tote. Parteibüros, Ämter und Polizeiautos gehen immer öfter in Flammen auf.

China im Jahr 2020 und die Rohstoffvorräte der Welt

Auf ihrem letzten Parteitag im Herbst 2003 verabschiedeten die KP-Delegierten ein ihnen von der Führung vorgelegtes Programm, das darauf zielt, im Jahre 2020 einen materiellen Zustand im Land zu erreichen, der die niedliche Bezeichnung 小康 (sprich: *hsjau kang*) erhielt: *kleine Gesundheit*, was die offizielle Übersetzung mit *bescheidener Wohlstand* ins Deutsche bringt. Die globale Wirtschaftsziffer der Machthaber für die Beschreibung dessen, was *bescheidener Wohlstand* ist, lautet – umgerechnet: 4000 Milliarden Euro. So hoch nämlich soll 2020 das chinesische Bruttoinlandsprodukt sein – eine Vervierfachung des Wertes von 2003. Das BIP wäre damit (absolut) ungefähr doppelt so groß wie das heutige deutsche. Oder, mit anderen Worten: China würde 2020 doppelt soviel produzieren, konsumieren und ... ausscheiden wie die Deutschen heute.

Schon diese Konkretisierung des propagandistischen Begriffs erregt auf Anhieb mehr Aufmerksamkeit als der *bescheidene Wohlstand*, der für den statistischen einzelnen Chinesen auch 2020 durchaus begrenzt wäre: Das Durchschnitteinkommen läge dann erst bei 1.600 Euro *im Jahr* oder für die städtische Bevölkerung, wie die Parteiführung selbst ausgerechnet hat, bei etwa 5.000 Euro *pro Jahr*.

Was jedoch so harmlos klingt, bietet für Propheten des Weltuntergangs soviele Argumente für schwärzeste Düsternis, dass man sich wundern muss, warum dies noch nicht in größerem Ausmaß genutzt worden ist. Aber vielleicht ist der Zeitpunkt immer noch nicht so recht gekommen, wo die europäische Öffentlichkeit den Eintritt des chinesischen Menschheitsviertels in die Welt zur Kenntnis nimmt und seine entfesselten Aktivitäten in die eigene tägliche Wahrnehmung einbezieht.

Vor allem in zweierlei Hinsicht lassen sich die möglichen schlimmsten Schreckens-Szenarien wohl nur mit der Hoffnung auf neue technische Erfindungen übergehen: In Bezug auf den Ressourcenverbrauch und in Bezug auf die damit einhergehenden Konsequenzen für den Lebensraum der Menschheit schlechthin.

Was ersteres anbelangt, den Ressourcenverbrauch, so ist es genauso legitim wie bei den Absatzmärkte suchenden Firmen mit der großen Zahl – 1,3 Milliarden Menschen – zu argumentieren, also mit: *wenn 1,3 Milliarden Chinesen* dies oder jenes tun, *dann* ... Eine Extrapolation ins Extrem bietet dabei den Vorteil, die einer Entwicklung innewohnenden Konsequenz sehr deutlich zu erkennen, selbst wenn die Realität Abstriche machen sollte. Die extremste Annahme würde also lauten: *Wenn 1,3 Milliarden Chinesen einen Lebensstandard erreichen, wie er in Deutschland herrscht, dann* ...

Diese Zahlen (Tabelle auf der nächsten Seite) erschrecken vermutlich jeden, und die spontane Reaktion ist immer gleich: *Unmöglich!* – selbst aufgeklärte Chinesen sagen das. Wäre in China also dieser Zustand der eher *großen Gesundheit* erreicht, so müsste der gegenwärtige Welt-Auto-Bestand sich um 711 Millionen Einheiten verdoppeln auf 1,4 Milliarden PKW. Probleme müssten sich auch bei der Nahrungsmittelproduktion ergeben. Der Welt-Fleischverbrauch beträgt zur Zeit etwa 243 Milliarden Kilogramm, der Chinas 68 Milliarden, bei einem jährlichen Pro-Kopf-Verbrauch von nur 52,5 Kilogramm (Deutschland: 82,3 Kilogramm). Wären aber 1,3 Milliarden Chinesen auf deutschem Niveau, so verbrauchten sie allein 107 Milliarden Kilogramm – fast die Hälfte der heutigen Weltproduktion und *notabene* mit 44 Prozent weit über dem China zustehenden Anteil von 25 Prozent.

Bei den oben betrachteten Gütern liegt Chinas Verbrauchsanteil an der Weltproduktion mit Ausnahme von Fleisch, Schweinefleisch und Fisch immer unter dem Anteil seiner Bevölkerung – oft sogar weit darunter, zum Beispiel bei Autos, Flugzeugen, Milch, Wein, Bier, Zucker etc. Erreichten die Chinesen aber deutsches Niveau, so betrügen ihre Anteile an der *heutigen* Weltproduktion in fast allen Fällen Werte, die höher liegen als vom Bevölkerungsanteil gerechtfertigt. Zum Geispiel führen alle heute verfügbaren Autos dann in China. Die letzte

Wenn Chinesen deutsche Standards hätten ...

									China auf deutschem Niveau		
	Welt absolut	Welt Pro-Kopf	Deutschland absolut	Deutschland Pro-Kopf	Anteil Deutschlands am Weltverbrauch	China absolut	China Pro-Kopf	Anteil Chinas an der Weltproduktion	Absoluter Bedarf	Nötige Steigerung der chinesischen Produktion	Nötige Steigerung der Weltproduktion
Bevölkerung	6.300.000.000		82.600.000		1,3%	1.300.000.000		21%			
Bruttoinlandsprodukt (in Dollar, 2004)	40.000.000.000.000	6.280	2.700.000.000.000	30.120	6,8%	1.600.000.000.000	1.290	4%	39.156.000.000.000		
Weizen, in kg	415.748.735.000	67	6.469.499.000	78,5	1,6%	84.910.481.600	65,2	20%	102.231.178.000	20%	4%
Zucker, in kg	158.232.727.500	25,5	3.642.698.800	44,2	2,3%	9.376.617.600	7,2	6%	57.562.013.600	514%	30%
Orangen, in kg	71.980.378.000	11,6	865.347.000	10,5	1,2%	10.809.156.400	8,3	15%	13.674.234.000	27%	4%
Bananen, in kg	55.226.324.500	8,9	914.795.400	11,1	1,7%	5.599.924.400	4,3	10%	14.455.618.800	158%	16%
Kaffee, in kg	6.825.725.500	1,1	535.691.000	6,5	7,8%	0	0	0%	8.465.002.000	-	124%
Tee, in kg	3.723.123.000	0,6	24.724.200	0,3	0,7%	520.923.200	0,4	14%	390.692.400	-25%	-3%
Wein, in kg	22.959.258.500	3,7	2.043.867.200	24,8	8,9%	1.172.077.200	0,9	5%	32.297.238.400	2656%	136%
Bier, in kg	135.893.989.500	21,9	9.535.299.800	115,7	7,0%	24.613.621.200	18,9	18%	150.677.035.600	512%	93%
Fleisch, in kg	243.864.556.500	39,3	6.782.672.200	82,3	2,8%	68.371.170.000	52,5	28%	107.179.948.400	57%	16%
Rindfleisch, in kg	60.190.488.500	9,7	964.243.800	11,7	1,6%	5.990.616.800	4,6	10%	15.237.003.600	154%	15%
Schweinefleisch, in kg	94.939.636.500	15,3	4.376.183.400	53,1	4,6%	44.538.933.600	34,2	47%	69.152.554.800	55%	26%
Milch, in kg	490.211.195.000	79	21.782.020.200	264,3	4,4%	17.320.696.400	13,3	4%	344.200.004.400	1887%	67%
Meeresfisch, in kg	9.307.807.500	1,5	98.896.800	1,2	1,1%	2.604.616.000	2	28%	1.562.769.600	-40%	-11%
Stromerzeugung, kWh, 2004	14.000.000.000.000	2.256	609.800.000.000	7.399	4,4%	1.600.000.000.000	1.229	11%	9.636.074.191.278	502%	57%
Autos, 2004	700.000.000	0,1	45.000.000	0,5	6,4%	20.000.000	0,02	3%	711.091.077	3455%	99%
Flugzeuge, über 20t, 2004	16.778	0,0	572	0,0	3,4%	664	0,000001	4%	9.039	1261%	50%
Flüge, 2003	21.100.000	0,0	844.800	0,0	4,0%	946.000	0,0007	4%	13.349.550	1311%	59%
Flugpassagiere, 2004			136.000.000	1,7		87.590.000	0,07		2.149.075.254	2354%	

Bruttoinlandsprodukt (2004): Weltbank: http://web.worldbank.org
Vereinte Nationen, Food and Agriculture Organization, FAO: http://faostat.fao.org/faostat/

Spalte der Tabelle gibt also auch an, um wieviel die Produktion der gelisteten Güter zunehmen müsste, damit ein Anteil von ungefähr 25 Prozent herauskäme. Der Welt-Autobestand müsste von jetzt etwa 700 Millionen auf drei Milliarden Einheiten steigen. Über 9.000 Passagierflugzeuge würde das Land brauchen, wäre es eines Tages auf *deutschem Niveau*, um die 2,1 Milliarden Passagiere zu transportieren. Ohne Zweifel eine erfreuliche Perspektive zum Beispiel für Flugzeughersteller wie Airbus oder Boeing, deren Pressemitteilungen periodisch verkünden, dass der chinesische Flugzeugbedarf bis 2020 mehrere tausend Einheiten betragen wird.[95] Ob das für die Stratosphäre und damit die restliche Menschheit eine ebenso erfreuliche Perspektive wäre, ist vielleicht eher fraglich.

Nun ist in Bezug auf die landwirtschaftliche Produktion klar, dass China selbst niemals die nötige Menge Getreide zum Beispiel wird produzieren können, um den Menschen zu erlauben, es auf deutschem Niveau zu verbrauchen. Eine Art geflügeltes Wort besagt, China ernähre mit nur 10 Prozent seiner Landfläche 25 Prozent der Menschheit. Dies beschreibt zwar plastisch den Fleiß der chinesischen Bauern, lässt aber außer Acht, daß die Ernährung insgesamt auf nur niedrigem Niveau erfolgt. In einigen Schlüsselbereichen aber fällt die Getreideproduktion in den letzten Jahren. Zum Beispiel bei Weizen und Reis (vgl. nebenstehende Tabelle):

In fünf von zehn beobachteten Jahren ein Minus bei Weizen, Reis und insgesamt für Getreide. Kein Wunder, dass die Regierung im Frühjahr 2005 verkündete, die Subventionen für den Weizenanbau zu verzehnfachen: von 100 Millionen Yuan auf eine Milliarde! Das soll die Bauern anregen, mehr Weizen zu produzieren, wofür sie freilich auf den Anbau anderer Produkte verzichten müssten, denn schon heute reichen die vorhandenen Flächen vielfach nicht und Importe müssen fehlende Eigenproduktion ergänzen. So meldete die Staatsagentur im Mai 2005, dass sich die Einfuhren landwirtschaftlicher Güter von 2002 auf 2004 verdoppelt hätten. Insbesondere bei Sojabohnen und Baumwolle. Eine weitere Zunahme sei wahrscheinlich, angesichts der wachsenden Zahl von Restaurants, Hotels und Supermärkten.

Chinas Getreideproduktion (Mio. t)

	Weizen		Reis		Getreide insgesamt (1)	
1995	102,2		187,3		418,7	
1996	110,5	8,12%	197,0	5,18%	453,7	8,36%
1997	123,3	11,58%	202,8	2,94%	445,9	-1,72%
1998	109,7	-11,03%	200,6	-1,08%	458,4	2,80%
1999	113,9	3,83%	200,4	-0,10%	455,2	-0,70%
2000	99,6	-12,55%	189,8	-5,29%	407,3	-10,52%
2001	93,9	-5,72%	179,3	-5,53%	398,4	-2,19%
2002	90,3	-3,83%	176,3	-1,67%	400,0	0,40%
2003	86,5	-4,21%	162,3	-7,94%	376,1	-5,97%
2004	91,3	5,55%	177,4	9,30%	413,6	9,97%

(1) Weizen, Reis, Gerste, Mais, Roggen, Hafer u.a.

Quelle: Quelle: Datenbank der Food and Agriculture Organisation, FAO, der Vereinten Nationen. Im Internet unter: http://faostat.fao.org/faostat.

Die Zentral-Regierung verfügt heute über die Mittel, um Einkäufe auf dem Weltmarkt zu finanzieren. Sie besitzt 760 Milliarden Dollar Devisenreserven, und es kann keinem Zweifel unterliegen, dass sie sie einsetzen würde, um akuten Nahrungsmittelmangel zu beseitigen. Alles andere würde ihr Ende bedeuten. Der Import großer Teile der Weltproduktion würde aber selbstverständlich die Preise nach oben treiben – auch für die anderen Länder.

Und wie Transportmittel Treibstoff benötigen, so fielen auch bei verbesserter Nahrung von 1,3 Milliarden Folge-Verbräuche an, selbst wenn die Mengen beschaffbar wären: Um 15 Milliarden Kilogramm Rindfleisch zu erzeugen, müssten die Bauern entsprechend mehr

Rinder züchten, was wiederum mehr Futtergetreide erforderte, und um 9.000 Flugzeuge aus China abfliegen zu lassen, wären mehr und größere Flughäfen nötig, und selbstverständlich reichten die heutigen Straßen nicht, um 711 Millionen PKW aufzunehmen ...

Aber nicht nur in China selbst würde der Verbrauch steigen, auch andere Länder müssten mitziehen. Wenn im Jahre 2020 eintritt, was die *Welt Tourismus Organisation* voraussagt, dass nämlich 100 Millionen chinesische Touristen andere Länder besuchen werden, dann würden, verteilten sie sich gleichmäßig auf alle Tage des Jahres, täglich 273.973 Touristen aus China abfliegen. Dazu wären 494 Flugzeuge vom Typ des Airbus Riesen-Jets A 380 nötig. Es liegt auf der Hand, dass die ausländischen Ziel-Flughäfen sich durch erhebliche Erweiterungen darauf einrichten müssten, soviele Flüge und Menschen abzufertigen.

Ebenso klar ist es, dass zur Erzeugung von 711 Millionen PKW Rohstoffe in bislang nicht gekannter Menge nötig sind: Stahl für die Karosserien, Kunststoffe, Batterien, Kupfer, Gummi für die rund 30 Milliarden Reifen ... Vieles davon wird in China selbst nicht hergestellt werden können, die Produzenten müssten es daher – genau wie das Futtergetreide für die Rinder und Schweine – im Ausland beschaffen: auf dem Weltmarkt. Zum Beispiel Zinn. Bis zum Jahr 2004 war China der Hauptexporteur des Metalls, das unter anderem für die Herstellung von Getränkedosen gebraucht wird. In jenem Jahr führte es 22.000 Tonnen Zinn aus. Nur ein Jahr später jedoch musste es bereits 1.600 Tonnen importieren.

Es kann zwar keinem Zweifel unterliegen, dass sich die Exporteure über die drastisch gestiegene Nachfrage freuen. Sie reden seit Jahren vom riesigen chinesischen Markt, auf den sie hoffen. Ob jedoch die europäischen Verbraucher, vor allem aber die Armen der unterentwickelten Länder dies auch so sehen, ist vielleicht eher zweifelhaft.

Eine Schlüsselgröße auf dem Weg zum Wohlstand spielt wie in anderen Ländern auch in China die Energieerzeugung – Strom. Zu zwei Dritteln erfolgt sie derzeit durch die Verbrennung von Kohle aus eigenen Vorräten, das Land gilt schon heute als größter Kohleproduzent und Verbraucher der Welt. Seit dem Sommer 2004 sehen sich die Chinesen hier jedoch mit Spar-Appellen der Behörden und sogar Stromabschaltungen konfrontiert. Selbst die ausländisch investierten Betriebe in Shanghai, der industriellen Hochburg des Landes, litten und leiden darunter: Sie müssen Tagschichten in die Nacht verlegen oder den Betrieb ein, zwei Tage pro Woche ganz einstellen. Seit dem Sommer 2004 liegt die Stromproduktion hinter dem Verbrauch.

2004 betrug die Gesamtkapazität aller chinesischen Kraftwerke 1.600 Milliarden KWh – Deutschland produziert derzeit 609 Milliarden kWh. Aber jeder statistische Deutsche verbraucht 7.400 KWh im Jahr – jeder Chinese nur 1.200 – weniger als ein Sechstel (und überdies nur ein statistischer Wert, da der Großteil der chinesischen Stromerzeugung der Industrie zugute kommt, nicht den Haushalten). Um aber auf das deutsche Niveau zu kommen, müßten die chinesischen E-Werke mithin sechsmal mehr Strom produzieren als sie es heute tun: 9.600 Milliarden KWh. Mit entsprechend gestiegener Kohleverfeuerung. (Oder wesentlich mehr Kernkraftwerken als derzeit für 2020 geplant sind: 30 sollen es dann sein, wie die Staatsagentur im Sommer 2005 meldete, und die würden dann immer noch nur 4 Prozent der Stromerzeugung beisteuern. In Deutschland sind es heute 30 Prozent, so dass selbst für Atomkraftgegner eigentlich jedes Argument gegen diese Anlagen entfiele. Mit Konfuzius würden die Chinesen ihnen sagen: Kehrt erst einmal vor eurer eigenen Tür.)

Autos benötigen Antriebsenergie. Um 700 Millionen PKW in China fahren

	1993	2000	2003	2004	2010	2020
Welt-Öl-Konsum, pro Jahr, Mio. t			3870			
Chinesische Ölförderung, Mio. t					160	200
Chines. Öl-Importe, pro Jahr, Mio. t	0	70	100	120	200	600
Chines. Ölkonsum (2020: Experten)		230	260	280		800
Anteil Chinas am Welt-Öl-Konsum, p.a.	0%	4%	7%	8%	9%	21%
Annahme: chines. Ölkonsum steigt pA um 10%, Verbrauch Mio. t						1287
Anteil Chinas am Welt-Öl-Konsum (Basis: 2003) dann, pro Jahr						33%

Quelle: Rudolph

zu lassen, ist entsprechend mehr Rohöl zu raffinieren als heute. Schon 1993 reichten die chinesischen Öl-Vorräte zum letzten Mal, den eigenen Verbrauch zu decken, seit 2004 ist China auch hier in der Welt und bereits der zweitgrößte Rohöl-Importeur der Erde – nach den Vereinigten Staaten. In nur zwölf Jahren also stieg das Land von einem *de facto* Nicht-Teilnehmer des internationalen Ölhandels zum zweitgrößten Kunden im Weltmarkt auf! Eine steile Karriere, aber noch längst nicht alles. Wenn man eine Prognose bis 2020 stellte, das die Parteiführung als nächsten Fixpunkt der wirtschaftlichen Entwicklung bestimmt hat, dann würde das *in puncto* chinesische Ölimporte etwa folgendermaßen aussehen (siehe oben):

Bezugsgröße der Aufstellung ist der heutige Welt-Ölkonsum von ca. 3.870 Millionen Tonnen pro Jahr. Die chinesische Eigenförderung, so heißt es derzeit, werde bei maximal 200 Millionen Tonnen jährlich stagnieren. In diesem Fall müßte China nach Expertenmeinung 2020 etwa 800 Millionen Tonnen Rohöl importieren, was einem Anteil am heutigen Gesamtkonsum der Welt von 21 Prozent ausmachen würde. Gegenwärtig ist China nur mit 8 Prozent am Welt-Ölkonsum beteiligt, und dennoch fehlte das Land in kaum einem Bericht über *steigende* Ölpreise und Benzinkosten des Jahres 2005. Was wird man erst bei einem Anteil von 21 Prozent sagen? Eine völlig gerechte Menge im übrigen, denn sie entspräche ziemlich genau dem Bevölkerungsanteil. Schreibt man freilich die Ölimport-Steigerungsraten der vergangenen Jahre fort, die etwa 10 Prozent jährlich betrugen, so stiege der Import auf 1.287 Millionen Tonnen, was 33 Prozent des Welt-Konsums von 2003 entspräche.

Ist das möglich ohne Folgen für die anderen? Und: Kann die Erde das überhaupt verkraften? Und vor allem ihre nicht-chinesische Bevölkerung? Und wenn ja, wie lange?

Schon 2004, erst recht aber 2005 war China wegen seiner Rohstoff-Importe ins Zentrum der Aufmerksamkeit selbst von Personen in Deutschland gerückt, die bislang gar nicht daran gedacht hatten, dass dieses Land für sie persönlich einmal irgendeine Rolle spielen könnte – außer vielleicht als Großimporteur und dadurch als Arbeitsplatz-Garant. Die *Frankfurter Allgemeine Zeitung* überschrieb einen Bericht zur Stahlsituation am 25.3.2004 mit: *Chinas Stahlbedarf stört die Rohstoffversorgung in Deutschland.*

China *stört* also bereits. Vieles an dieser Entwicklung mag kurzfristig gewesen sein, für 2006 sagten Beobachter eine Entspannung der Rohstoffmärkte voraus. Indes: Der Trend ist klar und nachhaltig: Seit den späten 90er Jahren ist der Geist Chinas *aus der Flasche* und zeigt sich überall auf der Welt, zunächst als *Staubsauger* für ausländisches Kapital, dann in Form exportierter Güter, inzwischen zusätzlich als Groß-Aufkäufer von Rohstoffen dort, wo die Machthaber sie bekommen können. Nicht nur der Bedarf als solcher ist dabei groß, der Wunsch, die Quellen sicher in der eigenen Hand zu haben, ist es nicht minder.

In den produktiven Boden Chinas sind Hunderte Milliarden Dollar aus den Industriestaaten als Saat eingebracht worden, und nun beginnt die Ernte sich zu zeigen und keineswegs nur in Form von Textilien und kopierten Produkten. Langsam begreifen auch die Europäer, was sie wohl dafür bezahlen müssen. Die Jagd der chinesischen Parteimachthaber nach Welt-Spitzenpositionen in all und jedem Bereich erregt deshalb heute bereits weniger Bewunderung, als noch vor ein paar Jahren und weniger Lust, am *Boom* teilzuhaben. Ungute Gefühle beginnen sich bei den chinesischen Weltrekorden auf allen möglichen Gebieten einzustellen. Zum Beispiel auch dem der Umwelt.

Zerstörung der Umwelt

In einer Übersicht zur Situation in China heißt es auf der Website der Weltbank einleitend, das wirtschaftliche Wachstum des Landes verursache *ernste Schäden an den natürlichen Ressourcen* und führe zu *großen Belastungen*. Dies betreffe die *Bodenzerstörung, die Verschlechterung der Wasserqualität, den Wassermangel* und die *zurückgehende Bewaldung*. Mit anderen Worten: Der gesamte Lebensraum der Chinesen ist in Gefahr. Die Diktion der Bank ist dabei sehr vorsichtig, denn die chinesische Regierung ist mit Anteilen im Wert von etwa 8 Milliarden Dollar ihr acht-wichtigstes Mitglied und sitzt als größter Kreditnehmer der Bank (Verschuldung, Herbst 2005: 13,5 Milliarden Dollar) noch an einem anderen langen Hebel, den sie dazu nutzen kann, missliebige Kommentare zum Beispiel zu ihrer Umweltpolitik aus den Publikationen der Bank zu kippen.

So stimmt die zitierte Weltbank-Feststellung nur in dem Sinne, als die Umweltprobleme in China umfassend sind – das gesamte Leben der Chinesen betreffend und zunehmend auch das der restlichen Welt. Letzteres nicht nur durch das Wehen des Windes, der den Industrieschmutz über den ganzen Globus verteilt, oder durch die internationale Verbeitung von Epidemien, wie die Lungenkrankheit Sars im Winter 2002/03, sondern auch in dem, dass bereits verbrauchte Rohstoffe wie Holz mehr und mehr aus anderen Ländern beschafft werden. Die Publikationen zum Thema *Umwelt in China* sind inzwischen zahlreich, ihre Titel und Überschriften könnten bisweilen auf Plakaten für Weltuntergangsfilme stehen: *The River runs black* zum Beispiel oder *The Death of China's Rivers*, *China sends Pollution Across Asia* ...

Auch der Jahresbericht 2004 der Umweltbehörde SEPA (*State Environmental Protection Administration*) liest sich wie ein Schauerroman, selbst dort, wo es heißt, die Lage sei gegenüber dem Vorjahr unverändert, denn da war sie auch schon sehr ernst: Die großen Flüsse sind fast alle stark verschmutzt, ebenso 25 der 27 größeren Seen, saurer Regen, den vor allem die ungefilterten Emissionen der Kohlekraftwerke bewirken, nimmt zu und beeinträchtigt die Hälfte der städtischen Gebiete (über *Waldsterben* ist noch nichts bekannt). Nur ein Drittel der städtischen Abwässer und nur die Hälfte der festen Abfälle erfahren irgendeine Behandlung. 200 Städte (nicht solche mit bloß 60.000 Einwohnern wie in Deutschland, sondern mit jeweils vielen Millionen) des Landes haben gar keine Einrichtungen dafür. Selbst die

Hälfte gefährlicher Krankenhaus-Abfälle geht unbehandelt in den Müll. Graslandflächen versteppen und verwüsten, der Sand liegt bereits siebzig Kilometer vor der Hauptstadt, die Abholzung der wenigen verbliebenen Wälder geht in enger Kooperation von auch ausländischen Papierfabriken mit den lokalen Behörden weiter, auch wenn die Umweltbehörde stolz die Aufforstung Tausender Hektar meldet.

Der SEPA-Bericht folgt dabei dem Diktionsmuster der Weltbank: an eine halbwegs beruhigende Feststellung schließt sich ein *aber* an, das die realistischere Situation einleitet und die beruhigende Feststellung davor kassiert. Im einzelnen:

Küstengebiete, Meerwasserqualität: 35% schlecht bis sehr schlecht.

Flüsse: Verschmutzt bis sehr verschmutzt sind die sieben großen Ströme, darunter der 珠江 Perlfluß und der 长江 Jangtse mit ca. 20 und 22 Prozent noch am wenigsten. Der 辽河 Liao jedoch zu 70 Prozent, der 淮河 Huai zu fast 90 Prozent, der 黄河 Gelbe Fluß zu 70 Prozent, der 松花江 Songari zu 85 Prozent und der 海河 Hai zu 80 Prozent. (Manche westlichen Berichterstatter empfehlen, besser nicht mit der Hand hinein zu langen.)

Luft: von 342 gemessenen Städten entsprechen nur 132 den Anforderungen der Behörde, die meisten, 141, hingegen weisen schlechte, 69 sogar sehr schlechte Luft auf.

Müll: Die Gesamtmenge industrieller Fest-Abfälle nahm gegenüber 2003 um 20 Prozent zu, im ganzen Jahr seien 1,3 Milliarden Tonnen angefallen. (Das Statistische Bundesamt nennt für Deutschland, 2003, die Menge von 47 Millionen Tonnen für *Industrie, Gewerbe, Bergbau.*)

Boden: Im Vergleich zum Vorjahr ging die landwirtschaftlich genutzte Fläche um 0,77 Prozent zurück, Weideland um 0,15 Prozent, Parkflächen nahmen dafür um 1,87 Prozent zu (klingt gut, aber die werden im Norden künstlich bewässert, und Wasser gibt es eigentlich kaum noch), Waldflächen um 0,46, Wohn- und Industrieflächen um 1,48 Prozent, der Straßenbau verbrauchte 4,1 Prozent mehr Flächen.

Grasland: Jährlicher Verlust (Versteppung und Wüstenbildung) liegt bei zwei Millionen Hektar (bei einem Bestand von derzeit 400 Millionen Hektar).

Niederschläge: Eine Karte der Behörde zeigt die ernste Situation. Gebiete mit bis zu 500mm Niederschlägen gelten als Dorn-Savannen, eine Landschaft, die Geographen als Vorstufe der Halbwüste definieren. Sie bedeckt inzwischen die nordwestliche Hälfte des gesamten Landes.

Die Umweltbehörde ist mit dieser Darstellung eher vorsichtig. Unabhängigere Beobachter sprechen anders über die Lage der Umwelt in China: die schlimmste weltweit. 16 der 20 verschmutztesten Städte der Erde finden sich hier, darunter die Hauptstadt, die für 2008 grüne Olympische Spiele versprochen hat, aber weiter fast täglich unter einem Dunstschleier liegt, der dem Londoner Smog der 50er Jahre gleicht. Die Luft ist schädlicher als der Rauch einer Packung Zigaretten täglich, behaupten manche Beobachter. 600 Millionen Chinesen trinken verunreinigtes Wasser, schreibt der langjährige China-Journalist Jasper Becker. 10 Prozent des Bruttoinlandsprodukts, sagen mittlerweile Ökonomen, betrügen die von der Umweltzerstörung verursachten Verluste und schlagen vor, diese Summe über höhere Produktpreise auszugleichen. Typisch chinesischer Pragmatismus: Statt an die Ursachen zu gehen, beschäftigt man sich mit den Folgen.

Ergebnis: Die Verschwendung von Resourcen ist in China grenzenlos. Im Sommer 2004 trat der bis dahin noch weithin unbekannte Vize-Direktor der chinesischen Umweltbehörde SEPA 潘岳 Pan Yue (sprich: Pan Yüe) erstmals mit darauf zielenden Aussagen an die

Öffentlichkeit. Seither wiederholt er sie immer wieder:

> *„Wir sind mit 7,4 Prozent am Welt-Öl-Verbrauch beteiligt, mit 31 Prozent am Kohle-, 30 Prozent am Eisenerz-, 25 Prozent am Aluminiumoxyd-Verbrauch. Und wir erzeugen damit 4 Prozent des Welt-BIP. In den Produkten der acht am meisten Energie verbrauchenden Branchen Chinas steckt durchschnittlich 47 Prozent mehr Energie als in vergleichbaren der entwickelten Länder. Von den 20 verschmutztesten Städten der Erde liegt die Hälfte in China".*[96]

Im Juni 2005 ging Pan Yue noch einen großen Schritt weiter und stellte alle Pläne (der Parteiführung) in Frage, aus China die *Werkbank der Welt* zu machen. Für die vergangenen 20 Jahre sei bereits ein *hoher Umwelt-Preis* gezahlt worden, zitierte ihn die Staatsagentur und brachte auch seinen Frontalangriff auf die Parteipläne, das Bruttoinlandsprodukt bis 2020 zu vervierfachen (*kleine Gesundheit*): Dann werde sich auch die Umweltzerstörung vervierfachen, sagte er auf einem Umweltforum. So in Fahrt gekommen, ging er gleich noch weiter: China sei weltweit *erster* beim Wasserverbrauch und Abwasserausstoß, *zweiter* beim Energieverbrauch und Kohlendioxyd-Ausstoß. Die Energieverschwendung sei kolossal. Um ein BIP zu erzeugen, das nur ein Achtel dessen der Vereinigten Staaten betrage, verbrauche man 6mal soviel Energie wie die Amerikaner, gar 7mal soviel wie Japan und 2,8mal soviel wie Indien. Seit der kommunistischen Machtergreifung 1949 sei die bewohnbare Landfläche Chinas von 6 Millionen Quadratkilometer auf 3 Millionen geschrumpft (auf denen nun doppelt soviele Menschen leben müssen).

Es gibt zum Thema *Verschwendung* schlimme Rechnungen allüberall. Zum Beispiel die, dass der größte Stahlproduzent der Welt – China – zum Herstellen einer Tonne Stahl sechsmal soviel Strom verbrauche wie Japan, dreimal soviel wie Europa. Die *Asia Times* zitiert in einem Bericht (10.8.2005) ungenannte Experten, die meinen, mit einer Energie-Effektivität wie Japan, könnte China seine wirtschaftlichen Ziele über die nächsten 60 Jahre erreichen, ohne zusätzliche Kraftwerke zu bauen bzw. genauer, Milliarden Tonnen schlechter Kohle zu verbrennen. Ein chinesischer Mitarbeiter des *Wall Street Journal* (23.6.2005) analysierte, dass China zur Produktion eines BIP-Dollars 5 bis 7 Dollar investiere (entwickelte Länder: 1 bis 2 Dollar). Sein Urteil: *Wie immer man rechnet, Chinas Wirtschaftswachstum ist ineffizient und verschwenderisch*.

Woher vor diesem Hintergrund die Begeisterung über das *Boom-Land China* kommt, ist nur auf den ersten Blick unerfindlich. Mit etwas Überlegung wird es schnell klar: Mensch und Natur sind dort keine Kostenfaktoren. Nicht nur wegen der Billiglöhne für das unendliche Massenheer chinesischer Arbeiterinnen in den Fabriken ist das Land betriebswirtschaftlich gesehen unschlagbar günstig, sondern weit mehr noch, weil die Umwelt die Investoren rein gar nichts kostet. Die anderen Menschen schon.

Die Ursache für diesen Stand der Dinge liegt erstens im geschlossenen politischen System des Landes, und zweitens im chinesischen Nationalcharakter: *geduldig, gleichgültig, spitzbübisch*. Um ersteres zu verändern, müßte zunächst die Apathie des letzteren beendet werden. Vielleicht gibt es Anzeichen dafür, dass dies geschehen könnte, Umweltamt-Direktor Pan Yue ist vielleicht eines. Allerdings liefen effektive Maßnahmen immer darauf hinaus, dass die Chinesen sich einschränken, während Amerika, Europa und Japan so weitermachen wie bisher. Chinesisches Gerechtigkeitsempfinden jedoch wird das nicht akzeptieren. Ein guter Ansatzpunkt für die Machthaber, sich als Interessenvertreter der 1,3 Milliarden chinesischen *Massen* neue Legitimität zu verschaffen.

Weltmacht China?

Chinesische Außenpolitik im Sinne einer Einflussnahme auf das Verhalten anderer Länder oder gar größerer Regionen hat es zu dynastischen Zeiten nicht gegeben: Die herrschende Schicht war sich immer selbst genug. Sie sah nirgendwo in der Welt etwas, das besser war, als was sie selbst besaß, womit jeder Grund entfiel, sich erobernd über die *Barbaren* herzumachen! Die Einvernahme der Mongolei, die bis 1911 insgesamt zum Mandschu-Reich gehörte, der Turk-Region im Westen (heute Provinz 新疆 Sinkiang) sowie Tibets erfolgte zur Hochzeit der Mandschu-Herrschaft im 18. Jahrhundert und war eher eine Bereinigung der stets unsicheren Grenze zu den *barbarischen* Nomaden im Norden und Nordwesten sowie den nicht minder wilden Tibetern. Mit der europäischen Kolonialnahme wie zum Beispiel der russischen, die große Gebiete Chinas im Nordosten abtrennte, oder der spanischen in Südamerika sind diese Eroberungen nicht zu vergleichen.

Der Sturz der Mandschu-Herrschaft 1911 machte zwar aus 天下 *Allem unter dem Himmel* eine Republik, unterstellte das Land wieder ethnischen Chinesen, doch die Regierung in Peking blieb weitgehend mit nur nomineller Macht ausgestattet. Sie bestimmte nicht einmal die Dinge im Lande, geschweige denn außerhalb, und sei es in der nächsten Nachbarschaft. Die Unabhängigkeit der Mongolei musste sie hinnehmen.

Warlords, Militärmachthaber, verwandelten ihre Einflussgebiete bis weit in die 20er Jahre in de facto Staaten im Staate. Erst ein regelrechter Krieg, der sogenannte 北伐 Nordfeldzug, räumte ab 1925 damit auf und führte im April 1927 zur Gründung der Nationalregierung unter Tschiang Kai-schek (Hauptstadt nun: 南京 Nanking). Gleichwohl hatte dieser Präsident Chinas fortan mit der Sezession der Kommunisten zu kämpfen, die zwischen 1928 und 1934 einen kompletten eigenen Staat im Staate in Zentralchina unterhielten und dies nach dem *Langen Marsch* ab 1936 in Nordchina fortsetzten. Die Ausländer im Lande behielten derweil ihre Sonderrechte in großen Städten wie Shanghai und Tianjin und machten dort, was sie wollten. Bis zum Ende der 30er Jahre war der Stadtrat Shanghais eine Sache allein der Ausländer, Chinesen hatten da nichts zu sagen. Die Bürgerkriege in den 20er und 30er Jahren und schließlich die japanische Besetzung ab 1937 ließen deshalb eine Außenpolitik gar nicht erst aufkommen. Chinesische Botschaften residierten zwar in den Hauptstädten vieler Länder der Welt, doch waren sie eher exotische Tupfer. Einfluss konnten die Exzellenzen kaum nehmen.

Und dennoch rückte diese macht- und weitgehend sogar landlose Regierung unter Tschiang Kai-schek 1943 in die Reihe der Weltmächte auf. Dies geschah sogar in einem Augenblick ihrer größten Machtlosigkeit, als man annehmen durfte, dass es mit ihr bald vollends vorbei sein würde, denn fast ganz China war zu diesem Zeitpunkt von japanischen Truppen besetzt, die Regierung war aus ihrer Hauptstadt 南京 Nanking weit nach Westen, nach 重庆 Chongqing (sprich: Tschung-tjing), geflüchtet, der völlige Zusammenbruch der *Republik China* schien nur noch eine Frage weniger Monate.

Am 7. Dezember 1941 jedoch hatten japanische Flugzeuge die in Hawaii stationierte Pazifik-Flotte der Vereinigten Staaten von Amerika bombardiert und vernichtet. Amerika erklärte Japan am folgenden 8. Dezember den Krieg, ein Schritt, der angesichts der japanischen Expansion freilich schon vorher feststand.

Von diesem Tag an hatten die chinesische Regierung unter Tschiang Kai-schek und die US-Regierung unter Roosevelt den gleichen Feind: Japan, was sie quasi automatisch zu Kriegsverbündeten machte. Denn die Tatsache, dass die Besetzung Chinas ca. fünf Millionen japanische Soldaten band, sorgte für größtes US-Interesse an China: Tschiang Kai-schek musste diese gewaltige Streitmacht weiter binden, damit sie nicht die pazifische Front verstärkte. Durch die chinesische Kriegserklärung an Japan (ebenfalls am 8. Dezember 1941) und an Deutschland (9. Dezember 1941) erhielt das Bündnis dann einen fast offiziellen Charakter, und in den folgenden Jahren bis zur japanischen Kapitulation im August 1945 flossen ca. fünf Milliarden Dollar US-Hilfe an die chinesische Regierung unter Tschiang Kai-schek, um dessen Widerstand gegen Japan zu ermöglichen. Amerikanische Piloten unter General Claire L. Chennault flogen, auf Seiten Tschiangs, als *Flying Tigers,* Angriffe auf Japaner in China.

Eine kolossale politische Dividende für diese Schlüsselrolle im amerikanischen Krieg gegen Japan strich die chinesische Regierung im Oktober 1943 auf der Allierten-Außenministerkonferenz in Moskau ein, die sich erstmals damit befasste, wie die Welt nach dem Ende des Krieges gestaltet werden sollte. Auf amerikanisches Drängen wurde die machtlose, wirtschaftlich ruinierte und weitgehend besetzte China Signatarmacht einer Viermächte-Erklärung und erhielt so eine Anerkennung als *Großmacht*. Paradox, aber wahr, wie sich nur wenige Wochen danach zeigte, als Tschiang Kai-schek, neben US-Präsident Roosevelt und Briten-Premier Churchill als Dritter Alliierter an der Kriegskonferenz von Kairo teilnahm. Und bei Gründung der Vereinten Nationen 1945 in San Francisco zog China sogar, neben den USA, der Sowjetunion, Großbritannien und Frankreich als fünftes Ständiges, mit Veto-Recht ausgestattetes Mitglied in den Sicherheitsrat: Eines der ärmsten und schwächsten Länder der Erde war allein durch diese Gunst der Umstände zur Weltmacht geworden!

Im September 1971 ging dieser Status an die Volksrepublik China über, als ihr Vertreter den Sitz der aus der UNO verwiesenen *Republik China* (Taiwan) übernahm. In den folgenden Jahrzehnten bis zum Beginn des 21. Jahrhunderts beschränkte sich die chinesische UNO-Präsenz jedoch weitgehend auf die Abgabe propagandistischer Stellungnahmen zugunsten der *Dritten Welt* oder gegen die *sozialimperialistische Sowjetunion*. Nur insgesamt viermal bis 1999 legte Pekings Vertreter ein Veto in eher unbedeutenden Fragen ein, konstruktive Initiativen gab es überhaupt nicht. Die *Weltmacht* China enthielt sich meist der Stimme, blieb ein Papiertiger.

Die Passivität änderte sich erst mit der beginnenden wirtschaftlichen Stärke infolge des hereinströmenden ausländischen Kapitals. Als es, nach dem Ende der Sowjetunion und des Kalten Krieges, erstmals wieder im Sicherheitsrat ernst wurde, beim ersten Golf-Krieg 1991, enthielt sich China zwar der Stimme, ermöglichte es so aber, den Krieg gegen den Irak, immerhin ein souveräner Staat, als UNO-Aktion zu führen. Das bis dato angeblich eherne Prinzip der chinesischen Außenpolitik – Nichteinmischung in die Angelegenheiten eines souveränen Staates – war von Peking selbst außer Kraft gesetzt worden. Im Gegenzug handelte sich die KP-Führung eine Lockerung ihrer Isolation ein, unter die sie westliche Staaten wegen der Niederschlagung der Demokratiebewegung im Juni 1989 gestellt hatten.

Nicht zuletzt dieses pragmatische, ausschließlich an den eigenen Interessen orientierte Vorgehen öffnete in den folgenden Jahren die Geldschatullen der westlichen *Kapitalisten* und *Imperialisten* (wie Parteichef Hu Jintao sie in nicht-öffentlicher Rede immer noch bezeichnet) und lenkten einen nie dagewesenen, heute nach Hunderten Milliarden Dollar zählenden Kapitalexport nach China. Eingebracht in den höchst fruchtbaren, von 邓小平 Deng Xiaoping 1992 dem ausländischen Kapital angebotenen Boden chinesischer Produktivität begann ein *Wirtschaftswunder*, das die KP-Führung heute zu den unbeschränkten Herren über die siebtgrößte Wirtschaft der Erde, das drittgrößte Handelsvolumen und die bald größten Devisenreserven der Welt macht. Allein letzteres legt das ökonomische Schicksal auch des Westens zu einem guten Teil in die Entscheidungsgewalt der neun Mitglieder des *Ständigen Ausschusses des Politbüros der Kommunistischen Partei Chinas*. Es ist auch außenpolitisches Kapital – Macht.

Was jedoch vor zehn, fünfzehn Jahren noch Alpträume in den westlichen Hauptstädten ausgelöst hätte, scheint heute nur wenige Beobachter zu beunruhigen. Die EU befasst sich seit 2004 ernsthaft damit, wie sie den Pekinger Machthabern auch noch Waffentechnik liefern kann.

Der ehemalige deutsche Bundeskanzler Helmut Schmidt, zum Beispiel, der seit Jahren ständig nach Peking gereist ist und mit den dortigen Machthabern sprach, meinte schon 1999 lapidar, dass *China auf schnellem Wege zur Weltmacht* sei.[97] In seiner bislang letzten weltpolitischen Betrachtung kommt er sogar zu dem Schluss, dass Versuche der USA (die er unterstellt), China daran zu hindern, diese Weltmacht zu werden, aussichtslos seien und: *Im weiteren Verlauf des 21. Jahrhunderts wird die Volksrepublik [China] eine Bedeutung erlangen, die derjenigen der USA gleichkommt.*[98] Auch andere internationale Beobachter sehen China wenn nicht bereits heute, so doch in absehbarer Zukunft in dieser Position. Das Nachrichtenmagazin *Der Spiegel* überschrieb eine China-Titelgeschichte Ende 2004 mit: *Die Geburt einer Weltmacht.*[99] Tatsächlich scheint der Begriff heute bereits allgemein akzeptiert, er taucht mittlerweile fast schon als Standard-Attribut zu *China* auf.

Der Gleichmut, mit dem die Kommentatoren das hinnehmen, liegt vielleicht daran, dass sie diesen Status Chinas eher für eine Normalisierung halten: Ein Land mit 1,3 Milliarden Menschen, der drittgrößte Flächenstaat der Erde, scheint quasi automatisch, aus eigenem, natürlichen Recht, *Weltmacht* zu sein. *Der Drache ist erwacht*, so heißt es in Abwandlung des Napoleon-Wortes von 1817. Der Ex-Kaiser indes hatte bei seinem Zusammentreffen mit dem von einer gescheiterten China-Mission zurückkehrenden britischen Lord Amherst nicht kühl konstatiert, sondern kühl gewarnt: *Quand la Chine s'éveillera, le monde tremblera* – Wenn sich China erhebt, wird die Welt erzittern – hatte der im Expansionismus erfahrene Napoleon zu Amherst gesagt, als dieser ihm eröffnete, dass England China dem europäischen Handel mit Gewalt öffnen werde. Eine erzitternde Welt aber ist eigentlich keine angenehme Vorstellung.

Die gesamten 90er Jahre hindurch spielte diese Sicht jedoch keine Rolle, Peking blieb ja auch brav und zurückhaltend. Jeder beteiligte Investor (und jeder ihnen in Peking Türen öffnende Politiker) aus Europa und Amerika sah in China allein den riesigen, ja unermeßlichen Markt, auf dem er seine Konsum- oder Investitionsgüter ohne Ende würde absetzen können, wenn nur das Land seinen wirtschaftlichen Zielen erst völlig zugänglich wäre. So investierte jeder Millionen, manche Großunternehmen auch

Milliarden, und alle zusammen lieferten dazu Technik und *know-how*, bildeten chinesische Arbeiter, Ingenieure und Angestellte aus, organisierten und optimierten die Betriebsabläufe. Schließlich, ab etwa 2000, transferierten sie auch Forschung und Entwicklung nach China, brachten wieder das dazu nötige Kapital für die Labors mit und – bildeten erneut chinesische Ingenieure aus. Während der gesamten 90er Jahre geschah dies alles stets in enger Kooperation mit chinesischen *Partnern* – in Form von Gemeinschaftsunternehmen (*joint ventures*) – die zuvor dieselben Produkte, in schlechter Qualität und auf rückständigem Niveau hergestellt hatten. Die Partei-Behörden waren auch immer auf das Engste eingebunden, denn ohne sie ging (und geht) nie etwas in der Volksrepublik.

All diese Zutaten kippten sie in das geschlossene System einer Schriftzeichen-Welt, von der jeder einzelne Investor nicht viel wusste, allenfalls die Oberfläche kannte, die er wegen der vielen McDonald's und der Spiegelglas-Fassaden in Shanghais 浦东 Pudong (sprich: Pu-dung) für *westlich* hielt. In den Mühen der chinesischen Ebenen aber erwiesen sich die realisierbaren Geschäfte als weit entfernt von den Planungen, aufgebaute Kapazitäten und Absatz fielen auseinander, die Gewinne erreichten nicht die erforderliche Höhe, um die Investition zu amortisieren. Mit dem großen Geschäft klappte es nur solange, wie Monopole bestanden: Volkswagen im PKW-Bereich, Motorola und Nokia bei den Mobiltelephonen sowie einige andere. Das ist inzwischen vorbei.

Die Ursache für all ihre Schwierigkeiten sahen die Investoren schnell in den zahllosen Hindernissen, die der allmächtige und überall wohlorganisierte chinesische Partei-Staat den Ausländern zum Schutz der (im wahrsten Wortsinne) *eigenen* Wirtschaft in den Weg legte. Aus diesem Grunde entwickelten Europäer, Amerikaner und Japaner das größte Interesse daran, dass China Mitglied der Welthandelsorganisation würde, sich also ganz offiziell in die Welt hinaus begab.

Zentrales Anliegen der WTO ist es, auf den Märkten ihrer Mitgliedsländer *nationale Gleichberechtigung* (*national treatment*) herzustellen: ausländische Mitspieler dürfen nicht gegenüber den einheimischen benachteiligt werden, zum Beispiel, wie bis dahin in China, durch Verbote in bestimmten Bereichen (Finanzwirtschaft, Handel, Transport und viele andere) tätig zu werden. Im bis dahin von staatlichen Hindernissen verbarrikadierten chinesischen Markt würde die WTO-Mitgliedschaft den westlichen Firmen (und Ideen) freie Bahn schaffen – so meinten die Verfechter der chinesischen WTO-Mitgliedschaft. Der Vorstandvorsitzende der Volkswagen AG, Bernd Pischetsrieder, brachte diese Phantasie, eine Automesse in Shanghai eröffnend, in einem Gespräch mit der *Zeit* auf die Formel: *Der WTO-Beitritt wird auf China einen ähnlichen Effekt haben wie der Fall der Mauer auf die DDR.*[100] Andere Kommentatoren wie der ehemalige Bundesaußenminister Klaus Kinkel fragten: *Wird China eine Zivilgesellschaft?* womit er *Demokratie* meinte. Er bejahte es.[101] Man glaubte, mit anderen Worten, ein in die WTO *eingebundes* China sei besser domestizierbar. Man dachte weniger daran, was aus der WTO wohl werden würde, wenn eine zentralistisch gesteuerte 1,3 Milliarden-Welt zu ihr gehört. Eine zudem, deren Herrscher einen vorderen Platz beanspruchen. Eigentlich sogar den ersten.

Offensichtlich, das kann man heute schon sagen, hatte der Beitritt Chinas zur WTO nicht die gleichen Folgen für seine Wirtschaft wie der Fall der Mauer für jene der DDR. Im Gegenteil erwiesen sich die chinesischen Märkte wegen der geringen Kaufkraft der 1,3 Milliarden einerseits und der riesigen Konkurrenz der ausländischen und schnell lernenden und vom Partei-Staat mit reichlichem, billigem Kapital versorgten chinesischen Anbieter andererseits als so wenig ergiebig, dass die Investoren einen *Paradigmenwechsel* vollzogen und ihre Produkte gar nicht mehr in China zu verkaufen suchten, sondern mit Exporten begannen. Was sollten sie auch anderes tun, um ihr eingesetztes Kapital zu amortiesieren.

Um das Jahr 2003 herum entstand daraus plötzlich die Wahrnehmung Chinas als *Werkbank der Welt*. Man nutzt die ausgezeichneten Bedingungen im Land – billige, willige, in unendlichen Massen vorhandene junge Arbeitskräfte – bringt Vorprodukte oder gar nur Blaupausen dorthin (bildet die produzierenden Auftragnehmer aus und überwacht die Qualität), lässt dies verarbeiten und schafft die fertige Ware wieder außer Landes, um sie dort zu verkaufen, wo es Konsumenten gibt, die sie sich leisten können: in Amerika, Europa und Japan. Über die Hälfte des chinesischen Außenhandels entfällt heute auf diesen Bereich. Tendenz: weiter steigend.

Gleichzeitig hält man den heimischen Mitarbeitern zunächst diese chinesischen Bedingungen als Kritik an ihren *zu hohen Löhnen* oder gar ihrem *Anspruchsdenken* vor: *In Deutschland kosten 2000 Ingenieure soviel wie 12.000 in China*, sagte Siemens-Vorstandsvorsitzender von Pierer immer wieder in Gesprächen mit der Presse.[102] Es folgte die Drohung einer *Verlagerung von Arbeitsplätzen* nach China.

Vor diesem Hintergrund breitet sich nun doch – in Amerika und Europa, auch in Deutschland – seit ein, zwei Jahren leise Furcht vor dem chinesischen *Drachen* aus. Tageszeitungen erklären ihren Lesern den historischen Kampfbegriff der *gelben Gefahr*[103], den amerikanische Gewerkschaften einst, in der zweiten Hälfte des 19. Jahrhunderts aufgebracht hatten, weil sie in den billigen, willigen chinesischen *Kulis*, die ins Land geholt worden waren, eine wesentliche Gefahr für die Arbeitsplätze ihrer weißen Mitglieder sahen.

Im Herbst 2004 kam es in der spanischen Stadt Elche erstmals in der EU zu Plünderungen lokaler chinesischer Geschäfte: Eine aufgebrachte Menge stürmte am 16. September die Schuhläden von Chinesen, warf die Waren auf die Straßen und zündete sie an. Man muß dazu wissen, daß Elche jahrzehntelang als Zentrum der spanischen Schuhproduktion bekannt war. Die Hersteller

In der spanischen Schuhstadt Elche kommt es am 16.9.2004 zu Unruhen gegen chinesische Schuhhändler. Chinesische websites berichten ausführlich – und empört: Zwischenfall in Spanien: gesetzlose Elemente verbrennen die Schuhläden von Chinesen. Quelle: Rudolph

haben sie mittlerweile jedoch weitgehend ins billige China verlagert, von wo alsbald nicht nur die günstigen Schuhe kamen, sondern auch die agilsten chinesischen Händler, die es überhaupt gibt: Bewohner der ostchinesischen Stadt 温州 Wenzhou (sprich: Wön-dscho), in ganz China als *Wenzhou-Leute* bekannt und für ihren Geschäftsinstinkt berüchtigt. Die brachten also gleich selbst die Produkte aus der über die Elche-Auslagerung modernisierten Produktion daheim. Warum sollte man den Spaniern dieses Geschäft überlassen?

Muss man sich eine wegen China erzitternde Welt so vorstellen? Vielleicht. Wahrscheinlich sogar. Schwerer wiegt aber etwas anderes: Eine von mehreren hundert Milliarden Dollar in Schwung gebrachte Werkbank verbraucht nicht nur billige, junge, flexible, keine Ansprüche stellenden Arbeiterinnen und Arbeiter, sondern auch Elektrizität und Rohstoffe aller Art – vor allem, wie oben gezeigt: Erdöl.

Tatsächlich ist China ja heute bereits zum – nach den USA – zweitgrößten Rohöl-Importeur der Welt aufgestiegen (2003 noch drittgrößter). Am 7. Januar 2005 hatte die chinesische Nachrichtenagentur dies gemeldet – gar nicht mal so froh wie sonst, wenn sie einen neuen Weltrekord verkündet. Denn die Ölkäufe kosten die Regierung auch viel Geld[104], erst recht, da sie es aus Gründen der *sozialen Stabilität* nicht wagt, die inländischen Verkaufspreise zu erhöhen: Die autofahrende Mittelschicht, Hunderttausende von Taxifahrern und Millionen Bauern kämen schnell an die Grenzen des Erträglichen.[105] Dies ist der innenpolitische Aspekt des Öls.

Es gibt aber auch einen außenpolitischen: Bereits heute liegt der Anteil des importierten Rohöls am chinesischen Verbrauch bei weit über 40 Prozent. Und er wird steigen, denn neue Lagerstätten im Lande, die so ergiebig und leicht auszubeuten wären, dass dies die Situation änderte, gibt es nicht. China wird maximal auf eine Eigenproduktion von ca. 200 Millionen Tonnen pro Jahr kommen, in Zukunft also mit Sicherheit einen noch größeren Anteil seines Verbrauchs auf den Weltmärkten beschaffen.[106] Daraus folgt, mit der Unerbittlichkeit eines Naturgesetzes, dass es die chinesischen Interessen *gebieten*, sich Quellen und Transportwege für *den* Lebenssaft der Wirtschaft zu sichern.

Als Eigentümer der Wirtschaft muss die Regierung das übernehmen, genauer der *Ständige Ausschuss des Politbüros*. Im übrigen gilt das für alle Rohstoffe, die ins Land eingeführt werden müssen, und seit 2005 wissen wir, dass die Palette dafür wächst, vielfach ist China auch hier bereits größter Importeur der Welt: Kupfer, Aluminium, Zink, Eisenerz, Kobalt, Nickel, Uran ... Das Niveau der Abhängigkeit von Importen ist bereits hoch, die Perspektiven sind noch beeindruckender. Auf einer Konferenz über Nichteisen-Metalle im Juni 2005 nannte der Präsident der *China Nonferrous Metals Industry Association* diese Zahlen für seinen Bereich: 2010 werde China 57 Prozent seines Bedarfs an Eisenerz, 70 Prozent seines Bedarfs an Kupfer und 80 Prozent seines Bedarfs an Aluminium einführen müssen. Man habe sich im Ausland derzeit fünf Millionen Tonnen Kupfer, 150.000 Tonnen Kobalt, eine Millionen Tonnen Zink und 800.000 Tonnen Nickel *gesichert*. 2020 aber würden es insgesamt 40 Millionen Tonnen sein, mithin das Sechsfache![107]

Dies vor Augen und die Gewissheit im Kopf, dass nur weiteres Wirtschaftswachstum sie an der Macht halten und ihren internationalen Einfluß bewahren kann, setzt die Pekinger Führung seit dem Ende der 90er Jahre ihre Außenpolitik gezielt zur Sicherung ihres Rohstoffbedarfs ein.

Über die Hälfte ihrer heutigen Öl-Importe stammen aus dem Nahen Osten.[108] Tanker müssen sie über 10.000 Kilome-

China ist heute zu fast 50 Prozent von Ölimporten abhängig, die Transportroute ist unsicher. Quelle: arte, Mit offenen Karten.

ter durch die Meerenge von Hormuz, den Indischen Ozean, die Straße von Malakka und schließlich durch das Südchinesische Meer nach Shanghai oder in einen anderen Küstenhafen bringen. In all diesen Gewässern sorgen britische, französische, vor allem aber amerikanische Schiffe für die Sicherheit der Routen. Aber – mit Pekinger Augen gesehen – vielleicht eher für deren Unsicherheit? Wie leicht würde es ein paar Kriegsschiffen dieser Westmächte fallen, den Transport zu unterbrechen! Die Folgen wären drastisch und derzeit unmittelbar, denn noch 2005 besaß China nicht einmal eine Ölreserve, die wenigstens für ein paar Monate ein Weitermachen ermöglichen würde. (Überhaupt wäre es geradezu unwürdig für die Großmacht China, sich von Fremden schützen zu lassen.)

Auf diese Situation reagieren die Machthaber seit einigen Jahren. Sie verstärken die Ölkäufe in Russland und dem zentralasiatischen Staat Kasachstan und bemühen sich um den Bau von Pipelines aus beiden Bezugsgebieten. Seit Jahren sucht Peking Moskau davon zu überzeugen, eine russische Ölleitung zum Pazifik durch China zu verlegen (wogegen sich Japan, der Abnehmer des Öls entschieden wehrt) oder wenigstens eine Stichleitung nach Nordostchina abzweigen zu lassen. Es gibt auch Pläne, eine Leitung von der Westküste Thailands in die Südprovinz 云南 Yunnan (sprich: Jün-nan) zu bauen, um den Schiffstransport durch die gefährliche Straße von Malakka, das Südchinesische Meer und die Straße von Taiwan zu vermeiden. Auch die übergroße Abhängigkeit von Nahost-Öl suchen sie zu senken. Der Blick und große Öl-Investitionen gehen nach Iran, Irak und in afrikanische Staaten wie Sudan und Lybien.[109] Und wann wird eine starke chinesische Kriegsmarine mit Flugzeugträgern die Schiffsrouten schützen?

Um solche Pläne jedoch in die Wirklichkeit umzusetzen, benötigt die chinesische Parteiführung Zugriff oder wenigstens Einfluss auf Regionen, in denen nicht sie bestimmt, sondern andere Machthaber. Außerdem muss sie sich gegenüber Dritten absichern, die vielleicht ebenfalls Interesse am Rohstoff-Bezug von dort haben – insbesondere die USA. Und da sich die Rohstoffquellen bereits heute über die Kontinente Asien, Afrika, (Süd-)Amerika und Australien verteilen, ist dafür Weltpolitik nötig: Wichtig sind also gute, stabile Beziehungen zu den Besitzern der Rohstoffe. Genau dies geschieht seit einigen Jahren und ist unterfüttert mit der starken wirtschaftlichen Stellung Chinas in der Welt, zu der ihm Europa, Amerika, Japan und andere seit den 90er Jahren verhalfen.

Das nötige Kapital, um sich bei den Rohstofflieferanten einzukaufen ist vorhanden. Als Premier 温家宝 Wen Jiabao (sprich: Wön Dja-bau) 2003 Angola besuchte, versprach er einen Kredit in Höhe von zwei Milliarden Dollar plus ganz allgemeine politische Unterstützung: *„China ist bereit, seine Positionen mit denen afrikanischer Staaten zu koordinieren, um die legitimen Interessen und Rechte der Entwicklungsländer zu schützen,"110* sagte er. Schützen? Gegen wen? Gegen Amerika, Japan, Europa natürlich. Vor allem und zuerst aber: Amerika, am besten gemeinsam mit Europa. Dies galt (und gilt) selbstverständlich auch für Staaten wie Nordkorea, Iran und den Irak des Saddam Hussein, Syrien – leicht vorstellbar, was das für westliche (oder jedenfalls amerikanische) Positionen bedeutet, wenn multilaterale Organisationen wie die Vereinten Nationen ins Spiel kommen, wo Peking Veto-Macht ist oder gar die berühmten *Menschenrechte* irgendwo durchgesetzt werden sollen: Sie scheitern schon heute, sind freilich im Unterschied zu 1989/90, als das sowjetische Imperium zerbrach, auch nur noch Nebenschauplätze.

Dabei hält sich die chinesische Führung, was ihr politisches Wirken in der Welt anlangt, noch sehr zurück. Insbesondere in ihrem Verhalten zur Großmacht USA folgte sie lange der noch von Deng Xiaoping vorgegebenen Devise für die Außenpolitik: 韬光养晦 – *seine Fähigkeiten* [wörtlich: Schwertscheide, der Ort, wo sich die Waffe befindet] *verbergen und auf den richtigen Augenblick warten* und: 决不当头 – *auf keinen Fall die Führung übernehmen*, also den Kopf international eingezogen halten. Im Stillen und beharrlich sucht sie stattdessen wenig formalisierte Beziehungen bilateraler, aber auch bereits multilateraler Art aufzubauen.

Erstere noch stets mit dem Lockmittel der Wirtschaftsgroßmacht China. Obwohl das Land seit Ende 2001 Mitglied der Welthandelsorganisation ist, verfolgt die Führung dennoch mit viel Energie, sogenannte *Freihandelsabkommen* mit zahlreichen Ländern herzustellen: mit der ASEAN (*Association of Southeast Asian Nations*), mit Australien, ja selbst mit Chile im Hinterhof der USA. Je mehr solcher Abkommen Peking schließen kann, desto unwichtiger wird die Mitgliedschaft in der Welthandelsorganisation sein, die wegen ihrer schieren Größe nur sehr schwer beweglich und steuerbar ist. Auseinandersetzungen fänden so nicht mehr in diesem multilateralen Gremium statt, sondern nur noch bilateral, fragmentiert, mit zahllosen taktischen Möglichkeiten. Zum Beispiel dem Vorteil, dass Streit mit dem einen *Partner* durch engere Kontakte mit dem anderen konterkariert, ja sogar Druck darüber ausgeübt werden kann. Für einen Geheimbund wie die chinesische Parteiführung, die ihre *Fähigkeiten verbirgt und auf den rechten Augenblick wartet*, ist es ungleich vorteilhafter, seine Fäden auf diese Weise über die Welt zu spinnen, als zu versuchen, seine Interessen in Konferenzen großer, unbeweglicher multilateraler Organisationen durchzusetzen zu suchen – womöglich noch unter den Augen der Öffentlichkeit.

Es entspricht auch dem Spieltrieb der Chinesen und der Tradition ihrer Diplomatie, die in der Zeit der *Streitenden Reiche* vor 2500 Jahren entstand, und den um die Vorherrschaft kämpfenden Einzelherrschern nur als Werkzeug, ja Kampfmittel diente, lieber mit vielen eigenständigen Steinen zu arbeiten. Scharen von 游说 *Politikberatern* zogen damals von einem Hof zum nächsten und präsentierten ihre Listen und Intrigen. Die Geschichten finden sich im 战国策, den *Annalen der kämpfenden Staaten*, die Berater 张仪 Zhang Yi (sprich: Dschang Yi) und 苏秦 Su Qin (sprich: Ssu Tjin) sind bis heute bewunderte Väter der Diplomatie mit chinesischen Charakteristika. Auch mit den ins Land hereinbrechenden Ausländern suchte man im 19. Jahrhundert, aus einer Position der Schwäche, nach der Devise 以夷攻夷 *die Barbaren mit Barbaren bekämpfen* zu verfahren.[111] In Europa besser bekannt als *divide et impera* – teile und herrsche.

Mit einzelnen Staaten kann man Bündnisse gegen einzelne andere schließen und diese gegebenenfalls natürlich auch wechseln. Man kann die Gegner spalten, die einen locken, die anderen bedrohen (nicht unbedingt militärisch, die Partei kann auch Aufträge verweigern), man kann einen (zeitweiligen) Hauptgegner definieren und die Widersprüche, die auch andere mit ihm haben, dazu nutzen, mit diesen anderen eine (vorübergehende) Allianz einzugehen. Jedenfalls, solange man selbst schwach ist und *auf den rechten Augenblick wartet*. Genauso und immer nach dem gleichen Muster ging Mao Tse-tung vor, als er Tschiang Kai-schek besiegte. Die 统一战线 *Einheitsfront*, pflegte er zu sagen, ist unsere 法宝 *Wunderwaffe*. Wer das Wort heute ins chinesische google-Suchfenster eingibt, erhält 1,4 Millionen Treffer, so aktuell ist das. Die Staatspartei unterhält auf jeder Hierarchieebene Abteilungen für *Einheitsfront-Politik*, die sich nur damit beschäftigen, welche Bevölkerungsteile man gegen andere in Stellung bringen kann. Auch international, zum Beispiel gegen die Taiwaner Regierung, die ihr

Land lieber auch offiziell zu einem unabhängigen Staat erklären würde.

Die *Einheitsfront* besteht darin, einen Feind zu definieren, ihn auszusondern, und dann mit allen anderen, die auch Differenzen mit ihm haben, gegen ihn vorzugehen und – ist er besiegt – den nächsten *Feind* aus den bis dahin Verbündeten auszusondern. Und immer so fort. Die *Einheitsfront* lag auch der Einladung an US-Präsident Nixon nach Peking zugrunde und der so genannten *Drei-Welten*-Politik der 70er Jahre, die mit allen (bis dahin) *Reaktionären* der Welt ein Bündnis gegen den *Hauptfeind*, die Sowjetunion, zustande bringen sollte.

Ganz nach dieser praktisch unfehlbaren Methode gehen die heutigen Machthaber vor, wenn sie in Zeiten steigender Spannungen mit den USA ihr Verhältnis zu Moskau und zur Europäischen Union enger gestalten. Im Gegensatz zur Zeit des Kampfes gegen Moskau können sie aber heute sehr große wirtschaftliche Lockmittel anbieten (oder verweigern), was die Sache noch einfacher macht. All diese „Bündnisse" sind freilich nicht von Dauer, sondern dienen ausschließlich der Absicherung des Wegs nach oben. Heute aber vor allem der Versorgung mit Rohstoffen, die man selbst nicht hat.

Eine Außenpolitik unter der Devise 韬光养晦 – *seine Fähigkeiten verbergen und auf den richtigen Augenblick warten* erscheint vielen vermutlich nicht besonders vertrauenerweckend. Welchen *richtigen Augenblick*? könnte man zum Beispiel fragen. Offensichtlich ist es die Devise einer noch schwachen Macht, die aber größere Ambitionen hat. Der *richtige Augenblick* könnte dann der sein, da diese Macht stark genug ist, ihre Interessen in der Welt – Rohstoffbeschaffung – auch mit Gewalt durchzusetzen.

Eine solche Politik, dies zeigt gerade die Geschichte des zu spät gekommenen Deutschen Reiches in der Zeit des Kolonialismus im ausgehenden 19. Jahrhundert, ist selbstverständlich nicht ungefährlich für die anderen Mitspieler. Die einzigen Mächte, die diesen Aspekt jedoch heute in der chinesischen Politk sehen und offen benennen, sind die Vereinigten Staaten und Japan. Sie allein haben China deshalb, in von Peking wohl bemerkten Schwenks, vom einstigen *strategischen Partner* zum *strategischen Gegner* umdefiniert.[112] Zunächst nur verbal, inzwischen aber auch unterfüttert mit Taten.

Beide, die USA und Japan, sehen ihre Interessen durch chinesische Aktivitäten bedroht. Zunächst ging (und geht) es um die Insel Taiwan. Die Mandschus hatten sie in der zweiten Hälfte des 17. Jahrhunderts erobert, der chinesischen Küstenprovinz 福建 Fujian (sprich: Fu-djän) eingegliedert und Ende des 19. Jahrhunderts zu einer chinesischen Provinz gemacht. Nach dem verlorenen Krieg ging die Insel 1895 an Japan über, das sie bis 1945 besetzt hielt und wirtschaftlich entwickelte. US-Präsident Roosevelt hatte sie in seinem Bemühen, China als Verbündeten zu behalten, auf der Kairoer Konferenz 1943 Tschiang Kai-schek überlassen, wenn Japan besiegt wäre. Bis zu diesem Zeitpunkt hatten sich die KP-Führer für eine Unabhängigkeit Taiwans von China ausgesprochen.[113] 1945 gliederte Tschiang Taiwan in sein chinesisches Reich ein, verlor 1949 den Bürgerkrieg gegen die Kommunisten und flüchtete mit seinen Anhängern nach Taiwan. Unter dem Namen *Republik China* führte er sein diktatorisches Regime dort bis zu seinem Tod 1975 weiter. Ende der 80er Jahre jedoch begann sein Nachfolger mit der Demokratisierung Taiwans, und seit den ersten allgemeinen Präsidentenwahlen dort (1996) ist die Insel ein freier und überdies wirtschaftlich hoch entwickelter Staat, dessen Bürger nichts mehr fürchten, als von der KP Chinas beherrscht zu werden.

Genau das aber ist ausdrückliches Ziel der Machthaber in Peking. Sie bezeichnen Taiwan seit 1949 als *chinesisches Territorium*, das sie zunächst *befreien* und heute mit China *wiedervereinigen* wollen, wenn es nicht anders geht, mit Waffengewalt und gegen den Willen der 22 Millionen Taiwaner. Im Frühjahr 2005 ließen sie den Nationalen Volkskongress zu diesem Zweck ein so genanntes 反分裂法 *Anti-Abspaltungsgesetz* verabschieden, das die Regierung verpflichtet, die Insel im Falle einer offiziellen Unabhängigkeitserklärung anzugreifen.

Vor allem für Japan würde die Einbeziehung Taiwans in den chinesischen Herrschaftsbereich jedoch eine deutliche Einschränkung nicht nur seiner Bewegungsfreiheit im Ostchinesischen Meer bedeuten. Hinzu kommt nämlich, daß Peking auch praktisch das gesamte Südchinesische Meer als *ur-chinesisches Territorium* für sich beansprucht. Dies realisiert, fielen dann nicht nur große (dort vermutete) Ölvorkommen an China, sondern die gesamte Öl- und Rohstoffversorgung Japans, geriete unter die Kontrolle Pekings. Seit 2005 gibt es einen weiteren Konflikherd zwischen Japan und China im Ostchinesischen Meer. Dort geht es um große Gasvorkommen, um deren Ausbeutungsrechte inzwischen ein heftiger Streit zwischen beiden Ländern entbrannt ist.

Vor diesem Hintergrund sind die Spannungen zwischen Japan und China in den letzten Jahren deutlich angewachsen und bemüht sich Tokio sowohl um ein engeres Bündnis mit den USA wie auch darum, seine eigene, noch stark beschränkte Militärmacht zu erhöhen. Beides will Peking verhindern, die wüsten anti-japanischen Ausschreitungen im Frühjahr 2005 in zahlreichen chinesischen Städten unterstützte die Staatspartei als Teil dieser Politik.

Soll man China als *strategischen Gegener* behandeln? Der Regierungschef des Stadtstaates Singapur, Goh Chok Tong, der selbst ethnischer Chinese ist, und wie sein berühmter Vater, Lee Kuan Yew, engste Verbindungen zur Parteiführung in Peking unterhält, sprach dies im Juni 2005 auf der *Asia Society-Dow Jones Conference* in Bangkok an. Er warnte freilich davor und sagte:

> *„Es gibt Stimmen in den USA, die China erneut zum strategischen Gegner in einem neuen Kalten Krieg machen wollen. Sie argumentieren, daß es besser sei, mit China fertig zu werden, solange es noch relativ schwach und nicht erst, wenn es stark geworden ist. Das ist gefährlich kurzsichtig. China als Feind zu behandeln, wird allein dazu führen, chinesischen Nationalismus anzufachen und es zum Feind zu machen."*[114]

Wenn China also *Feind* wird, dann wegen der anderen. Das entspricht ganz der Ansicht des Parteichefs Hu Jintao, der sein Reich von *anti-chinesischen Kräften* umringt sieht. Und nicht nur er.

Freilich kann man die Ursachen auch etwas anders verteilen, zum Beispiel so, wie mancher Beobachter der Pekinger Politik, der selbst Chinese ist und überdies im Lande lebt, Sprache und Schrift beherrscht, die Parteiherrschaft Tag für Tag am eigenen Leibe erfährt, weil er kein konfuzianisch-williger Untertan ist, sondern sich seine eigenen Gedanken macht, der deshalb Schikane erleidet und sowohl aus dieser Erfahrung als auch aus dem Vermögen, sich in die Denkweise der Herrscher einzufinden, ein ganz anderes Bild zeichnet. Solche Leute gab und gibt es in China, seit der Öffnung des Landes nimmt ihre Zahl sogar zu. Einer von ihnen ist 刘晓波 Liu Xiaobo (sprich: Lju Hsjau-bo), der in der Oktober-Ausgabe (2005) des Hongkonger Monatsmagazins 开放 *Open* ein eher dramatisches Bild der Entwicklungen zeichnet, die die Pekinger Machthaber inzwischen vorantreiben.[115]

Liu Xiaobo spricht mit Blick auf die Pekinger Außenpolitik von einer 君临天下的狂敖 *Hybris der Oberherrschaft* und nimmt dies auch gleich als Überschrift für seine Analyse. Die wirtschaftliche Entwicklung habe die Machthaber *und* die Bevölkerung blind gemacht für die Realitäten und die Kosten, die zum Beispiel für ihre Umwelt damit verbunden seien. Seit das Wirtschaftswachstum in China hohe Raten zeige, schmähe man den Nachbarn als 小日本 *Klein-Japan*, obwohl es doch mit einem Zehntel der chinesischen Bevölkerung das dreifache Bruttoinlandsprodukt des *großen China* erzeuge, pro-Kopf sogar das 31-fache, womit Klein-Japan an fünfter, Groß-China aber nur an 109. Stelle in der Welt liege. Ganz zu schweigen vom gesellschaftlichen und politischen System Japans, einer Demokratie.

Ein 骄狂的民族主义 *arrogant-verrückter Nationalismus* beherrsche China, schreibt Liu, der sich aus drei Quellen speise: der steigenden nationalen und militärischen Stärke, dem immer heftigeren Aufputschen von Nationalismus durch die Parteidiktatur sowie der im Ausland Boden gewinnenden *Auffassung vom aufsteigenden China* und einer *chinesischen Bedrohung*. Letzteres, meint der Autor, komme den Herrschenden als 精神鸦片 *geistiges Opium für den Nationalismus* gerade recht. Richtiges und Falsches nutzten sie, um bei den Chinesen die Phantasie zu entfachen, daß sie am Ende 称霸天下 *das unter dem Himmel* dominieren würden.

So feiere heute die alte Herrscher-Weltsicht des 天下 *Alles-unter-dem-Himmel* seine Wiederauferstehung in den Köpfen der Machthaber und Untertanen, die diese ur-chinesische Sicht ohnehin nie wirklich aufgegeben hätten. Sie beinhalte das Herabsehen auf andere, die Inanspruchnahme einer kulturvollen Entwicklung nur für sich selbst. Außen gebe es nur 蛮夷 Barbaren, die in den 臣属国 *Vasallenstaaten* lebten, die Tribut ablieferten und die 恩典 *Güte* der chinesischen Autoritäten genossen. Die Öffnung Chinas durch Europa im 19. Jahrhundert habe an dieser Haltung nichts geändert. Erst als *Klein-Japan* 1895 China besiegte, hätten die Chinesen sich mit dieser arroganten Haltung zurückgenommen. Doch sie sei niemals verschwunden, warnt Liu Xiaobo, nur für eine Zeitlang in ihr Gegenteil umgeschlagen: in chinesisches Minderwertigkeitsgefühl. Da die Chinesen also nichts verarbeitet und überwunden hätten, werde *dieser Narzismus zurückkommen und überschäumen, wenn das Land eines Tages erneut stark ist*.

Vor diesem Hintergrund widmet sich Liu sodann der Außenpolitik. Die Aufrüstung unter 江泽民 Jiang Zemin (sprich: Djang Dsö-min, Machthaber No. 1 von 1989 bis 2003/04)) in den 90er Jahren, der Zuschlag für die Olympischen Spiele 2008 in Peking und der WTO-Beitritt hätten bereits dazu geführt, dass Großmachtpolitk das *Verbergen der eigenen Fähigkeiten* langsam ersetze und das alte Konzept des *Alles unter dem Himmel* zurückkehre. Jiang habe danach gedürstet, Führer einer Großmacht zu sein, habe sich auf die Weltbühne gedrängt, das Militär aufgerüstet, die *Shanghaier Organisation für Zusammenarbeit*[116] initiiert, die von den USA als *Mächte des Bösen* charakterisierten Staaten wie Nordkorea

Die Website der internationalen Journalistenorganisation Reporter ohne Grenzen charakterisiert Liu Xiaobo wie folgt: Liu Xiaobo (49), ehemaliger Philosophieprofessor an der Universität Peking hat ein Ziel: Die chinesische Presse muss ein Gegengewicht zu der Allmacht der chinesischen Kommunistischen Partei werden. Deshalb kämpft er ohne Unterlass für die Freiheit der Presse und für die Freilassung inhaftierter Journalisten und Dissidenten. Er veröffentlicht seine Aufrufe im Internet, in Zeitungen aus Hong Kong und in der chinesischen Diaspora. Dabei setzt Liu immer wieder seine Freiheit aufs Spiel. http://www.reporter-ohne-grenzen.de/cont_dateien/luixiao-bo.php.

hofiert. Dies habe Jiang getan, um China als führenden Gegenspieler der USA zu positionieren. In den drei Jahren, da Hu Jintao an der Macht sei, habe der diese Großmacht-Aspirationen noch verstärkt und die Haltung gegenüber Taiwan, den USA und Japan verhärtet. Hu habe sich im Frühjahr 2005 ermächtigen lassen, Krieg gegen Taiwan zu führen[117] und anschließend die größte anti-japanische Welle durch China gehen lassen, die es seit 1978 gab. Mit der Armee Putins ließ er im Herbst 2005 große gemeinsame russisch-chinesische Manöver abhalten, die auf Taiwan zielten und als Warnung an Amerika dienten.

Liu Xiaobo sieht in dieser Politik den Anfang vom Ende des bisher geltenden *Verbergens der eigenen Fähigkeiten*. Natürlich vergisst er dabei nicht, 朱成虎 Zhu Chenghu zu erwähnen, jenen General der chinesischen Armee, der im Juli 2005 ausländischen(!) Journalisten der Financial Times und des *Asian Wall Street Journal* in einem Gespräch mitteilte, daß China selbstverständlich Atomraketen auf Amerika abschießen werde, sollte Washington einen chinesischen Angriff auf Taiwan militärisch beantworten.[118] Der General fügte noch hinzu, man selbst habe deshalb bereits *Vorbereitungen auf eine vollständige Zerstörung der [eigenen] Städte östlich von* 西安 *Xi'an getroffen* – also praktisch aller namhaften chinesischen Städte – und Amerika sollte sich *lieber ebenfalls darauf vorbereiten, dass 100, 200 oder sogar noch mehr Städte an seiner Westküste zerstört werden* – von chinesischen Atomraketen. Das waren große Worte, die auch ein *Erzittern der Welt* beinhalten und zwar jenseits von Wirtschaft und Umwelt.

Der so genannte *Patriotismus* sei heute zur absoluten politischen Korrektheit geworden, schreibt Liu. Die Slogans lauten: *Der großartige Wiederaufstieg der chinesischen Nation steht bevor* und: *das 21. Jahrhundert ist bereits das Chinas*. Oder: *In 50 Jahren wird China den USA die Position als stärkstes Land abnehmen*. Er nennt die Namen bekannter chinesischer Ökonomen, die mit ihren Prognosen diese Fieber-Stimmung gezielt anheizten: 胡鞍钢 Hu Angang oder 林毅夫 Lin Yifu.

Die Chinesen kommen offenbar nicht von ihrem historischen Wahn los, feuern sich stattdessen mit solchen Parolen selbst an, bzw. lassen sich von ihren Herrschern damit anfeuern. In der Kulturrevolution riefen sie sich zum *Zentrum der Weltrevolution* aus, heute zum Zentrum der Ökonomie. Sollen Nachbarn wie Japan dazu schweigen? Es als bloße Propaganda eines Regimes abtun, das sich auf diesem Wege Legitimität beim Volk verschaffen will?

Was passiert eigentlich, wenn es in der von ausländischem Kapital betriebenen Wirtschaft nicht mehr so läuft, weil der Geldzustrom sich verringert? Wird die Partei-Regierung dann zu außenpolitischen Abenteuern Zuflucht nehmen? Zum Beispiel Taiwan angreifen? Das wird in den chinesischen Medien im übrigen ganz offen und sachlich diskutiert (Großangriff? Oder lieber eher kleine Stiche?)[119] Schon einmal, 1979, verschaffte sich ein oberster Machhthaber, der im Westen hoch angesehene Deng Xiaoping, als er noch nicht ganz fest im Sattel der Macht saß, mit einem veritablen Krieg Prestige im Innern (und sogar Freunde im Äußeren, in Amerika nämlich), als er seine Volksarmee 1979, einfach so, in Vietnam einmarschieren ließ. Der Luftwaffen-General und Politkommissar 刘亚洲 Liu Yazhou (sprich: Lju Ja-dscho) sprach Anfang 2005 ganz offen darüber, daß dies selbstverständlich ein Angriffskrieg war und daß er aus zwei Gründen stattfand: um Dengs Macht im Innern zu konsolidieren und die amerikansichen Kapitalisten gegenüber China-Investitionen positiv zu stimmen. Der chinesische Vietnam-Krieg sei ein großer Erfolg gewesen, so Liu Yazhou.[120]

Ein General spricht von Hunderten amerikanischer Städte, die von chinesischen Atomraketen zerstört werden könnten, ein anderer spricht berauscht vom Erfolg eines Angriffskrieges der chinesischen Armee. Und beide tun das ganz offen und selbstgerecht, einer sogar gegenüber amerikanischen und britischen Journalisten. Genau dies ist der Ton, den Liu Xiaobo in seiner Betrachtung über Größenwahn, verursacht vom traditionellen, ungebrochenen Konzept chinesischer Herrschaft meint – des 天下 *Alles unter dem Himmel*.

Im September 2005 weilte eine hochrangige Delegation der sogenannten Volksbefreiungsarmee in Berlin, an der Bundesakademie für Sicherheit. Sie war einer Einladung des Generalinspekteurs der Bundeswehr gefolgt. Christian Schwägerl, Journalist der Frankfurter Allgemeinen Zeitung, sprach mit ihnen, hörte ihnen zu und berichtete darüber.[121] In jedem zweiten Satz habe der General 钱利华 Qian Lihua von *Globalisierung* gesprochen, fiel ihm dabei auf. Ungewöhnlich für einen Militär, der nur sein Land schützen will? Qian erklärte es dem Journalisten: *„Was in der Gesellschaft und der Wirtschaft passiert, betrifft natürlich auch die Streitkräfte."* Schwägerl verbindet die Aussage in seinem Bericht denn auch mit *grundstürzenden Veränderungsprozessen* in der Welt, und das macht nicht nur ihm ein bisschen Angst. Er schreibt:

> *„Mit größter Aufmerksamkeit wird beobachtet, wie China mit sinistren Ländern wie Venezuela, Sudan und Iran enge Beziehungen pflegt und Lieferverträge für Erdöl, Gas, Diamanten und andere Rohstoffe abschließt. Peking versucht sogar, an kanadischen Ölschiefer heranzukommen* [Na und? dürfte der General da fragen. Ist das etwa verboten?]. *Die Staatsführung müht sich, weltweit militärische Hochtechnologie einzukaufen, und plant zugleich, ihre bisher küstennah orientierte Marine in Richtung Ozeanfähigkeit auszubauen, also hin zum globalen Einsatz, um die Korridore der Versorgung und des Handels zu sichern. Die chinesische Marine könnte 2020 so gross sein wie die amerikanische, fürchtet das Pentagon. Die globale Hegemonialmacht, die rund um China herum Truppen in großer Stärke stationiert hat und Unmengen an Rohstoffen extrahiert, fühlt sich herausgefordert."*

Nicht jedoch Europa, bemerkt der FAZ-Autor: Dort *konzentriert man sich hingegen ganz auf den wirtschaftlichen Boom in China*. Mehr noch, muß man ergänzen: Europa erwägt sogar ein gültiges Verbot, Waffen an China zu liefern, aufzuheben und stellte sich damit direkt gegen die Interessen der bislang noch stärksten Weltmacht. Das wäre ein schöner Erfolg der chinesischen 法宝 *Wunderwaffe* Einheitsfrontpolitik: eine Spaltung Europas von Amerika.

China kommt über die Welt

致富光荣 – bisweilen falsch, aber eigentlich doch treffender als *Bereichert Euch!* übersetzt, hieß die nach 1949 erfolgreichste und nachhaltigste Parole der Kommunistischen Partei Chinas.[123] Genau so lautet seit 1992 das Programm der Staatspartei, ausgerufen und mitten ins Herz des chinesischen Volkes gepflanzt. Und Deng hatte auch gesagt, wie die Chinesen das machen sollten: *Egal wie! (... ob die Katze schwarz oder weiß ist, Hauptsache, sie fängt Mäuse).* Nach dieser Devise verfuhr – nach kurzem Zögern, dann aber umso entschiedener – der von Deng 1989 eingesetzte 江泽民 Jiang Zemin und öffnete sein Land vollständig für jeden ausländischen Investor, der es für seine Zwecke nutzen wollte. Als erstes nutzten die Machthaber aller Ebenen diese Kapitalzufuhr für sich selbst: Sie bereicherten sich (und ihre Familien) als erste. Aber auch für die Chinesen in den Küstenprovinzen, wohin die Hunderte-Milliarden Dollar Investionen der Ausländer sich ergossen, fiel dabei genug ab, um ihr Auskommen und ihren (Aus-)Bildungsstand deutlich zu verbessern – erst recht im Vergleich zum erbärmlichen Niveau zuvor. Und dies ist selbst für jene Millionen der Fall, die sich, vom weiten Land in die Städte kommend, in den *Schweiß-und-Blut-Fabriken* mancher Investoren oder einheimischer Fabrikanten für vierzig oder fünfzig Euro im Monat verdingen und dafür sieben Tage die Woche, zwölf Stunden am Tag ununterbrochen einfachste Arbeitsgänge ausführen. Blieben sie zu Hause, hätten sie (und ihre Familien, für die sie auch sorgen) nicht einmal das.

Eine Biographie des Jiang Zemin, die 2005 erschien und die er selbst (von einem Ausländer!) hatte schreiben lassen, liegt immer noch zu Hunderttausenden Exemplaren in chinesischen (und erheblich weniger in amerikanischen) Buchhandlungen. Ihr Titel: 他改变了中国 – 江泽民传 – *Er veränderte China – Das Leben des Jiang Zemin.*[124] Zu großspurig? Der Hybris eines fünfzehn Jahre in absoluter Weise ein Viertel der Menschheit regierenden Führers entsprungen? Nein, es stimmt, der Mann änderte China wirklich. Das Land ist seit den 90er Jahren verwandelt. Die chinesische Flasche, die Hunderte von Jahren fest verschlossen war, ist heute offen. Hunderttausende Investoren haben viele hundert Milliarden Dollar in sie hineingeschüttet, weil sie zunächst auf dem vermeintlich unendlichen chinesischen Markt ihrer Waren verkaufen oder sich das willige, billige Humankapital Chinas zunutze machen wollten.

Diese Saat ist jedoch in den bislang brachliegenden und deshalb umso fruchtbareren Boden einer den Investoren gänzlich fremden Welt eingebracht worden, die sie weder verstehen noch kontrollieren, ja sogar nur in sehr engen Grenzen und nur vorübergehend beeinflussen können. Die Investoren wissen das, ein alter Witz, den alle kennen, geht so:

> *Lass uns ein gemeinsames Unternehmen gründen, sagte das chinesische Huhn zum ausländischen Schwein. Gute Idee, antwortete das Schwein, was wollen wir herstellen? Rührei mit Speck, sagte das Huhn.*

Auf den chinesischen Märkten sind heute die meisten *Schweine* bereits geschlachtet, die *Hühner* verkaufen die Rühreier im Lande schon lange selbst und beginnen nun, sie auch im Ausland anzubieten. Viele schmecken noch nicht, doch den Speck der freiwillig (hier wurde niemand über den Tisch gezogen, wie frustrierte China-Manager häufig behaupten) zur Schlachtbank marschierten Schweine brauchen sie schon nicht mehr so dringend, sie wissen ihn inzwischen selbst herzustellen. Und das mit dem Geschmack der Rühreier werden sie vermutlich auch noch richten können.

Der gesamte Prozess, der das in der chinesischen Welt lange unterdrückte Potential mit entscheidender ausländischer Hilfe zündete, verläuft nun nach den Gesetzen des chinesischen Systems: Willige Untertanen suchen sich – *egal wie* – zu bereichern und ziehen ihren immer noch absoluten Herrschern gegenüber ganz pragmatisch den Kopf ein, wenn diese den *Knüppel aus dem Sack* holen oder sind ihnen sogar auf ewig dankbar, wenn sie ihnen kleine Wohltaten bereiten. Das von neun, völlig unbekannten Männern beherrschte Macht- und Wirtschaftssystem eines Viertels der Menschheit ist deshalb – von oben bis unten – von Verantwortungslosigkeit und daraus folgender flächendeckender, maßloser Verschwendung und Zerstörung der Ressourcen charakterisiert. Aber die unkontrollierten, von nichts und niemandem im Lande (außer sich selbst) eingeschränkten Machthaber halten inzwischen genügend Kapital in der Hand, um anderswo in der Welt zu beschaffen, was zur weiteren wirtschaftlichen Expansion und Ruhigstellung der Untertanen nötig ist.

So ist China – besser: die unkontrollierte, von niemandem begrenzte, völlig undurchsichtige Macht eines Geheimbundes namens Kommunistische Partei Chinas – heute über die Welt gekommen. Und die Welt muss sich damit arrangieren. Wie wird sie das tun? Aber: welche Welt überhaupt?

Es gibt Staaten, in denen Gewaltenteilung herrscht, politische Macht in allgemeinen, gleichen und geheimen Wahlen nur auf Zeit vergeben wird, wo politisches und Verwaltungshandeln öffentlich überprüfbar und Meinungsäußerungen ebenso frei sind, wie die Bildung von Parteien und Interessengruppen, ja, wo selbst interne Entscheidungsvorgänge der Parteien über kurz oder lang auf den öffentlichen Marktplatz gelangen. Dies sind die Demokratien. Es soll davon derzeit etwa 120 geben[125] – die Mehrheit der insgesamt 192 Staaten der Erde (aber wohl kaum die Mehrheit der Erdbevölkerung). Die wichtigsten sind die Vereinigten Staaten von Amerika, die Länder der Europäischen Union, Japan und Australien.

Sie alle haben im Sommer 1989 empört protestiert, als die damaligen Pekinger Führer, um die Privilegien der Macht zu behalten, Hunderte unbewaffneter junger Leute erschießen ließen. Sie setzten in der Folge wirtschaftliche Sanktionen gegen China in Kraft, brachen politische und wirtschaftliche Kontakte ab, stellten Hilfsprojekte ein und hielten Kredite zurück. Große Teile der Bevölkerung in den demokratischen Ländern waren entsetzt und zutiefst empört über das gnadenlose Vorgehen der KP-Führer, erst recht, als sie den obzön-selbstgerechten, triumphierenden und dazu öffentlich zelebrierten Umgang der Sieger mit dem niedergeschlagenen *konterrevolutionären Abschaum* mit ansehen mussten.

Die Pekinger Provokation hatte für diese Öffentlichkeit im Westen erstmals auch ein Gesicht, es gehörte dem Exekutor der Aktion, dem damaligen Premierminister 李鹏 Li Peng, der auf seinen Auslandsreisen (als Staatspräsident) in den 90er Jahren deshalb stets von wütenden Demonstranten empfangen wurde, die ihn als *Schlächter von Peking* bezeichneten. Für diese Öffentlichkeit in den Demokratien der Welt spielte plötzlich das Wort von den *Menschenrechten* in Bezug auf China eine herausragende Rolle. Seltsamerweise aber geriet der eigentliche Befehlsgeber, der Architekt des *Massakers auf dem Platz des Himmlischen Friedens*, Deng Xiaoping, nicht in das Fadenkreuz der Kritiker. Noch seltsamer aber ist, daß andere, viel umfassendere und nicht minder brutale Maßnahmen der Machthaber seit 1949 nie eine solche Empörung hervorgerufen hatten (bzw. hervorrufen). Dafür gab es zahlreiche Ursachen: Zunächst war man nach dem Zweiten Weltkrieg mit sich selbst beschäftigt, China war weit weg, verschlossen und kein Teil der öffentlichen Wahrnehmung, in den 60er bis 80er Jahren war es mit einem Mal sogar Feind des eigenen Feindes und damit eher sympathisch, egal, was in der seltsamen Welt der Schriftzeichen und der meist als (brav oder brutal) kindisch wahrgenommenen Verhaltensweisen sonst passierte.

1989 markierte jedoch den Anfang vom Ende dieser Außenseiterstellung eines Viertels der Menschheit. Aber das Ende ist noch lange nicht erreicht, die chinesische Welt ist uns weiter so fremd wie je. Das Regime verschließt sich auch heute noch mutwillig jedem öffentlichen Zugang – sowohl der eigenen Bevölkerung, erst recht aber dem der 外国人 *Menschen außerhalb des Landes*, der Ausländer. Die Empörung des Westens macht sich unter dieser Bedingung an dem fest, was bisweilen, anhand von eingesperrten Dissidenten sichtbar ist: das Fehlen von Rechten für die Menschen in China. Das aber auch nur punktuell, an einzelnen, insgesamt wenigen bekannt gewordenen Fällen. Dort setzten nach 1989 westliche Politiker an – aus Überzeugung oder unter dem Druck einer Öffentlichkeit zu Hause – und überreichten in den 90er Jahren, als sie wieder nach Peking reisten, Listen mit den Namen Verhafteter, die nichts weiter getan hatten, als das Herrschaftssystem zu analysieren und zu kritisieren, dem sie unterlagen. Was diese Politiker hier aber mit mehr oder weniger Einsatzfreude taten, war nichts anderes, als die Machthaber um eine Gunst zu bitten: Lasst diesen oder jenen frei. Es war eine Art Handel, den die geschäftstüchtigen und *spitzbübischen* (Lin Yutang) Machthaber umgehend nutzten, um auf anderem Gebiet etwas dafür zu bekommen. Die Basis, auf der das als Unrecht angesehene Vorgehen stattfand, sprach bei diesen *deals* niemand an. Die absoluten Herrscher in Peking erfüllten diesen Petitenten bisweilen ihren Wunsch. Aber stets blieb dies nur ein Gunsterweis, den sie aus eigener Machtvollkommenheit gewährten (oder auch nicht).

Das war nichts Neues im chinesischen System, Gunsterweise hatte es bereits unter den Kaisern und Mandarinen gegeben, ja, es gehörte und gehört wesentlich zum Regime, denn ein solcher Gunsterweis zieht für den Gewährenden Vorteile nach sich, solche wirtschaftlicher Art, aber auch solche, die mit dem eigenen Ansehen zu tun haben: man wird zum Moderaten, zum konfuzianischen 君子 *Edlen*, zum warmherzigeren Herrscher. Ein solcher kann im Gegenzug von seinen Untertanen ebenfalls *edles* Verhalten verlangen: schweigen, mit fleißiger Arbeit sein soziales Kästchen perfekt ausfüllen und die Macht der Oberen mehren. Mit einem solchen Einfordern von Menschenrechten kann das Regime gut leben. Sehr gut sogar, wie sich schon daran zeigt, dass seine Protagonisten seit Jahren ganz offensiv mit dem Begriff umgehen und ihn längst mit ihrer eigenen Weltsicht gefüllt haben. Auf dieser Basis gibt es heute eine 中国人权研究会 *Chinesische Gesellschaft zum Studium der Menschenrechte*, ein 人权杂志 *Menschenrechtsmagazin* (mit dem sehr groß geschriebenen englischen Titel *Human Rights*, so dass auch Ausländer es am Kiosk wahrnehmen können), eine Website (*http://www.humanrights-china.org/china/*), Kongresse und so weiter und so fort. Dies ist die *Spitzbübigkeit* des Lin Yutang heute: Während es all das gibt, wandern Chinesen, die nichts anderes tun, als ihre Meinung ins Internet zu stellen, in eines der üblen Gefängnisse des Regimes. In jedem Fall unbeachtet von diesen Menschenrechtlern. Und als Krönung des Ganzen gibt es heute nicht einmal mehr Hemmungen der Herrschenden, sich ausländischen Besuchern gegenüber ungeniert mit dem Thema zu befassen und dabei *Menschenrechtsverstöße* in Amerika oder einer anderen offenen Gesellschaft anzuprangern – die dies gut selber tun kann. Und tut.

Sie stellen sich dar als diejenigen, die ihren Untertanen zu essen geben und ihnen andere materielle Wohltaten gewähren. Dabei ist es gerade umgekehrt: Verkehrte Welt! Sind Nahrung, Kleidung, Wohnung etc. nicht das größte Menschenrecht? fragen sie auf China-Besuch weilende Kritiker aus dem Westen.

In Reaktion auf diese wohl selbst als unbefriedigend (im Rahmen der meist wirtschaftlichen Zielen dienenden Besuche sogar als störend) empfundenen Situation schlug Bundeskanzler Schröder während seines Peking-Besuchs 1999 dem damaligen Premier 朱镕基 Zhu Rongji (sprich: Dschu Rung-dji, englisches *r* wie in *right*) vor, im Rahmen eines *Deutsch-Chinesischen Rechtsstaatsdialogs* über jene Erfordernisse zu sprechen, die eine Gesellschaft mit wirklichen Menschenrechten konstituieren. Nicht mehr mit Namenslisten um Gunsterweise betteln, sondern einen Dialog über das einrichten, was eine offene Gesellschaft selbstbewusster Bürger ausmacht. Die chinesische Seite nahm dies an, und seit dem Jahr 2000 treffen sich deutsche und chinesische Rechtsexperten mal in China, mal in Deutschland, um entsprechende Themen zu diskutieren. (Für die Jahre 2006 bis 2007 ist die Fortführung dieses Forums vereinbart worden.)[126]

Die hinter diesem *Dialog* stehende Idee ist es, durch die Kraft des Arguments eine Veränderung des politischen Systems *in China* zu erreichen (wohl weniger des deutschen). Gelingen kann dies freilich nur, wenn die Teilnehmer sich nicht damit zufrieden geben, sich gegenseitig abstrakte Rechtsgrundsätze mit ihrer jeweils eigenen historischen Entwicklung und kulturell-folkloristischen Ausprägung in zweitägigen Symposien vorzutragen. In diesem Fall sähen sich die chinesischen Teilnehmer nur vor die Wahl gestellt, ihre eigene Welt zugunsten der des Westens aufzugeben. Das werden sie nicht tun, schon deshalb nicht, weil sie in ihrer chinesischen Welt selbst zu denen gehören, die vom bestehenden System profitieren: materiell, aber auch in dem Sinne, daß sie ihre Ansichten, ihr Tun und Lassen nicht vor der Öffentlichkeit rechtfertigen müssen.

Gelingen kann der *Dialog* nur dann, wenn die deutschen Teilnehmer das chinesische Herrschaftssystem kennen, wenn sie wissen, wie es funktioniert, was darin vorgeht, wie das Leben des Volkes darin aussieht, insbesondere jener nicht geringen Anzahl aufgeweckter Geister, die sich hart und mutig mit ihm auseinandersetzen und die von den großen und kleinen Machthabern dafür mit Schikanen oder Schlimmerem überzogen werden. Und wenn die deutschen Teilnehmer so vorbereitet in die Tagungen des *Rechtsstaatsdialogs* gehen, so ist die nächste Frage die, ob sie bereit sind, diese Dinge auch direkt zu thematisieren, zum Beispiel die Verurteilung der oben erwähnten Redakteure der 南方都市报 *Southern Metropolis News*, das willkürliche Wegsperren des Dr. Jiang Yanyong und zahllose andere Fälle. Oder ob sie gar, noch besser, vorschlagen, den Kreis der Teilnehmer um solche wachen chinesischen Geister zu erweitern. Wie die chinesische Seite einen solchen Vorschlag derzeit aufnähme, unterliegt wohl keinem Zweifel: Sie würde ihn ablehnen oder die ganze Veranstaltung gar beleidigt beenden. Wenn er aber unterbliebe, so wird der *Rechtsstaatsdialog* vermutlich noch in fünfzig Jahren außer Spesen nichts bewirkt haben.

Das Problem des Westens mit China ist, dass es in dem Land keine Öffentlichkeit gibt. Die Machthaber haben Zugriff auf jeden einzelnen ihrer Untertanen und die gesamten Ressourcen des Landes. Sie müssen sich vor niemandem im Lande verantworten und agieren im Dunklen. Dabei sind sie heute bereits Teil der Weltwirtschaft und -politik, ihr Tun (und Lassen) kann weder Amerika noch Europa gleichgültig sein. Sie aber finden es anscheinend normal, dass ihr Militärbudget ebenso geheim ist wie die gewaltigen Waffenkäufe, die Modernierung ihrer Armeen und deren strategische Ausrichtung. Sie verlangen im Ernst, dass man ihnen glaubt, ihr Weltraumprogramm diene ausschließlich friedlichen Zwecken, während es doch vollständig (und geheim) in der Hand der Militärs liegt.

Dies ist die politische Seite des vom Westen aufgeweckten China. Es gibt auch eine wirtschaftliche, die die Interessen Amerikas, Europas und Japans berührt.

Die Ressourcen der Erde sind endlich, über kurz oder lang werden sie eine nach der anderen zur Neige gehen, desto rascher, je größer die Verschwendung. Die Fähigkeit der Umwelt, Dreck zu kompensieren, ist ebenfalls endlich, weshalb, über kurz oder lang, erst die Nachbarn Chinas, dann der Rest der Menschheit, die Folgen der chinesischen Art zu wirtschaften am eigenen Leib, ganz persönlich erfahren werden. Bevor all dies in zehn oder zwanzig Jahren flächendeckend geschieht, spüren als erste die unter- und weniger entwickelten Länder den wirtschaftlichen Behauptungs-, ja Siegeswillen der Chinesen. Über sie natürlich auch bald die Industriestaaten, denn alles, was China liefert, braucht niemand mehr dort zu kaufen. Und China kann alles – und das sehr billig – liefern, solange dort Verhältnisse herrschen wie es heute der Fall ist.

Natürlich ist diese Entwicklung anfällig. Wenn keine Rohstoffe nach China kommen, ist es vorbei mit dem *Boom*. Wenn kein ausländisches Kapial mehr hereinströmt ebenfalls. Dieser Zusammenhang ist einfach zu begreifen, und die Machthaber kennen ihn. Schon wenn die US- oder EU-Behörden billige *T-Shirts und Büstenhalter* aus China blockieren wie im Sommer 2005, gehen in Peking die roten Warnlampen an, weil der fehlende Absatz die Hersteller schnell an den Rand des Ruins bringt. Millionen von so genannten *Wanderarbeitern* können nicht nur um ihre Gesundheit gebracht, sondern sogar jahrelang um ihr bisschen Lohn betrogen werden. Millionen Arbeitslose in den Städten, weil die USA, Europa und Japan die Einfuhr der von ihnen unablässig produzierten Waren blockieren, werden vermutlich schneller aufmucken. Die Belegschaften kennen sich und können leicht etwas organisieren oder einfach nur mit bunten Farben auf die Straßen und Plätze gehen.

Die Machthaber selbst haben – außer mehr Umsatz – keine Legitimität, eine Voraussetzung jeglicher Herrschaft, auch in China. Was werden sie tun, wenn es ernste politische Probleme gibt? Klein begeben sicher nicht, denn sie haben noch hohe Trümpfe in der Hand. Der höchste ist die in der Hunderte Jahre abgeschlossenen chinesischen Welt gewachsene und tief verwurzelte Gewissheit (fast) aller Chinesen, etwas ganz Besonderes zu sein und von Europa, Amerika, erst recht aber von *Klein Japan,* stets ungerecht behandelt zu werden. Warum sollten Chinesen auf 700 Millionen Autos verzichten, die diese Länder sich gönnen? Auf hundert Millionen Auslandsreisen und hochwertige Nahrungsmittel? Daran kann die Parteiführung immer anknüpfen wie im Frühjahr 2005, als es ihr (nur im Hintergrund agierend) gelang, die Massen mit dem Märchen auf die Straße zu bringen, *die* japanischen Geschichtsbücher beschönigten die Besetzung und die Greueltaten der Japaner in China. In Wahrheit handelt es sich um *ein einziges* Buch, das ganze 6.000 japanische Mittelschüler benutzen![127] Schon das genügte jedoch, um in scheinbar modernen Städten wie Peking, Shanghai und Kanton Zehntausende hoch erregter, aus tiefstem Herzen wütender Chinesen mit irrationalen Forderungen (*Boykottiert japanische Produkte!*) auf die Straßen dieser vermeintlich verwestlichten Städte zu bringen. Da wird es ein leichtes sein, in schwerwiegenderen Fällen, wie zum Beispiel einem Angriff auf Taiwan und dann mit offener Unterstützung der Parteiführung und ihrer Propagandamittel, Millionen zu überzeugen, sich *für China* (und gegen Amerika) begeistert ins Feuer zu werfen. Selbst vor Atombomben werden sie keine Angst haben. Die Stabilität des Regimes dürfte so gesehen ziemlich groß sein und bleiben, solange es den neun Spitzenleuten gelingt, eine Spaltung unter sich zu vermeiden.

Und wenn die das nicht schaffen? Wenn plötzlich gar ein chinesischer Gorbatschow unter ihnen auftauchte? Die allmächtige Partei sich spaltete, so dass die 心 Herzen der stets Folgsamen nicht mehr wüssten, welchem 中 Zentrum sie sich 忠 loyal unterstellen sollen? Wenn dann Chaos ausbräche, China – wie schon oft und lange in seiner Geschichte – in kleinere Einzelstaaten zerfiele? Dann hätten es die Industriestaaten wahrscheinlich erst einmal mit vielen Flüchtlingen zu tun. In China selbst aber ginge das Leben unter den neuen Bedingungen (und sicher mit sehr viel geringeren ausländischen Direktinvestitionen) wie gehabt weiter: Ein Machtvakuum gibt es nicht, neue Herrscher würden sich schnell finden, die Schriftzeichen blieben auch und das Volk ginge, wie es das seit 2000 Jahren gewöhnt ist, pragmatisch, geduldig, gleichgültig und *spitzbübisch* sich mit den Verhältnissen arrangierend, seiner Lieblingsbeschäftigung nach: *reich werden*.

Wie immer die Entwicklung aber aussehen mag, eins steht fest: In die Flasche zurück werden die 1,3 Milliarden losgelassenen Geister nicht mehr gehen. Sie bleiben in der Welt, und daraus folgt, dass die chinesischer wird. Wenn die Erde einem geschlossenen System kommunizierender Röhren vergleichbar ist, wo die eine Seite genau das mehr hat, was der anderen fehlt, dann muss die Entwicklung in China dazu führen, dass die heute noch volle Seite Europas, Amerikas und Japans leerer wird. Sie wird weniger (oder teurere) Rohstoffe abbekommen, dafür aber mehr vergiftete Luft aus China. Dass gleich alle drei – Japan, Amerika und Europa – sich damit einfach so abfinden, ist aber eher unwahrscheinlich.

So hat der Westen gar keine andere Wahl, als sich mit dem von ihm selbst aufgeweckten und mit Kapital versorgten China auseinanderzusetzen. Wenn man sich nicht in militärischen Konflikten aufreiben will, muss man einen Weg finden, dies zu vermeiden. Das freilich ist schwer mit China, denn dort schreibt man noch mit archaischen Schriftzeichen und spricht eine als das Unverständliche schlechthin wahrgenommene Sprache. Es ist aber unmöglich mit einem Regime, das seine Mechanismen und Interessen geheim hält, das völlig intransparent ist und keine Öffentlichkeit im Innern zulässt. Wenn sich daran nichts Wesentliches ändert, wird diese Welt bald zum Spielball rassistischer Demagogen im Westen. Und der Westen wird Spielball chauvinistischer Demagogen in China, ganz so, wie es Japan heute bereits ist.

Der Schlüssel dafür, dass es nicht so kommt, liegt bei den Machthabern in Peking. Sie dazu zu bringen, das Nötige zu tun, ist dringendes Interesse der demokratischen Öffentlichkeit und ihrer Regierungen. Höflichkeit ist da nicht am Platz, gefragt sind ein klares Bild der Verhältnisse und eine entsprechend deutliche Sprache bei der Kommunikation.

Anmerkungen

1 Vom englischen *expatriate*.

2 In jedem Fall eine zeitfressende Büffelei. Chinesische Kinder brauchen auch heute noch, trotz Aussprachehilfe mit lateinischem Lautschrift-ABC, etwa fünf Jahre bis sie einen ausreichenden Schriftzeichenvorrat im Kopf haben, der ihnen gestattet, schriftlich zu kommunizieren.

3 Mandarin: 广州 Guangzhou (sprich: Gwang-dscho).

4 Die Bezeichnung 拼音 *pin yin* bedeutet wörtlich übersetzt *zusammengesetzte Laute*. Sie ist eine Abkürzung für 汉语拼音 *han yu pin yin* (sprich: han-yü pin-yin) = Lautschrift der chinesischen Sprache und steht für die in den fünfziger Jahren eingeführte offizielle Umschrift der Schriftzeichen mit Buchstaben des lateinischen Alphabets.

5 Sprich: *hsin dung lu* = Neue Ost-Straße.

6 In der offiziellen Umschrift: *jia*.

7 Im Chinesischen gibt es noch nicht sehr lange eine Bezeichnung für unser *Wort*. Traditionell gab es zum Nachschlagen nur *Zeichen*-Bücher, keine *Wörter*-Bücher. Erst 1958 begannen Sprachwissenschaftler damit, ein 现代汉语词典 *Wörter-Buch des Modernen Chinesisch* zusammenzustellen und mußten dabei vielfach erst einmal festlegen, wie zweisilbige Wörter eigentlich gebildet werden sollten. 1977 kam dann die erste Auflage dieses *Wörter*-Buches heraus.

8 Was ja auch im Deutschen ein Problem sein kann: Die dreifache Bedeutung des Wortes *aufheben* ist ein gutes Beispiel. Es kann bedeuten, etwas vom Boden hochzunehmen, etwas aufzubewahren oder etwas in veränderter Form fortzuführen.

9 Übersetzt nach der englischen Übersetzung der Tagebücher und Jesuitenberichte: L.J. Gallagher, S.J., *The China That Was – China As Discovered by the Jesuits at the Close of the Sixteenth Century*, Milwaukee1942, S. 44.

10 Allerdings beherrscht kein Mensch diese große Zahl von Zeichen und braucht sie auch niemand. Zahllose, gar nicht mehr verwendete Sonderbegriffe aus den Bereichen des Übersinnlichen, der Riten oder der Medizin sind darin enthalten. Für den Tagesgebrauch reichen ca. 5.000 Zeichen. Damit lassen sich weit über 90 Prozent aller Texte erfassen.

11 Auch die Japaner, die einst die chinesischen Zeichen übernahmen, haben sich eine Silbenschrift, die Katagana, geschaffen, mit der sie ihre Sprache komplett verschriften können.

12 Sprich: djün djün tschen tschen (jun jun chen chen).

13 Eine Schriftzeichenreform in China sorgte ab Ende der fünfziger Jahre für die Verkürzung = Reduzierung der Strichzahl zahlreicher Zeichen, nicht selten bis zur Unkenntlichkeit im Vergleich zu den Originalen. Die Verwendung der ungekürzten Originale ist in China verboten, ebenso die vertikale Schreibrichtung von rechts nach links (Ausnahme. Nachdruck alter Bücher). Dennoch ist seit Jahren festzustellen, dass zum Beispiel auf Visitenkarten oder Ladenschildern und Werbeplakaten die alte Zeichenform Verwendung findet. Die Reform der Schriftzeichen sollte ein erster Schritt zu ihrer Abschaffung sein, die Mao Tse-tung betrieb. Die Schriftzeichen-Reformkommission ist vor einigen Jahren jedoch aufgelöst worden, Schritte in Richtung einer weiteren Veränderung der Schriftzeichen gibt es bereits seit dem Ende der 70er Jahre nicht mehr.

14 Carl Crow, *Foreign Devils in the Flowery Kingdom*, Popular Book Co. Shanghai, ca. 1937, S. 35. Ein herrliches Buch!

15 Die Ming-Herrscher ließen, nach der Verlegung ihrer Hauptstadt von Nanking nach Peking, die damals bereits völlig verfallene Mauer im Norden wieder aufbauen. Was heute dort zu sehen ist, stammt also nicht aus der Zeit des Ersten Kaisers um 200 v.Chr.

16 Die Mandschus, die die Ming-Herrschaft stürzten und gegen die sich die Mauer u.a. richtete, hatten 1644 kein Problem, von jenseits nach China hineinzureiten: Ein chinesischer General namens 吴三桂 Wu Sangui, der mit der Bewachung beauftragt war, ließ sie einfach herein. Er gilt bis heute als *Verräter*.

17 Zitiert nach der Übersetzung in: Kuo Heng-yü, *China und die Barbaren*, Stuttgart 1967, S. 42.

18 Marco Polo nennt die Stadt *Kinsai*.

19 Chinesen nennen diese Hauptstadt 大都 *Da Du* - große Stadt.

20 Zitiert nach: William Atwell, *Ming China and the emerging world economy, c. 1470-1650*, in: Denis Twichett and Frederic W. Mote (ed.), *The Cambridge History of China*, Vol 8, Cambridge University Press 1998, S. 377.

21 Von portugiesich mandare - befehlen, anordnen.

22 Sein Grab (und das vieler seiner Nachfolger und Glaubensbrüder) ist dort bis heute zu besichtigen, es liegt am Östlichen Zweiten Ring, auf dem Gelände der Pekinger KP-Parteischule, die seit einiger Zeit unter dem Namen 北京行政学院 *Beijing Administrative College* als Schule für Staatsangestellte firmiert.

23 Die Ming-Dynastie war zu diesem Zeitpunkt bereits seit langem im Niedergang begriffen. 万历 Wan Li war einer der letzten Herrscher. Nur dreißig Jahre nach Riccis Tod in Peking stürzte das kleine Reitervolk der Mandschus die chinesische Dynastie. Sie hatte bis dahin knapp 300 Jahre bestanden.

24 Eine phantastische Schilderung des Unternehmens auf Basis britischer und chinesischer Berichte der Zeit, hat der Franzose Alain Peyrefitte verfasst: *The Immobile Empire - The first great collision between East and West -the astonishing history of Britain's grand, ill-fated expedition to open China to Western trade, 1792-94*, New York 1992. Die detaillierte und spannende Untersuchung zeigt vor allem, wie hier zwei Welten vollständig aneinander vorbeisegelten, ohne es zunächst zu bemerken - so, wie es auch heute noch der Fall ist.

25 Die Briten hatten für diese Korrespondenz eigens ein neues Büro geschaffen, das *Chinese Secretary Office*, mit Dolmetschern und Übersetzern. Auf chinesischer Seite gab es jedoch keine vergleichbare Einrichtung.

26 Gut beobachtet und beschrieben durch den einzigen deutschen Begleiter der Delegation, den Hauslehrer des Kind-Dolmetschers Staunton, Johann Christian Hüttner: *Nachricht von der Britischen Gesandtschaftsreise durch China und einen Teil der Tartarei,* herausgegeben, eingeleitet und erläutert von Sabine Dabringhaus, Sigmaringen 1996.

27 Eine schöne Auswahl in Übersetzung in: Feng Chen, *Die Entdeckung des Westens - Chinas erste Botschafter in Europa 1866-1894*, Fischer, Frankfurt am Main 2001.

28 Kuo Heng-yü, *China und die Barbaren*, Pfullingen 1967, S. 63.

29 Eine sehr plastische (und spannende) Darstellung liefert Steven Spielbergs Film *Das Reich der Sonne*, der die Geschichte eines Jungen schildert, der im Chaos der japanischen Besetzung Shanghais von seinen Eltern getrennt und anschließend, zusammen mit anderen Ausländern, von den Japanern bis zum Kriegsende in einem Lager interniert worden war.

30 1950 verbrauchten die OECD-Länder 9,3 Millionen Barrel Öl täglich, im Jahr 2000 aber bereits 42,2 Millionen Barrel täglich. China verbrauchte 1950 nur 0,1 Millionen und 2000 immer noch nur 4,6 Millionen Barrel pro Tag. Da seine Bevölkerungszahl doppelt so groß ist wie die der OECD-Staaten, müßte der Verbrauch aber eigentlich bei 84,4 Millionen Barrel liegen, womit das Land 10 Millionen Barrel über dem gesamten Weltverbrauch im Jahr 2000 gelegen hätte. (Zahlen nach: *BP Statistical Review of Energy*, in: Matthew R. Simmons, *Revisiting the Limits of Growth - Could the Club of Rome Have Been Correct After All?*, Oktober 2000, S. 27. Der Bericht ist im Internet abrufbar unter: *http://greatchange.org/ov-simmons,club_of_rome_revisted.pdf*

31 Der *Bericht* wurde in 30 Sprachen übersetzt und 30 Millionen mal verkauft. Viel Kritik wurde an seinen Vorausberechnungen geübt, nicht jedoch daran, dass er China vergessen hatte.

32 Der Franzose Allain Peyrefitte verwendte den Napoleon-Spruch eher in diesem Sinne als Titel seines Buches: *Wenn sich China erhebt ... erzittert die Welt*, Wien, Hamburg 1974.

33 Übersetzt nach einem Auszug in Raymond Dawson, *The Chinese Chameleon - An Analysis of European Conceptions of Chinese Civilization*, London, 1967, S. 184.

34 Daniel Defoe, *Robinson Crusoe and the Farther Adventures*, London 1969, S. 422.

34a Übersetzt nach dem englischen Text, Buch 8, Abschnitt 21.

35 Nach einer englischen Vorlage, Buch 8, Abschnitt 21.

36 Zitiert nach: Montesquieu, *Vom Geist*

der Gesetze, Stuttgart (Reclam Nr. 8953) 1965, 19. Buch, 20. Kapitel.

37 Seit jeher lieben es freilich Chinesen, die geschichtliche Lebensspanne ihres Staates sehr viel weiter in die Vergangenheit auszudehnen. Die Standardformulierung bis heute lautet: *in der 5000-jährigen chinesischen Geschichte* ... Der Trick dabei ist, dass man einfach alles, was Archäologen an Scherben und anderen Relikten im Raum des heutigen chinesischen Nationalstaates finden, als *chinesisch* bezeichnet, während es Europäern nichts ausmacht, zum Beispiel von *Kelten* (anstatt *Deutschen*) zu sprechen, die vor 2500 Jahren u.a. im Taunus-Vorland siedelten. Im 18. und auch noch im 19. Jahrhundert stürzte diese chinesische Eigenart die christlichen Europäer in eine nicht geringe Verwirrung, glaubten sie doch immer noch daran was der irische Theologe James Usher (1581 bis 1656) ihnen einst ausgerechnet hatte, dass nämlich Gott die Welt am 23. Oktober 4004 v. Chr. erschaffen habe. In dieses Bild passte natürlich nicht, dass China noch älter sein sollte als die Welt selbst. Der chinesische Anspruch war ein (unbewußter) Schlag gegen europäisch-christliches Selbstvertrauen und förderte so manche Antipathie. Zum Beispiel die des deutschen Philosophen und Historikers Hegel, der diesen Punkt so anmaßend fand, dass er ihn in seinen *Vorlesungen über die Philosophie der Weltgeschichte* ernsthaft diskutierte. Für chinesische Machthaber einst und jetzt ist der Glaube an die Fiktion einer *5000-jährigen Geschichte* gleichwohl eine wichtige Quelle ihres Selbstbewusstseins.

38 Vgl.: Michael Loew und Edward L. Shaughnessy, *The Cambridge History of Ancient China – From the Origins of Civilization to 221 B.C.*, Cambridge 1999, S. 588.

39 Eine englische Übersetzung von Teilen der *Aufzeichnungen* erschien 1974 im Pekinger *Verlag für Fremdsprachliche Literatur* als *Records of the Historian*, übersetzt von Yang Hsien-yi und seiner Frau Gladys Yang. Der Sinologe Burton Watson (geb. 1925) hat sich eine Gesamt-Übersetzung vorgenommen, die jedoch bislang nur in Teilen vorliegt.

40 Es ist die Geschichte der treuen Ehefrau 孟姜女 Meng Jiangnü. Ihr Ehemann musste drei Tage nach der Hochzeit zur Zwangsarbeit an der Mauer antreten. Sie machte sich Sorgen um ihn und reiste eine weite Strecke, über Berge und Flüsse, zur Baustelle. Dort erfuhr sie, dass man ihren Mann auf Befehl des Kaisers als Menschenopfer eingemauert hatte. Als die Frau laut den Tod ihres Mannes beklagte, brach die Mauer plötzlich zusammen und gab die Leiche frei. Die Kunde von Meng Jiangnüs Treue war in aller Munde. Selbst der Kaiser hörte davon und ließ sie zu sich bringen. Als er sie sah, war er von ihrer Schönheit betört und wollte sie heiraten. Keine Frau durfte den Antrag des Kaisers zurückweisen, aber Meng Jiangnü stellte eine Bedingung: Sie wollte für ihren Mann einen hohen Altar am Fluß, wo sie ihn ehren konnte. Der Kaiser erklärte sich einverstanden. Bei der Begräbnisfeier aber kletterte die Frau am Altar empor und stürzte sich hinunter in den Fluss, um im Tod mit ihrem Mann vereint zu sein. Soviel Treue ist Stoff genug für Theaterstücke, Opern, Gedichte, Bilder usw.

41 Weshalb die Chinesen als Ethnie ihren Namen daraus ableiten: 汉 *Han*.

42 Nach: *Die Kunst der Staatsführung – Die Schriften des Han Fei*, Gesamtausgabe. Aus dem Altchinesischen übersetzt von Wilmar Mögling, Leipzig 1994, S. 110.

43 Zitiert nach: *Deutsche Denker über China*, herausgegeben von Adrian Hsia, Frankfurt (Insel Verlag) 1985, S. 179.

44 Besser ausgedrückt in den englischen Bezeichnungen *rule of law* und *rule by law*.

45 In deutscher Übersetzung des Sinologen Günther Debon: *Der Kranich ruft, Chinesische Lieder der älteren Zeit*, Berlin 2003.

46 Da seine vorliegenden, nicht sehr umfangreichen Schriften sämtlich erst Jahrhunderte nach seinem Tod in der 汉 Han-Zeit verfasst wurden, ist freilich gar nicht sicher, ob der Meister das wirklich so wollte oder ob es nicht vielmehr die 汉 Han-Literaten so kodifizierten.

46a Zitiert nach dem 孝经 *Buch der Kindes-Pietät*, Kapitel 5.

47 Das Schriftzeichen 禄 lu, die Entlohnung, wird wegen seiner Aussprache häufig auch durch das Bild eines Hirsches ersetzt, denn 鹿 lu = Hirsch hat die gleiche Aussprache wie 禄 = Beamtengehalt.

48 Eine andere Studie (mit den gleichen Resultaten) zu diesem Thema ist: *The Global Costs of Opacity* von Joel Kurtzman, Glen Yago und Triphon Phumiwasana: *http://www.kurtzmangroup.com/opacity.pdf* .

49 Veröffentlicht auf der Website der Bertelsmann Stiftung: *http://www.bertelsmann-transformation-index.de/.*

50 Der Bericht ist über die Website der Weltbank abrufbar: *http://www.worldbank.org/wbi/governance/pdf/GovMatters_IV_main.pdf* .

51 *Brief aus China*, in: *Im Fernen Osten, Forscher und Entdecker in Tibet, China, Japan und Korea. 1689–1911*, Hrg. von Georg Adolf Narciß, Frankfurt 1985, S. 68–87.

52 Die Bewertung auf der Website von Transparency International: *http://www.transparency.org/cpi/2005/cpi2005_infocus.html#cpi.* Der gesamte Bericht ebenfalls dort.

53 Erst 2004 erließ das Handelsministerium eine Ausnahmeregelung für 135 arme Länder in Afrika und Asien – aus außenpolitischen und -wirtschaftlichen Motiven. Der Erlass gilt nicht für die USA, Japan und andere Industriestaaten, vgl.: Peter Wonacott, „China Irks U.S. as It Uses Trade To Embellish Newfound Clout", *The Wall Street Journal*, 3.10.2005.

54 „China unveils package of measures to help developing nations", *South China Morning Post*, 15.9.2005.

55 Matt Pottinger, „China restricts News of CNOOC Bid", *The Wall Street Journal*, 5.8.2005.

56 Lin Yutang, *Mein Land und mein Volk*, Deutsche Verlagsanstalt Stuttgart-Berlin, 1936. Das Buch ist über das Internet-Antiquariat *www.zvab.com* beziehbar. Oder als Nachdruck im pdf-Format (dafür mit allen nötigen chinesischen Schriftzeichen) als *Sju Tsai – Die Welt der Chinesen*, Zeitschrift des Ostasieninstituts der FH Ludwigshafen, No. 54 unter: *www.xiucai.oai.de*.

56a Ebd., S. 58.

56b Ebd., S. 61.

56c Ebd., S. 63.

57 Dietmar Winter, Jörg-M. Rudolph, *Produktion* in: *Erfolgreiche Geschäfte in China – Schriftlicher Management-Lehrgang in 12 Lektionen*, Lektion 6, Düsseldorf, Euroforum Verlag, Oktober 2005.

57a Lin Yutang, *Mein Land und mein Volk*, Nachdruck der deutschen Ausgabe von 1936 in: *Sju Tsai – Die Welt der Chinesen*, Zeitschrift des Ostasieninstituts der FH Ludwigshafen, No. 54 unter: www.xiucai.oai.de, S. 199.

58 Nach den gültigen Konstruktionsprinzipien für chinesische Schriftzeichen ist diese Interpretation freilich nicht korrekt. Die allermeisten Zeichen sind nach dem Prinzip gebaut, dass es eine *Sinnträger*-Komponente darin gibt und eine Komponente, die als *Lautträger* die ungefähre Aussprache wiedergibt, also fast als Buchstabe fungiert. Dies ist im Fall des Zeichens 忠 *Treue* auch der Fall. Die obere Komponente 中 fungiert darin nur als Lautträger (nicht mit seiner Bedeutung Zentrum, die es als Einzelzeichen hat), denn 中 wird *zhong* (dschung) ausgesprochen wie das gesamte Zeichen für *Treue*. Nach dem gleichen Prinzip ist auch Zeichen 患 konstruiert, dessen Aussprache *huan* (hwan) ist. Es besteht in seinem oberen Teil nämlich nicht aus 中中 zweimal *Zentrum*, sondern aus der Komponente 串, die *chuan* (tschuan) ausgesprochen wird und deshalb ebenfalls nur Lautträger-Funktion besitzt. Dennoch arbeiten Chinesen, zumal, wenn es so schön passt wie hier, gerne mit solchen regelwidrigen Interprationen.

59 Eine ausgezeichnete und auch sehr spannende Einsicht in den Ablauf der gesamten Ereignisse bietet der Klassiker zum *4. Juni 1989*, der von Andrew Nathan und Perry Link aus (wahrscheinlich echten) internen Parteidokumenten zusamengestellte Band *Die Tiananmen-Akte*, München 2001. Die Darstellung der Ereignisse durch den damaligen, im Machtkampf unterlegenen, abgesetzten und bis zu seinem Tod im Januar 2005 15 Jahre unter Hausarrest gehaltenen Parteichef 赵紫阳 Zhao Ziyang erschien – kurz vor dessen Tod – als Berichte zweier Vertrauter, die ihn während seiner 15-jährigen Hausarrest-Zeit oft besuchten, in Hongkong: 杨继绳, 中国改革年代政治斗争 (Yang Jisheng, Die politischen Kämpfe in Chinas Reform-Ära), Hongkong 2004 und: 宗凤鸣, 理想 信念 追求 - 我的人生回顾与反思 兼和赵紫阳谈话的一些回忆 (Zong Fengming, Ideale, Überzeugungen, Streben – Rückblicke und Überlegungen meines Lebens und Erinnerungen an die Gespräche mit Zhao Ziyang), Hong-

kong 2004. Zusammenfassende Übersetzungen ins Deutsche in: *Sju Tsai - Einblicke in die Welt der Chinesen*, Ostasieninstitut der FH Ludwigshafen, No. 50 und 53. Als pdf-Dateien unter: *www.xiucai.oai.de*.

60 So meldete die chinesische Staatsagentur 新华 *Neues China* am 7.1.2004. Nicht alle freilich sind in die Heimat zurückgekehrt. In 2005 sollen sich nach einer anderen Quelle 70.000 Studenten in Japan aufhalten, 65.000 in den USA und knapp 30.000 in Deutschland (Chalmers Johnson, „The real ‚China threat'" in: *Asia Times*, 19.3.2005).

61 Ausführlicher Bericht in: *Sju Tsai - Einblicke in die Welt der Chinesen*, Ostasieninstitut der FH Ludwigshafen, No. 69: *www.xiucai.oai.de*.

62 Der gesamte Brief in: *Sju Tsai - Einblicke in die Welt der Chinesen*, Ostasieninstitut der FH Ludwigshafen, No. 67: *www.xiucai.oai.de*.

63 Eine deutsche Übersetzung seines Offenen Briefes in: *Sju Tsai - Einblicke in die Welt der Chinesen*, Ostasieninstitut der FH Ludwigshafen, No. 27: *www.xiucai.oai.de*.

64 陈桂棣, 春桃, 中国农民调查 Chen Guidi und Chun Tao, *Untersuchungsbericht zur Lage der chinesischen Bauern*, 人民文学出版社, Verlag für Volksliteratur, Peking, 2004.

65 Diese Passagen der Hu Jintao-Reden veröffentlichte die Hongkonger Zeitschrift 开放 *Open* in ihrer Dezember-Ausgabe 2004 unter der Überschrift: 胡锦涛就职讲话杀气腾腾 *Die Amtsübernahme-Rede des Hu Jintao: voller Mordlust*.

66 Shi Jiangtao und Josie Liu, „Final day of fine-tuning and experiments for astronauts", *South China Morning Post* (Hongkong), 17.10.2005.

67 China hatte zwar keinen direkten Gefechtskontakt mit Deutschland, doch hatte die Regierung den Deutschen noch 1917 (14.8.) den Krieg erklärt, gehörte daher zu den Siegermächten und nahm an den Verhandlungen in Versailles teil. Die Regierung erhoffte sich dort vor allem, die Gleichstellung mit den anderen Mächten zu erhalten, vor allem die Abschaffung aller ausländischen Privilegien in China, wo Engländer, Franzosen, Amerikaner und andere, auch die Deutschen, seit Jahrzehnten Sonderrechte aller Art genossen wie zum Beispiel, nicht der chinesischen Gerichtsbarkeit zu unterliegen. Diese Hoffnung erfüllten die europäischen Sieger dem Land jedoch nicht, hielten an den eigenen Privilegien fest und gewährten auch Japan, das große Ambitionen in China hatte, neue Sonderrechte. Die Enttäuschung darüber führte erstmals zu einem nationalistischen Ausbruch unter den damaligen Intellektuellen. Studenten und Dozenten der Peking Universität zogen am 4. Mai 1919 in einem Demonstrationszug durch Peking zum Tor des Himmlischen Friedens und verlangten von der Regierung, den Versailler Vertrag nicht zu unterschreiben, was diese auch tatsächlich verweigerte. Das Datum der Demonstration gilt den Chinesen seither - auch den Kommunisten - als heiliger Tag des chinesischen Erwachens.

68 Dazu gibt es zahlreiche Pressemeldungen, zum Beispiel Verna Yu, „China Sentences Hong Kong Scholar", Associated Press, 2.2.2002. Oder Glenn Schloss, „High price for baring war secrets", *South China Morning Post* (Hongkong), 27.5.2002 u.a.

69 Ein solcher unabhängiger und in China sehr bekannter Mann ist zum Beispiel 马立成 Ma Licheng, der Ende 2003 in der später verbotenen Zeitschrift *Strategy and Management* einen langen Artikel veröffentlicht hatte, in dem er für eine Remedur der chinesischen Japan-Sicht eintrat. Es ging nicht gut aus für Ma, die Propagandamaschine brachte ihn zum Schweigen und sogar um seine Stelle beim Hongkonger Fernsehsender *Phoenix*. Sein Artikel in deutscher Übersetzung in *Sju Tsai - Einblicke in die Welt der Chinesen*, Ostasieninstitut der FH Ludwigshafen, No. 17: *www.xiucai.oai.de*. Zum Ausgang des Dramas: ebd., No. 34.

70 Philip S. Golub in *Le Monde diplomatique* vom 8.10.2004, deutsch als *Chinas Rückkehr in die Geschichte - Der Große Sprung in die Zukunft, die tageszeitung* vom 8.10.2004.

70a Paul Bairoch, *International Industrialization Levels from 1750-1980* in: *The Journal of European Economic History*, Vol. 13, Band 2, S. 269-333.

71 Joseph Needham (1900 bis 1995) war ein Naturwissenschaftler, der in den vierziger Jahren nach China gegangen

war, weil ihn, wie die Website seines Instituts ausführt, der Lerneifer und die Art dreier chinesischer Studenten tief von China beeindruckt hatten. Dort erfuhr er, dass der Druck mit beweglichen Lettern, das Schießpulver und der Kompass chinesische Erfindungen waren. Nach seiner Rückkehr nach Großbritannien verfolgte er die Geschichte der *Science and Civilisation in China* an einem eigens dazu gegründeten Institut weiter. Mittlerweile liegen zwei Dutzend meist 1000-seitige Bände vor, die für im Grunde jeden Bereich akribisch nachweisen, dass China ... erster war.

72 „Brief aus China", in: *Im Fernen Osten, Forscher und Entdecker in Tibet, China, Japan und Korea. 1689–1911*, Hrg. von Georg Adolf Narciß, Frankfurt 1985, S. 144–167. J.M. von Radowitz, *Briefe aus Ostasien*, Leipzig, 1926, S. 32.

73 J.M. von Radowitz, *Briefe aus Ostasien*, Leipzig, 1926, S. 33f. Trotz dieser vernichtenden Charakterisierung muss man natürlich wissen, dass den Chinesen sicher nicht so recht klar war, wer da eigentlich kam: Deutschland existierte damals nämlich noch gar nicht, weshalb jeder Kleckerstaat sich großmächtig ins Spiel brachte. Der Auftrag lautete, mit den Chinesen Verträge abzuschließen, die deutscherseits so eingeleitet wurden: *S.M. der König von Preußen für sich und in Vertretung der ihrem Zoll- und Steuersystem angeschlossenen souveränen Länder und Landesteile, nämlich Lüneburgs, Anhalt-Dessau-Cöthens, Anhalt-Bernburgs, Waldecks und Pyrmonts, Lippes und Meisenheims als auch im Namen der übrigen Staaten des Zollvereins* ... (aus den Memoiren eines anderen Teilnehmers, des späteren zweiten deutschen Gesandten in Peking, Max von Brandt, in: *Dreiunddreißig Jahre in Ost-Asien*, Leipzig 1901, S. 9).

74 Elisabeth von Heyking, *Tagebücher aus vier Weltteilen, 1886–1904*, Leipzig 1926, S. 190.

74a Elisabeth von Heyking, *Tagebücher aus vier Weltteilen, 1886–1904*, Leipzig 1926, S. 191.

74b Lin Yutang, *Mein Land und mein Volk*, Nachdruck im pdf-Format (dafür mit allen nötigen chinesischen Schriftzeichen) als *Sju Tsai – Die Welt der Chinesen*, Zeitschrift des Ostasieninstituts der FH Ludwigshafen, No. 54 unter: *www.xiucai.oai.de*. Das Zitat dort auf S. 89.

75 Einen guten Eindruck in die Effizienz der staatlichen Verwaltung, belegt aus Quellen des kaiserlichen Archivs in Peking, gibt das Buch von Jonathan Spence, *Treason By The Book*, New York, 2001. Spence beschreibt darin die Aufklärung eines vermeintlichen Falles von Hochverrat im China des Jahres 1728 durch den Kaiser selbst. Alle Verdächtigen wurden ermittelt, verfolgt, gefasst und nach Peking zum Verhör gebracht.

75a Karl Marx, Friedrich Engels, *Politisch-ökonomische Revue, Zweites Heft,* Neue Rheinische Zeitung, Februar 1850, S. 222

76 Gerhard K. Heilig, *Can China Feed Itself?*, IIASA, 1999.

77 Nicht mehr nach 1949 freilich, weil die neuen Herrscher eine freie Berichterstattung verhinderten. So wusste die Welt lange nichts von der vielleicht größten Hungerkatastrophe, die es 1959/1960 überhaupt jemals in China gegeben hatte. Ca. 20 Millionen Menschen sollen dabei umgekommen sein, was die gnadenlose Bevölkerungsstatistik (Pyramide) bis heute als deutlichen *Knick* für die fraglichen Jahre ausweist.

78 Seine Anweisung an die deutschen Interventionstruppen, die der gleiche Kaiser 1900 gegen die aufständischen Boxer losschickte, zeugt ebenfalls von dieser Furcht: *Wie vor tausend Jahren die Hunnen unter ihrem König Etzel sich einen Namen gemacht, der sie noch jetzt in Überlieferung und Märchen gewaltig erscheinen lässt, so möge der Name Deutscher in China auf 1000 Jahre durch euch in einer Weise bestätigt werden, dass es niemals wieder ein Chinese wagt, einen Deutschen scheel anzusehen!*

79 Die letzten beiden Punkte unterscheiden die Große Mauer prinzipiell von den Pyramiden der Pharaonen, die soviele mathematische Geheimnisse bergen, dass sie noch heute untersucht werden. Die Große Mauer hingegen ist nur lang und kein Gegenstand irgendwelcher spannender Untersuchungen.

80 Richard Wilhelm (1873 bis 1930) lebte von 1899 bis 1921 offiziell als Missionar im damaligen deutschen *Schutzgebiet* Tsingtao (Qingdao). Tatsächlich befasste er sich bald mit der chinesischen Ge-

sellschaft, ihrer Traditionen, Kultur und Geschichte und sah seine Hauptaufgabe darin, diese fremde Welt in der Heimat zu erläutern. 1924 übernahm er die Professur für Sinologie an der Universität Frankfurt. Gleichzeitig baute er das Frankfurter *China-Institut* auf, dessen erster Direktor er wurde. Seine zahlreichen Übersetzungen aus dem Chinesischen machten weite Kreise des deutschen Bildungsbürgertums mit der chinesischen Philosophie und Literatur bekannt. Eine ihm gewidmete *website* bezeichnet ihn – völlig zurecht – als den *Marco Polo of the inner world of China*.

81 Zitiert nach: Judith MacKay, China's Tobacco Wars, *http://multinationalmonitor.org/hyper/issues/1992/01/mm0192_06.html*.

81a Karl Marx/Friedrich Engels, MEW, Band 4, Berlin 1972, S. 466

82 Mao Tse-tung, „Über die demokratische Diktatur des Volkes", in: *Ausgewählte Werke* Band IV, S. 442.

83 Dies sagte Mao Tse-tung 1958. Der programmatische Satz war als Zitat Teil des *Roten Buches* (*Worte des Vorsitzenden Mao*, Abschnitt *Sozialismus und Kommunismus*), das Hunderte Millionen Chinesen in der Kulturrevolution auswendig hersagen konnten.

84 Albert Feuerwerker, *Economic Trends 1912–49*, in: *The Cambridge History of China*, Volume 12, Part 1, Herausgegeben von John K. Fairbank, Cambridge (USA), 1983, S. 37.

85 Dwight H. Perkins, auf chinesische Wirtschaftsgeschichte spezialisierter Harvard-Professor, fasste das Resultat der ausländischen Investitionen im China der 20er und 30er Jahre so zusammen: *Die ausländischen Kaufleute waren nie in der Lage, auf den chinesischen Märkten erfolgreich mit den einheimischen Konkurrenten mitzuhalten. ... In dem Maße, wie die chinesischen Kaufleute ihr Wissen um die Anforderungen der ausländischen Märkte und die Beschaffungsmöglichkeiten vermehrten, ging sogar der Außenhandel nach und nach in chinesische Hände über.* (Dwight H. Perkins, *China's Modern Economy in Historical Perspective*, Stanford, 1975, S. 6.)

86 Carol Bargmann, „Erstes europäisches-chinesisches Unternehmen", *Frankfurter Allgemeine Zeitung*, 28.3.1980.

87 Carol Bargmann, „Für Koproduktionen fehlen China noch alle Voraussetzungen", *Frankfurter Allgemeine Zeitung*, 2.6.1979.

88 Carol Bargmann, „Adresse: Peking, Goldfischgasse", *Fankfurter Allgemeine Zeitung*, 5.10.1979.

89 *OECD Economic Survey – China*, OECD 2005, S. 30. Die *Organization for Economic Cooperation and Development*, OECD, mit Sitz in Paris, ist ein Zusammenschluss von 30 Industrienationen, die sich mit Studien und in anderer Form mit weltweiten wirtschaftlichen Entwicklungen befasst.

90 新闻周刊, *New Weekly*, 中国欲望榜 *Die Hitparade der chinesischen Hoffnungen*, No. 207, 15.7.2005

91 *United Nations Human Development Report 2004*.

92 Nachrichtenagentur *Neues China*, Wirtschaftsdienst *China Economic Information*, 24.8.2005.

93 Bruce Gilley, *China's Democratic Future*, Columbia University Press, 2004, nach: George Melloan, „Party Corruption Blocks China's Banking Reform", in: *The Wall Street Journal*, 17.5.2005.

93a „Law to help workers recover owed pay", *The Standard* (Hongkong), 1.2.2005.

93b Murr Scot Tanner, „Shades of Tiananmen: Protests now flourish in China", *International Herald Tribune*, 2.6.2004.

94 Ein BBC-Journalist schaffte es im Frühjahr 2005, dieses Dorf heimlich zu besuchen. Sein Bericht in *Sju Tsai* No. 67. Die pdf-Zeitschrift kann aus dem Internet geladen werden: *www.xiucai.oai.de*

95 Zuletzt: „Airbus erhält Großauftrag aus China", *Frankfurter Allgemeine Zeitung*, 7.9.2005: „... Schätzungen von Airbus zufolge wird China bis 2020 fast 1800 neue Flugzeuge benötigen. Dies wäre ein Gesamtwert von 230 Milliarden Dollar".

96 Die Aussage findet sich vielfach im chinesischen Internet, mit Datum 20.9.2005 auch auf der offiziellen Regierungsseite: *http://www.china.org.cn/chinese/huanjing/975936* : 环保总局副局长潘岳: 生态环境再经不起摧残 – Pan Yue, Vize-Leiter der Umweltbehörde: Die Umwelt erträgt die Zerstörungen nicht mehr.

97 Helmut Schmidt, „Die NATO gehört nicht Amerika", *Die Zeit*, No. 17 (25.4.), 1999.

98 Helmut Schmidt, *Die Mächte der Zukunft – Gewinner und Verlierer der Welt*

von morgen, Berlin 2004, S. 229.

99 *Der Spiegel*, No. 42, 11.10.2004.

100 Georg Blume, „Polo für die Massen", *Die Zeit*, 12.12.2001.

101 Klaus Kinkel, „Wird China eine Zivilgesellschaft?", *Die Welt*, 14.1.2000.

102 Zum Beispiel: „IG Metall droht Siemens mit Streik", *FAZ.net*, 31.3.2004.

103 Wienand von Petersdorff, „Die ‚Gelbe Gefahr' – Geschichte eines Schlagwortes", *Frankfurter Allgemeine Sonntagszeitung*, 3.7.2005. Oder: erl., „Gelbe Gefahr", *Die Welt*, 29.6.2005.

104 Für 2005 rechnen Experten mit Kosten von 55 Milliarden Dollar (gegenüber 35 Milliarden 2004). Vgl.: „Oil May Contribute $55B Deficit To China's Trade Balance", *Dow Jones Newswires*, 1.11.2005.

105 Im August 2005 steig die monatliche Ölrechnung Chinas gegenüber August 2004 um 36 Prozent und betrug 3,5 Milliarden Dollar: „Crude oil import bill jumps 36pc", *The Standard* (Hongkong), 27.9.2005. Laut der staatlichen chinesischen Nachrichtenagentur betrug die Rohstoff-Rechnung Chinas 2004 fast 400 Milliarden Dollar. Weitere Steigerungen wirken sich also selbst bei minimalen Prozentbeträgen in Millionen Dollar aus. Der einzige Weg, die Rechnung zu senken, wäre eine Aufwertung der nationalen Währung, des Yuan, was freilich die Exportfähigkeit verminderte und den Anreiz für ausländisches Kapital, nach China zu fließen, ebenfalls reduzierte.

106 Die Folge *Chinas Engpässe* der *arte*-Serie *Mit offenen Karten* zitierte die *Internationale Energieagentur* mit der Zahl: 82 Prozent Importabhängigkeit im Jahre 2025.

107 „Metall import curbs loom", *The Standard* (Hongkong), 2.6.2005 auf Basis einer Meldung der Nachrichtenagentur Reuters.

108 „Economic review: energy shortage sounds alarm to Chinese in economic development", *China Economic Information* (Staatsagentur Neues China), 9.9.2005.

109 Öl kaufen chinesische Firmen auch in Nigeria, Gabun und Kamerun, in Angola, Kongo und Sambia beschaffen sie sich Kupfer, Zink und Diamanten.

110 Zitiert nach: Karby Leggett, „China Flexes Economic Muscle Throughout Burgeoning Africa", *The Wall Street Journal*, 29.3.2005.

111 Diese Strategie ist niedergelegt im ersten chinesischen Buch zum Thema Außenpolitik, erschienen 1842, dem 海国图志 *Illustrierten Buch der am Meer liegenden Staaten* von 魏源 Wei Yuan (sprich: Wej Jüan). Der Inhalt ist ausführlich dargelegt in: Kuo Heng-yü, *China und die Barbaren*, Pfullingen 1967.

112 In seinem Wahlkampf bezeichnete US-Präsident George W. Bush China – im Unterschied zu seinem Gegner aus der Demokratischen Partei – als *strategic opponent* und kündigte an, China zu einem Hauptthema seiner Präsidentschaft zu machen. Vorgänger Clinton hatte China demgegenüber immer als *strategic partner* bezeichnet. Ein *Defense Policy Guidelines* genanntes Papier der japanischen Regierung vom Dezember 2004 bezeichnete China erstmals gar als *threat* – Bedrohung – Japans im 21. Jahrhundert.

113 Alle Führer hatten das mehrfach und explizit getan. Vgl.: Jörg-Meinhard Rudolph, *Die Kommunistische Partei Chinas und Taiwan (1921 bis 1981)*, Berliner China-Studien No. 10. Auch: *Sju Tsai – Einblicke in die Welt der Chinesen*, Ostasieninstitut der FH Ludwigshafen, No. 28: *www.xiucai.oai.de*.

114 Wörtlich: There are, of course, voices in the U.S. that seek to recast China as America's strategic adversary in a new Cold War. They argue that it is better to deal with China now when it is relatively weak rather than after it has become strong. This is dangerously myopic. To treat China as an enemy will only arouse Chinese nationalism and make China an enemy. Zitiert nach: Gok Chok Tong, „The New Shape of Asia", *The Wall Street Journal*, 10.6.2005.

115 刘肖波, 君临天下的狂敖 Liu Xiaobo, Hybris der Oberherrschaft, 开放 *Open* No. 226, Oktober 2005, S. 38 bis 40.

116 Eine vom damaligen Staatspräsidenten (und Partei- und Armeechef) 江泽民 Jiang Zemin initiierte Sechs-Staaten-Organisation, bestehend aus China, Russland, Kasachstan, Kirgisien, Tatschikistan und Usbekistan, im Juni 2001 in Shanghai gegründet. Als Großmacht-Aspiration interpretierte sie auch der *Senior China Analyst* von CNN, Willy Wo-Lap Lam: „Combating American hegemony", CNN.com, 20.6.2001.

117 Durch das vom Nationalen Volkskongress im Frühjahr 2005 verabschiedete so genannte 反分裂法 *Anti-Abspaltungsgesetz*, das die chinesische Regierung nicht nur ermächtigt, sondern geradezu verpflichtet, Taiwan militärisch anzugreifen, wenn sich die Insel für unabhängig erklären sollte.

118 Diese Drohung des Generalmajors berichtete kaum eine deutsche Zeitung. Ansonsten: „China ready to use nuclear weapons against US over Taiwan: media", *Agence France Press*, 14.7.2005 und natürlich das *Wall Street Journal*: Jason Dean, „Chinese General Lays Nuclear Card On U.S.'s Table", 15.7.2005.

119 Ausführlicher Bericht dazu in: *Sju Tsai – Einblicke in die Welt der Chinesen*, Ostasieninstitut der FH Ludwigshafen, No. 38: *www.xiucai.oai.de*.

120 Diese frappierende Rede eines entfesselten Militärs – Schwiegersohn des ehemaligen, verstorbenen chinesischen Staatspräsidenten 李先念 Li Xiannian (sprich: Li Sjän-njän) – fand ein breites Echo in chinesischsprachigen Hongkonger Magazinen wie 开放 *Open* oder 亚洲周刊 *Asia Week* und ist vielfach im chinesischen Internet dokumentiert.

121 Christian Schwägerl, „General Global", *Frankfurter Allgemeine Zeitung*, 28.9.2005.

123 Zum Beispiel sogar von dem Sinologen Harro von Senger in einem Gespräch mit der Welt: „Maos Geheimnis, *Die Welt, 16.6.2005*.

124 Das Buch wurde nicht nur von einem Ausländer geschrieben, dem Finanzmanager Robert L. Kuhn, der weder chinesisch sprechen noch lesen kann, sondern auch zuerst im Ausland' veröffentlicht, bevor es eine Pekinger Regierungsabteilung aus dem Englischen wieder ins Chinesische übersetzen ließ. Englisch: *The Man Who Changed China: The Life and Legacy of Jiang Zemin*, Crown Publishers, USA, 2005.

125 So schreibt Christine Hesse in ihrem Vorwort zum Heft *Demokratie* der *Informationen zur politischen Bildung*, Heft 284 (3. Quartal 2004), Bundeszentrale für politische Bildung.

126 Die Aktivitäten (Veranstaltungen) des seit nunmehr fünf Jahren stattfindenden *Rechtsstaatsdialogs* können auf der Website des Bundesministeriums der Justiz eingesehen werden: *http://www.bmj.bund.de/china*. Einmal jährlich organisiert das Ministerium auch einen *Runden Tisch für alle China-Initiativen*, wo es über den Stand der Umsetzung der Projekte berichtet, letztmalig im Dezember 2005. Leider sind weder Konferenzberichte oder gar die während des Rechtsstaatsdialogs gehaltenen Vorträge auf der Website zu finden.

127 „Tokyo Precinct OKs Disputed History Text For 23 Schools", *Dow Jones Newswires*, 12.8.2005.

Literatur

Wahrscheinlich sind über kein anderes Land der Erde mehr Bücher geschrieben worden als über China. Der Grund ist einfach: Größe und Fremdheit der chinesischen Welt garantieren stetig hohe Aufmerksamkeit, erst recht heute, da diese Welt erstmals über Europa und Amerika kommt. Was also soll kaufen bzw. lesen, wer sich damit befassen will? Erstes Kriterium müsste wohl sein, dass der aufklärende Verfasser die chinesische Sprache in Wort, vor allem aber in Schrift beherrscht und sich dort bedient, wo allein Authentisches zu bekommen ist: bei den Chinesen. Wie sollte er sich und seinen Lesern sonst diese fremde Welt erschließen? Am besten wäre es zweifellos, Bücher bzw. Aufsätze/Artikel von Chinesen selbst zu Rate zu ziehen, jedenfalls solchen, die auch den Westen etwas kennen und von daher zumindest ahnen, wie chinesische Verhältnisse und Vorgänge hiesigen Lesern nahegebracht werden könnten. Außerdem sollten sie unabhängige Denker sein, keine Propagandisten oder Nutznießer der Staatspartei.

Im folgenden eine kleine Zusammenstellung unter dieser Prämisse:

Klassiker, gültig, was **Konditionierung und Denken der Chinesen** anlangt, zudem unterhaltsam und tiefgründig, bleiben auch heute:

Lin Yutang, *Mein Land und mein Volk*, Deutsche Verlagsanstalt Stuttgart-Berlin, 1936. Das Buch ist über das Internet-Antiquariat www.zvab.com beziehbar. Oder als Nachdruck im pdf-Format (dafür mit allen nötigen chinesischen Schriftzeichen sowie einigen Anmerkungen) als *Sju Tsai – Die Welt der Chinesen*, Zeitschrift des Ostasieninstituts der FH Ludwigshafen, No. 54 unter: *www.xiucai.oai.de*. Oder, ebenso so unterhaltsam, von einem Amerikaner:

Carl Crow, *The Chinese are Like That*, New York, London 1939. Auch dieses heute schwer erhältliche Buch liegt als Nachdruck im pdf-Format vor: als *Sju Tsai – Die Welt der Chinesen*, Zeitschrift des Ostasieninstituts der FH Ludwigshafen, No. 46, unter: *www.xiucai.oai.de* .

Für den Bereich Immer-gleiches-**chinesisches-Wirtschaftsdenken**:

Carl Crow, *Vierhundert Millionen Kunden*, Wien 1937. Das Buch kann über das Internet-Antiquariat *www.zvab.com* bezogen werden oder als Nachdruck im pdf-Format: als *Sju Tsai – Die Welt der Chinesen*, Zeitschrift des Ostasieninstituts der FH Ludwigshafen, No. 45, unter: *www.xiucai.oai.de*. Crow kam um 1911 herum als Journalist nach China und eröffnete in den 20er Jahren in Shanghai eine Werbeagentur, die er bis zur japanischen Besetzung der Stadt betrieb. So war er selbst involviert in die Einführung zahlreicher für China damals völlig neuer Produkte. Intensiv beobachtete er das chinesische Wirtschaftstreiben um sich herum und gelangte so zu zahlreichen, bis heute gültigen Erkenntnissen, weshalb die englische Originalversion vor zwei Jahren in den USA neu aufgelegt wurde.

Lin Yutang hat seit einigen Jahren einen „exzellenten Nachfolger" gefunden, der bisweilen (unter Pseudonym) in der *Frankfurter Allgemeine Zeitung*, meist im Feuilleton schreibt: der Chinese Zhou Derong (sprich: Dscho Dö-rung, mit englischem *r* wie in *right*). Seine Beiträge sind allerdings nur tagesaktuell über die FAZ zugänglich oder über das kostenpflichtige Archiv der Zeitung.

Was das **Zusammentreffen der europäischen mit der chinesischen Welt** anbelangt, so sind folgende Werke von großem Erkenntniswert:

Alain Peyrefitte, *The Immobile Empire – The first great collision between East and West – the astonishing history of Britain's grand, ill-fated expedition to open China to Western trade, 1792–94*, New York 1992. (Französisch: *L'Empire Immobile.*) Zusammengestellt entlang der Chronologie der Expedition, aus den Tagebüchern und Berichten der britischen Teilnehmer sowie den Akten der kaiserlichen Archive in Peking, gewürzt mit französischem Britannien-Sarkasmus.

Jonathan Spence, *The Khan's Great Continent, China in Western Minds*, Penguin Books 1999. Der Historiker von der Yale Universität beschreibt darin die wechselnden Wahrnehmungen Chinas durch die Europäer.

Kuo Heng-yü, *China und die Barbaren*, Pfullingen 1967. Der Berliner Sinologie-Professor (erem.) erschließt hier – aus erster Hand-Quellen – die Versuche der chinesischen Oberschicht, mit den im 19. Jahrhundert an der Küste auftauchenden Europäern fertigzuwerden. Viele der damaligen Überlegungen liegen auch der Sicht heutiger Herrscher zugrunde.

Feng Chen, *Die Entdeckung des Westens – Chinas erste Botschafter in Europa 1866–1894*. In dem Band sind Berichte der ersten chinesischen Diplomaten zusammengetragen, die nach Europa kamen. Was sie bemerkenswert oder seltsam fanden, schärft den Blick auf die eigene Kultur, aber auch die Erkenntnis, wie es um chinesische Wahrnehmungen der Außenwelt bestellt war (und wahrscheinlich noch heute ist).

Geschichte Chinas:

Eine schöne und kompetente Übersicht, die sich nicht in Details verliert, sondern die großen Linien herausarbeitet, zudem reich bebildert (und sogar in China auf Chinesisch erschienen) ist, bietet:

Patricia Buckley, *China, Cambridge Illustrated History*, Cambridge University Press, 1996. (Deutsch beim Campus Verlag).

Wer es ausführlicher und *sinologisch* haben möchte:

Jacques Gernet, *Die chinesische Welt*, Frankfurt 1988 (Suhrkamp). Das Erscheinungsjahr bedeutet freilich, dass die *Öffnung Chinas* noch nicht enthalten ist.

Was die **heutige Entwicklung** anbelangt, so überzeugen (den Verfasser jedenfalls) nur wenige Titel des deutschen Angebots. Was soll man von China-Büchern halten, deren Autoren kein Chinesisch können? Die bestenfalls ein paar Jahre im Lande gelebt haben? Ein weiteres Problem ist die in Deutschland vorherrschende rein wirtschaftliche Wahrnehmung Chinas – die Politik des Geheimbundes namens KP interessiert anscheinend nicht viele. Große Ausnahmen und deshalb uneingeschränkt empfehlenswert:

Johnny Erling, China – *Der Große Sprung ins Unbekannte*, Freiburg 2002 (Herder). Der Verfasser hat inzwischen gut und gerne 20 Jahre als Journalist in China verbracht. Seine Quellen sind ausschließlich chinesisch: Gedrucktes oder mit ihm gut bekannte chinesische Persönlichkeiten mit Einsichten in den Gang der Dinge.

Derselbe, *Schauplatz China – Aufbruch zur Supermacht*, erscheint im Frühjahr 2006 bei Herder.

Kai Strittmatter, diverse kleine Titel wie: *Gebrauchsanweisung für China* (2004) Piper; *Atmen einstellen bitte! Pekinger Himmelsstürze* (2001) Picus; *Vorwärts Genossen!* (2003) Picus. Auch Strittmatter beherrscht das Chinesische und arbeitete von 1997 bis 2005 als Korrespondent in Peking. Mit diesen Vignetten können sich Leserinnen und Leser nach und nach ein Gesamtbild erschließen.

Zu den **Wissenschaftlern**, die sich professionell mit chinesischer Politik befassen und Arbeiten frei zugänglich halten, gehören die Professoren Thomas Heberer (Duisburg) und Sebastian Heilmann (Trier). Ihre Websites bieten Publikationen an:

Professor Heberer:

http://www.uni-duisburg.de/Institute/OAWISS/neu/index.php

Professor Heilmann:

http://www.chinapolitik.de/

Was die Berichterstattung in der **Tagespresse** betrifft, so sei hier *Die Welt* empfohlen, für die Johnny Erling fast täglich schreibt. Seine Beiträge befassen sich mit allen Facetten Chinas – auch den absurden (und sehr unterhaltsamen). Über das Archiv der Zeitung, das über die Website (*www.welt.de*) frei zugänglich ist, lassen sich seine Beiträge ab ca. 1997 leicht erschließen. Alternativ, gesammelt und im pdf-Format: als *Sju Tsai – Die Welt der Chinesen*, Zeitschrift des Ostasieninstituts der FH Ludwigshafen, No. 60 bis 66, unter: *www.xiucai.oai.de*.

Das Leben **eines deutschen Firmen-Expats** schildert:

Rainer Kloubert, *Der Quereinsteiger*, Berlin 2003. Kloubert war jahrelang China-Chef einer großen deutschen Firma. In dem Roman verarbeitet er seine Erfahrungen – manche meinen satirisch oder gar zynisch. Indes, der Verfasser kennt China seit 25 Jahren, spricht und liest Chinesisch und weiß deshalb, was er beschreibt.

Nicht nur als **Reiseführer** empfohlen:

China, Lonely Planet (2005). Mit Schriftzeichen für chinesische Namen und Orte und ihrer Buchstabenumschrift (sogar mit Tonzeichen). Unübertrefflich!